deutsch.punkt

Prüfungstraining
für die 9./10. Klasse

Erarbeitet von
Birgit Agethen
Christian Porth
Stefan Schäfer
Christa Schürmann
Sarah Schweitzer
Lena Walter

Ernst Klett Verlag
Stuttgart · Leipzig

So lernst du mit dem Prüfungstraining

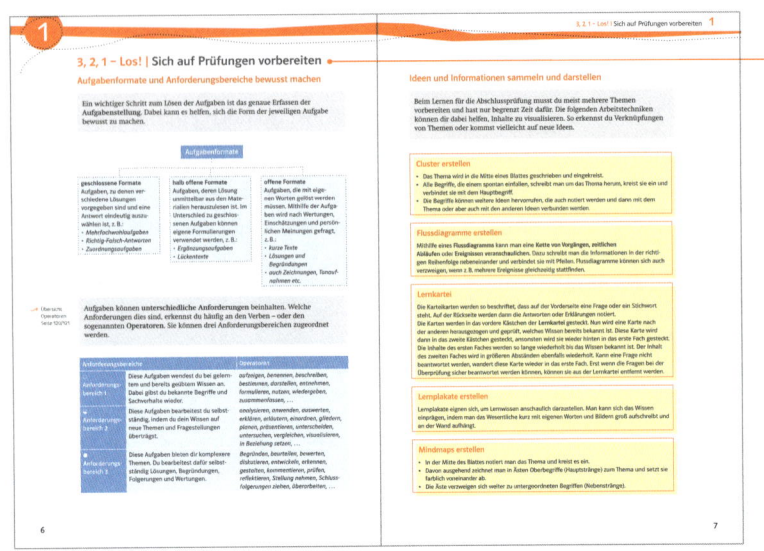

Vorbereiten

Im ersten Kapitel erhältst du **Tipps und Tricks** zur **Vorbereitung auf Prüfungen**. Vieles davon kennst du sicher schon:

- Aufgabenformate und Anforderungsbereiche bewusst machen
- Ideen und Informationen sammeln und darstellen
- Texte erschließen
- Prüfungstypen kennen
- In Prüfungen effektiv arbeiten

Trainieren

Alle Kapitel beginnen mit einer **Beispielprüfung 1**, die im Stil von **Klassenarbeiten und Abschlussprüfungen** gestaltet ist.
Die Kapitel enthalten **alle wichtigen Prüfungsthemen**:

- Leseverstehen und Hörverstehen
- Argumentative Texte verfassen
- Informierende Texte verfassen
- Literarische Texte analysieren und interpretieren
- Literarische Texte produktiv erschließen und reflektieren

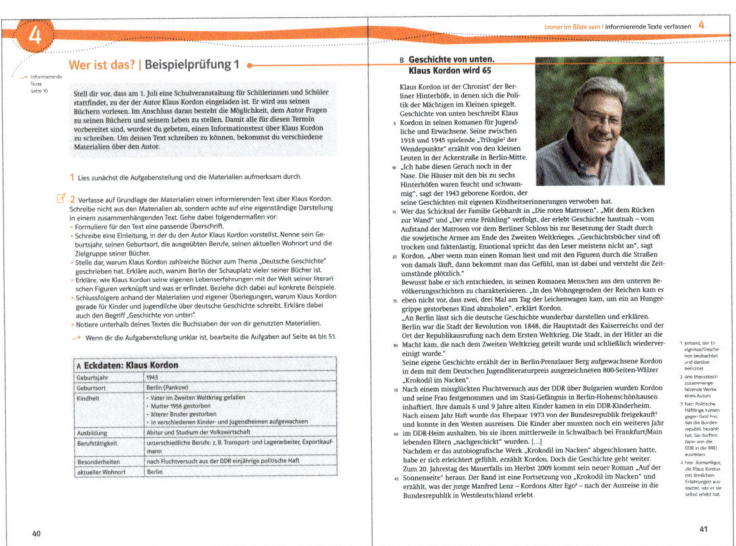

Die Beispielprüfungen 1 kannst du auch **Schritt für Schritt** bearbeiten. Es wird noch einmal genau erklärt, wie die Aufgaben zu verstehen sind und wie du die jeweiligen Texte inhaltlich erschließen kannst. Außerdem werden die Vorarbeiten, z. B. Gliederungen oder Schreibpläne, erläutert, die du zum Schreiben eines Textes leisten musst. Am Ende kannst du deinen Text mithilfe eines **Beurteilungsbogens** überprüfen und verbessern. Du kannst auch kontrollieren, wo du vielleicht noch Übungsbedarf hast.

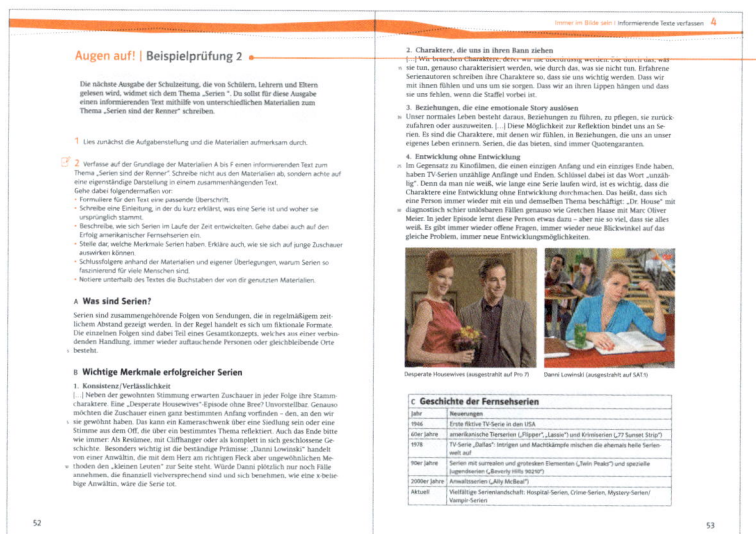

Die Kapitel schließen mit einer **Beispielprüfung 2** ab. So kannst du noch einmal überprüfen, ob du die Anforderungen für die **unterschiedlichen Prüfungstypen** verstanden hast. Auch diese Prüfung kannst du mithilfe eines Beurteilungsbogens noch einmal kontrollieren.

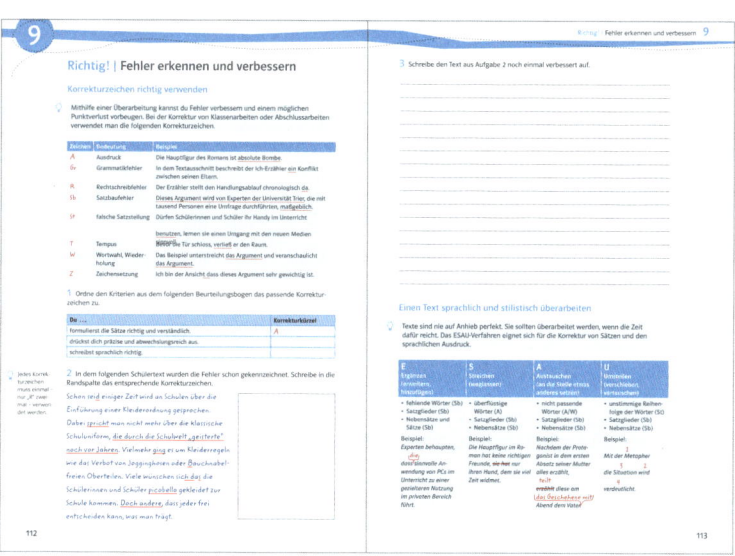

Überarbeiten

Ein wichtiger Teil von Klassenarbeiten und Abschlussprüfungen ist es, den geschriebenen Text am Schluss noch einmal zu lesen und zu verbessern. In Kapitel 9 lernst du, deine **Texte gezielt zu überarbeiten**:

- Korrekturzeichen richtig verwenden
- Einen Text sprachlich und stilistisch überarbeiten
- Sätze richtig und verständlich formulieren
- Sich präzise und abwechslungsreich ausdrücken
- Individuelle Fehlerarten erkennen

Symbole

 Tipps zum Lösen der Aufgaben

 Verweise auf andere Seiten

 Schreibe den Text auf ein Extrablatt

 Hörverstehen
c3wj3s

Für den Hörtext kannst du den deutsch.punkt-Code auf www.klett.de nutzen. Gib dort einfach den Code in die Suchleiste ein.

3, 2, 1 – Los! | Sich auf Prüfungen vorbereiten

Aufgabenformate und Anforderungsbereiche bewusst machen

Ein wichtiger Schritt zum Lösen der Aufgaben ist das genaue Erfassen der **Aufgabenstellung**. Dabei kann es helfen, sich die Form der jeweiligen Aufgabe bewusst zu machen.

Aufgabenformate

geschlossene Formate
Aufgaben, zu denen verschiedene Lösungen vorgegeben sind und eine Antwort eindeutig auszuwählen ist, z. B.:
- *Mehrfachwahlaufgaben*
- *Richtig-Falsch-Antworten*
- *Zuordnungsaufgaben*

halb offene Formate
Aufgaben, deren Lösung unmittelbar aus den Materialien herauszulesen ist. Im Unterschied zu geschlossenen Aufgaben können eigene Formulierungen verwendet werden, z. B.:
- *Ergänzungsaufgaben*
- *Lückentexte*

offene Formate
Aufgaben, die mit eigenen Worten gelöst werden müssen. Mithilfe der Aufgaben wird nach Wertungen, Einschätzungen und persönlichen Meinungen gefragt, z. B.:
- *kurze Texte*
- *Lösungen und Begründungen*
- *auch Zeichnungen, Tonaufnahmen etc.*

→ Übersicht Operatoren Seite 120/121

Aufgaben können **unterschiedliche Anforderungen** beinhalten. Welche Anforderungen dies sind, erkennst du häufig an den Verben – oder den sogenannten **Operatoren**. Sie können drei Anforderungsbereichen zugeordnet werden.

Anforderungsbereiche		Operatoren
○ Anforderungsbereich 1	Diese Aufgaben wendest du bei gelerntem und bereits geübtem Wissen an. Dabei gibst du bekannte Begriffe und Sachverhalte wieder.	*aufzeigen, benennen, beschreiben, bestimmen, darstellen, entnehmen, formulieren, nutzen, wiedergeben, zusammenfassen, …*
◐ Anforderungsbereich 2	Diese Aufgaben bearbeitest du selbstständig, indem du dein Wissen auf neue Themen und Fragestellungen überträgst.	*analysieren, anwenden, auswerten, erklären, erläutern, einordnen, gliedern, planen, präsentieren, unterscheiden, untersuchen, vergleichen, visualisieren, in Beziehung setzen, …*
● Anforderungsbereich 3	Diese Aufgaben bieten dir komplexere Themen. Du bearbeitest dafür selbstständig Lösungen, Begründungen, Folgerungen und Wertungen.	*Begründen, beurteilen, bewerten, diskutieren, entwickeln, erkennen, gestalten, kommentieren, prüfen, reflektieren, Stellung nehmen, Schlussfolgerungen ziehen, überarbeiten, …*

Ideen und Informationen sammeln und darstellen

Beim Lernen für die Abschlussprüfung musst du meist mehrere Themen vorbereiten und hast nur begrenzt Zeit dafür. Die folgenden Arbeitstechniken können dir dabei helfen, Inhalte zu visualisieren. So erkennst du Verknüpfungen von Themen oder kommst vielleicht auf neue Ideen.

Cluster erstellen

- Das Thema wird in die Mitte eines Blattes geschrieben und eingekreist.
- Alle Begriffe, die einem spontan einfallen, schreibt man um das Thema herum, kreist sie ein und verbindet sie mit dem Hauptbegriff.
- Die Begriffe können weitere Ideen hervorrufen, die auch notiert werden und dann mit dem Thema oder aber auch mit den anderen Ideen verbunden werden.

Flussdiagramme erstellen

Mithilfe eines **Flussdiagramms** kann man eine **Kette von Vorgängen, zeitlichen Abläufen** oder **Ereignissen veranschaulichen**. Dazu schreibt man die Informationen in der richtigen Reihenfolge nebeneinander und verbindet sie mit Pfeilen. Flussdiagramme können sich auch verzweigen, wenn z. B. mehrere Ereignisse gleichzeitig stattfinden.

Lernkartei

Die Karteikarten werden so beschriftet, dass auf der Vorderseite eine Frage oder ein Stichwort steht. Auf der Rückseite werden dann die Antworten oder Erklärungen notiert.
Die Karten werden in das vordere Kästchen der **Lernkartei** gesteckt. Nun wird eine Karte nach der anderen herausgezogen und geprüft, welches Wissen bereits bekannt ist. Diese Karte wird dann in das zweite Kästchen gesteckt, ansonsten wird sie wieder hinten in das erste Fach gesteckt. Die Inhalte des ersten Faches werden so lange wiederholt bis das Wissen bekannt ist. Der Inhalt des zweiten Faches wird in größeren Abständen ebenfalls wiederholt. Kann eine Frage nicht beantwortet werden, wandert diese Karte wieder in das erste Fach. Erst wenn die Fragen bei der Überprüfung sicher beantwortet werden können, können sie aus der Lernkartei entfernt werden.

Lernplakate erstellen

Lernplakate eignen sich, um Lernwissen anschaulich darzustellen. Man kann sich das Wissen einprägen, indem man das Wesentliche kurz mit eigenen Worten und Bildern groß aufschreibt und an der Wand aufhängt.

Mindmaps erstellen

- In der Mitte des Blattes notiert man das Thema und kreist es ein.
- Davon ausgehend zeichnet man in Ästen Oberbegriffe (Hauptstränge) zum Thema und setzt sie farblich voneinander ab.
- Die Äste verzweigen sich weiter zu untergeordneten Begriffen (Nebensträngen).

Einen Schreibplan erstellen

Ein Schreibplan sollte stichwortartig sein und kann in Form einer Stichwortliste, einer Tabelle, einer Mindmap oder eines Clusters angelegt werden. Die folgenden Fragen helfen dir, einen Schreibplan zu erstellen:

Thema/Aufgabenstellung
Was ist mein Thema, die zentrale Aufgabenstellung?
Für wen schreibe ich?
Wozu schreibe ich?

Inhalt
Welche Informationen will ich auf jeden Fall ansprechen?
Was soll in meinem Text stehen? Was ist besonders wichtig?
Wie soll mein Text geschrieben werden (ausführlich/kurz; sachlich/anschaulich; informativ/unterhaltsam …)?

Aufbau
Wie baue ich den Text auf?
Welche einzelnen Textteile folgen aufeinander?
Wie fange ich an? Was soll am Ende stehen?

Texte erschließen

Diagramme verstehen und auswerten

1. Man liest die Überschrift und benennt das Thema.
2. Man bestimmt, welche Art von Diagramm gewählt wurde.
3. Man prüft, aus welcher Quelle das Diagramm stammt und wann es erstellt wurde.
4. Man untersucht, welche Angaben durch die einzelnen Elemente (z. B. Balken, x-Achse, y-Achse usw.) gemacht werden.
5. Unbekannte Begriffe werden nachgeschlagen.
6. Im Anschluss werden die Einzelinformationen in Stichpunkten zusammengefasst. Dabei werden folgende Fragen beantwortet: Was genau erfährt man durch das Diagramm? Was ist wichtig, was ist eher unwichtig? Welche Ergänzungen würde man machen?

Exzerpte anfertigen

Ein **Exzerpt** ist eine **schriftliche Kurzfassung** eines gelesenen Textes. Es enthält die **wichtigsten Informationen und Aussagen eines Textes**.

Schritt 1
Zunächst liest man den Text mehrmals, um sich einen Überblick zu verschaffen.

Schritt 2
Man notiert, z. B. in einer Tabelle die wichtigsten Informationen zu dem Text:
- Autor, Titel und Quelle
- wann man den Text gelesen hat
- Thema und Unterthemen

Schritt 3
Man fasst die wichtigsten Aussagen in Stichpunkten zusammen. Wichtige Textstellen und Begriffe können auch wörtlich aufgeschrieben werden. Wichtig ist dabei, dass die Zitate in Anführungszeichen gesetzt und die passenden Zeilen dazu notiert werden.

Schritt 4
Man kann zum Abschluss die eigene Meinung und Anmerkungen zu dem Text notieren.

5-Schritt-Lesetechnik

 Schritt 1

Zunächst liest man den Text einmal „**überfliegend**".

 Schritt 2

Dann überlegt man, was man zum Thema bereits weiß und was man noch wissen möchte. Man stellt **Fragen an den Text**.

Schritt 3

Jetzt folgt das **genaue Lesen**. Man unterstreicht wichtige Begriffe, unterteilt den Text in Sinnabschnitte und gibt jedem Sinnabschnitt eine eigene Überschrift.

Schritt 4

Man **schreibt** die **wichtigsten Informationen**, die der Text enthält, **heraus**.

Schritt 5

Der **Inhalt** des Textes **wird** anhand der Aufzeichnungen noch einmal **wiederholt**.

Prüfungstypen kennen

Die in Klassenarbeiten oder Abschlussprüfungen geforderten Aufgabentypen sind im Deutschunterricht häufig ähnlich: Texte verstehen, Argumentieren, Informieren, Analysieren und Interpretieren oder produktiv mit Texten umgehen. Mit den folgenden Arbeitstechniken erhältst du eine Übersicht über die wichtigsten Merkmale der jeweiligen Textsorte.

→ Übersicht Textsorten Seite 121–124

Texte lesen und auswerten

- **Lies** den Text/die Texte immer **mehrmals**.
- **Markiere** dabei **Auffälligkeiten, wichtige Wörter und Unklarheiten**. Achte darauf, nicht zu viel zu markieren.
- **Unterscheide** die **Art der Arbeitsaufträge**. Orientiere dich dazu an den Aufgabenformaten und Operatoren. Überlege genau, welche **Antwortmöglichkeiten** es jeweils gibt.
- Überprüfe, ob deine **Antworten** zum **Arbeitsauftrag** passen. Kontrolliere, ob du z. B. Textzitate richtig ausgewählt hast.
- **Verweise** bei deinen Antworten auch auf Materialien wie Schaubilder, Diagramme und Tabellen.

Argumentierende Texte

Einleitung

Nenne das Thema und die These oder Streitfrage. Achte darauf, das Leserinteresse zu wecken, z. B. durch einen aktuellen Bezug oder die Wiedergabe eigener Erlebnisse.

Hauptteil

Verfasse einen vollständigen Text mit stichhaltigen Argumenten. Dies können Tatsachen (Fakten), Erfahrungen oder auch anerkannte Werte (Normen) sein. Am besten stützt du die Argumente durch Beispiele und/oder Erläuterungen. Achte darauf, ob du eine lineare oder Pro- und Kontra-Erörterung, z. B. nach dem Sanduhr- oder Pingpong-Prinzip, schreiben sollst.

Schluss

Im Schluss werden die Argumente noch einmal abgewogen. Formuliere eine Stellungnahme, einen Ausblick, einen Wunsch oder eine Hoffnung.

Informierende Texte

Einleitung

Nenne den Schreibanlass, das Schreibziel, das Thema und den Adressaten.
Je nach Textsorte kannst du auch mit einer persönlichen Vorstellung, einem Zitat, einem aktuellen Ereignis oder einer Definition beginnen.

Hauptteil

Verfasse zu den gesammelten Informationen aus den vorgegebenen Texten, Schaubildern, Diagrammen und Tabellen einen zusammenhängenden Text.

Schluss

Je nach Textsorte beendest du den informierenden Text mit einer persönlichen Stellungnahme und Begründung, einem Wunsch, einem weiterführenden Gedanken oder einer Bewertung.

Literarische Texte analysieren und interpretieren

Einleitung

Nenne Autor/Autorin, Titel, Textsorte, Quelle und Thema. Fasse den Inhalt des Textes kurz zusammen.

Hauptteil

Verfasse mithilfe des Schreibplans einen zusammenhängenden Text. Achte auf die gattungsspezifischen Besonderheiten, z. B. bei lyrischen Texten auf die Strophen/Verse, Reime und sprachliche Bilder/Mittel; bei epischen Texten auf Aufbau, Figuren, Ort, Zeit, Erzählsituation und Sprache.

Schluss

Fasse die Ergebnisse noch einmal zusammen. Gehe auf die Textintention und die Gesamtaussage ein. Beende die Analyse mit einer persönlichen Stellungnahme und begründe deine Meinung.

Literarische Texte produktiv erschließen

1. Schritt

Lies zunächst den vorgegebenen Text, z. B. ein Gedicht, eine Dramenszene oder einen Romanausschnitt. Arbeite wichtige Textstellen und Besonderheiten (z. B. der Textsorte) heraus. Achte dabei auf die Aufgabenstellung.

2. Schritt

Verfasse dein eigenes Schreibprodukt, z. B. ein Parallel- oder Gegengedicht, eine Fortsetzung, einen Inneren Monolog oder einen Tagebucheintrag.

3. Schritt

Reflektiere dein eigenes Schreibprodukt.

Einleitung
Nenne das Thema des Ausgangstextes und fasse den Inhalt kurz zusammen.

Hauptteil
Kommentiere deinen eigenen Text. Beziehe dich dabei auf die wichtigen Textstellen und Besonderheiten des vorgegebenen Textes. Erkläre, wie du bei deinem eigenen Text darauf eingegangen bist, z. B. bei der sprachlichen Gestaltung.

Schluss
Ziehe ein Fazit. Beurteile darin, was in deinem eignen Schreibprodukt gut gelungen ist und was noch zu verbessern ist.

In Prüfungen effektiv arbeiten

Je nach Bundesland und Aufgabenstellung sind unterschiedliche Materialien in der Prüfung erlaubt, z.B. ein Rechtschreibwörterbuch, eine Lektüre oder ein Kompendium.
Erkundige dich vorher, welche Materialien in deiner Prüfung erlaubt sind. Kugelschreiber, Füller, Tintenkiller, Lineal, Textmarker, Bleistift und Radiergummi solltest du immer selbst mitbringen.

Der Prüfungswegweiser

1 Die Aufgabenstellung komplett lesen
Lies alle Aufgaben und Texte genau durch. Unterstreiche die Verben (Operatoren), die angeben, was du tun sollst. Formuliere die Aufgaben noch einmal im Kopf mit eigenen Worten. Entscheide dich gegebenenfalls für eine Wahlaufgabe. Wenn es die Möglichkeit gibt, Fragen zu stellen, frage jetzt nach.

2 Die Zeit planen
Behalte während der Prüfung die Zeit im Blick. Plane genügend Puffer ein, um deinen Text am Schluss auf Fehler überprüfen zu können.

3 Die Abschlussprüfung planen
Erstelle einen stichwortartigen Schreibplan, einen Cluster oder eine Mindmap etc. Formuliere einige Bestandteile des Textes schon einmal vor, z.B. die Einleitung.

4 Die Abschlussprüfung schreiben
Beachte beim Schreiben des zusammenhängenden Textes deine Vorarbeiten. Nutze deine Stichpunkte als Gliederung für deinen Text, d.h. plane Absätze ein.

5 Pausen einlegen
Mache nach wichtigen Arbeitsschritten eine kurze Pause, in der du dich zurücklehnst, die Hände ausschüttelst und evtl. etwas trinkst.
Hake ab, welche Aufgaben du schon bearbeitet hast.

6 Die Abschlussprüfung Korrektur lesen und überarbeiten
Prüfe deine Arbeit rechtzeitig vor Schluss: Inhalt (Habe ich die Aufgabe und die Kriterien des Themas berücksichtigt?); Rechtschreibung und Zeichensetzung;
Äußere Form (Ist mein Text lesbar/ Enthält er genügend Absätze?)
→ Kapitel 9, Seite 112 bis 119

Wahr oder falsch? | Beispielprüfung 1

→ Texte lesen
und auswerten
Seite 9

1 Lies den Text und die folgenden Aufgaben aufmerksam durch.

→ Wenn dir die Aufgabenstellung unklar ist, bearbeite die Aufgaben auf Seite 17 bis 22.

Alexandra Reinsberg

Quelle: Internet

Bei Berichten aus Krisengebieten greifen Sender zunehmend auf Videos aus dem Netz zurück – die zuvor aufwendig geprüft werden.

A Ein Schuss fällt, in der Ferne steigt Rauch auf, Schreie hallen durch eine staubige Straße. Die flachen, sandfarbenen Häuser, die Dachfirste[1] und Strom-
5 masten wirken arabisch. Das Bild ist unscharf, es wackelt, gefilmt wurde wahrscheinlich mit einer Handykamera, neun Sekunden, Schnitt. Gelaufen ist das Video aus Syrien in der Tagesschau,
10 doch aufgenommen hat es kein Journalist. Eingeblendet wird der Hinweis: „Internet-Video".
Seit einigen Jahren schon mischen sich unter die professionellen Bilder der Fernseh-Journalisten zunehmend Videos aus dem
15 Netz. Wenn Journalisten keinen Zugang mehr zu Ländern wie Syrien haben, aber auch, wenn Kamerateams noch auf dem Weg sind zu einem Unglücksort oder Konfliktherd, greifen Sender auf solches Bildmaterial zurück. Doch welche Bilder sind echt?

B Vor dieser Frage stehen Fernsehredakteure der ARD und des ZDF täglich. Kleinste
20 Details in den Videos können Hinweise auf die Echtheit des Materials und die Glaubwürdigkeit der Quelle geben. Für Ralf Zimmermann von Siefart, Chef vom Dienst der ZDF Nachrichtenredaktion, bedeuten die Internetvideos Segen und Fluch zugleich: „Die Internetwelt bietet uns die Möglichkeit, hinter die Mauern der Diktatur zu schauen, aber wir müssen extrem vorsichtig dabei sein."

25 **C** „Es ist immer ein Indizienprozess[2]", beschreibt der Leiter des ARD Content Center[3] Michael Wegener seine Arbeit. „Wir tragen Indizien zusammen und schauen, ob sie für das Video sprechen oder dagegen." Seit 2011 überprüft das Content Center in Hamburg Bildmaterial und wertet soziale Medien wie Google+, Twitter, YouTube und Facebook aus. Täglich werden bis zu 80 Videos nach einem Vier-Punkte-Check über-
30 prüft.
„Den Zuschauern ist nicht bewusst, wie viel Aufwand hinter einem 20-Sekunden-Video steckt", erklärt Wegener. „Wir sichten Videos, recherchieren, diskutieren, schicken die Links zu unseren Kontakten und überprüfen es mehrere Male, bevor es in den Nachrichten gezeigt wird."

35 **D** In den fast zwei Jahren seit ihrer Gründung hat sich die Redaktion einen Stamm an Quellen und Informanten aufgebaut. Je vernetzter die Redaktion ist, desto einfacher wird die Arbeit. Um sich zu vergewissern, dass Ereignisse wirklich stattgefunden

haben, kommunizieren die Redakteure mit Usern zum Beispiel von syrischen Internet-Plattformen. Dort beobachten sie Diskussionen, fragen nach, was passiert ist und
40 welche Informationen die User zu angeblichen Vorfällen haben.
Auch zeigen die Redakteure das Videomaterial Kontaktmännern in den Netzwerken und bitten um deren Einschätzung. Durch die zwischengeschaltete Plattform schützen sich die Informanten, denn ihre kritische Berichterstattung kann sie das Leben kosten.

45 **E** Im Land des Geschehens können Journalisten, deutsche Institute und Vertrauenspersonen helfen, die Videos einzuordnen. In Deutschland beraten etwa Dolmetscher und Geologen[4] die Journalisten. Es gilt das Zwei-Quellen-Prinzip, nach dem jede Information von zwei voneinander unabhängigen Quellen bestätigt werden muss. Hilfreich sei auch die Erfahrung der Social-Media[5]-Redakteure, betont ARD-Mann Wegener:
50 „Unsere Redakteure wissen, was schon seit einigen Tagen kursiert[6] oder immer wieder hochgeladen wird."

F Das ZDF in Mainz ist in derselben Situation: eine unüberschaubare Zahl an Videos, wenig Zeit und eine unklare Interessenslage. Hier überprüft jedoch nicht eine gesonderte Redaktion die Informationen und Videos aus dem Netz, sondern der für
55 den Beitrag zuständige Redakteur. Die Verantwortung solle nicht abgegeben werden, erklärt Zimmermann von Siefart: „Unsere Redakteure holen sich Hilfe von unserem Newsdesk[7] und von Spezialisten. Das Know-How[8] wird dort abgerufen, wo es liegt, die Verantwortung bleibt aber bei der Redaktion."
So könne das ZDF auch individueller auf die Nachrichtenlage reagieren und das Re-
60 chercheteam schnell erweitern – zum Beispiel, wenn der arabische Dolmetscher den tunesischen Dialekt nicht versteht. […]

G Eine hundertprozentige Sicherheit, dass das gesendete Material echt ist, gibt es aber nicht. Alle Unklarheiten kommunizieren die Nachrichtensprecher jedoch direkt, sagen Zimmermann von Siefart und Wegener. So lautet der Sprechertext dann: „Das
65 Video zeigt Homs[9] und soll von heute sein." Erst viel später wird sich herausstellen, ob die Realität wirklich so war, wie sie abgebildet wurde.

4 hier: Wissenschaftler, die sich mit der Oberflächenstruktur der Erde befassen
5 Oberbegriff für soziale Netzwerke, z. B. Facebook
6 hier: im Internet im Umlauf sein
7 Arbeitsplatz, an dem die aktuellen Meldungen eingehen
8 Fachwissen
9 Stadt in Syrien

2 Kreuze jeweils die richtige Antwort an.

Die Einblendung „*Internet-Video*" (Zeile 12) soll dem Zuschauer zeigen, dass das Video …

a) aus einer besonderen Datenbank des Senders kommt.

b) eine spezielle Auftragsarbeit für das Internet ist.

c) von ausgebildeten Journalisten gedreht wurde.

d) von unbekannten Personen ohne Auftrag gedreht wurde.

Mit der Bezeichnung „*professionelle Bilder*" (Zeile 14) ist gemeint, dass die Aufnahmen …

a) aus dem Internet stammen

b) reale Situationen zeigen.

c) Konfliktherde darstellen.

d) von Journalisten stammen.

Für Ralf Zimmermann von Siefart sind die Internetvideos
„Segen und Fluch zugleich" (Zeile 22). Der Grund dafür ist …

a) Journalisten erhalten dadurch mehr Informationen, aber
   sie müssen diese Informationen auf ihre Richtigkeit hin prüfen.

b) Journalisten haben durch diese Videos weniger Arbeit
   und ihnen ist deshalb häufig langweilig.

c) Solche Videos haben eine schlechte Bildqualität und müssen
   zu großen Teilen stark nachgebessert werden.

d) Solche Videos sind zwar sehr leicht im Internet zu finden,
   aber man muss viel Geld für sie bezahlen.

Mit dem sprachlichen Bild „Mauern der Diktatur" (Zeile 23) meint
Ralf Zimmermann von Siefart, dass …

a) man in manchen Diktaturen sicher im Internet surfen kann.

b) Journalisten in manchen Krisengebieten gut gesichert sind.

c) manche Länder von hohen Mauern umgeben sind.

d) zu manchen Krisengebieten der Zugang verwehrt ist.

Michael Wegener bezeichnet seine Arbeit als „Indizienprozess" (Zeile 25),
weil …

a) die entsprechenden Internet-Links gezeigt werden müssen.

b) die Videos aufwendig nach Hinweisen auf ihre Echtheit geprüft
   werden müssen.

c) 80 Videos von den Mitarbeitern der Fernsehredaktionen
   gründlich untersucht werden müssen.

d) für die sozialen Medien wie Google+ und Facebook aufwendig
   recherchiert werden muss.

3 Nummeriere die Arbeitsschritte zur Überprüfung der Videos (Abschnitt C) in der
richtigen Reihenfolge.

_____ Herkunft diskutieren   _____ Video ansehen

_____ Herkunft herausfinden   _____ Video durch andere Kontakte prüfen

4 Kreuze jeweils die richtige Antwort an.

„Je vernetzter die Redaktion ist, desto einfacher wird die Arbeit." (Zeile 36–37)
Dies bedeutet im Textzusammenhang, dass es einfacher wird, die Echtheit
von Internetvideos zu überprüfen, weil …

a) Fernsehredakteure heutzutage immer online sind.

b) Mitarbeiter eines Fernsehsenders daran arbeiten.

c) soziale Medien dem Sender bereitgestellt werden.

d) unterschiedliche Personen befragt werden können.

Mit der Formulierung *„Zwei-Quellen-Prinzip"* (Zeile 47) ist im Textzusammenhang gemeint, dass die Echtheit der Information durch zwei …

a) Social-Media-Redakteure als Quellen bestätigt wird. ☐

b) unabhängige Quellen aus Deutschland belegt wird. ☐

c) voneinander abhängigen Quellen bestätigt wird. ☐

d) voneinander unabhängigen Quellen abgesichert wird. ☐

Mithilfe von sozialen Netzwerken können Fernsehredaktionen die Echtheit von Videos überprüfen (Abschnitt E), da in diesen Netzwerken …

a) die User[1] selbst über die Echtheit eines Videos abstimmen können. ☐

b) echte Videos häufig von verschiedenen Usern hochgeladen werden. ☐

c) Zweifel über die Echtheit eines Videos schneller verbreitet werden. ☐

d) Redakteure gezielt User nach ihren eigenen Videos fragen können. ☐

[1] Nutzer

5 Erkläre mithilfe des Abschnitts F das folgende Zitat.

> „Das Know-How (Fachwissen) wird dort abgerufen, wo es liegt, die Verantwortung bleibt aber bei der Redaktion." (Zeile 57–58)

_____

_____

_____

_____

_____

_____

_____

_____

_____

_____

6 Kreuze die richtige Antwort an.

Der Sprechertext „Das Video zeigt Homs und soll von heute sein." (Zeile 64–65) drückt aus, dass …

a) das Video mit Sicherheit von heute ist. ☐

b) die Nachricht hundertprozentig sicher ist. ☐

c) die Realität im Video abgebildet wird. ☐

d) die Echtheit der Quelle unsicher ist. ☐

7 Sieh dir das Bild an. Erkläre den Zusammenhang zwischen Bild und Text. Beziehe dich dabei auf den Text von Seite 12/13. Nenne passende Textstellen.

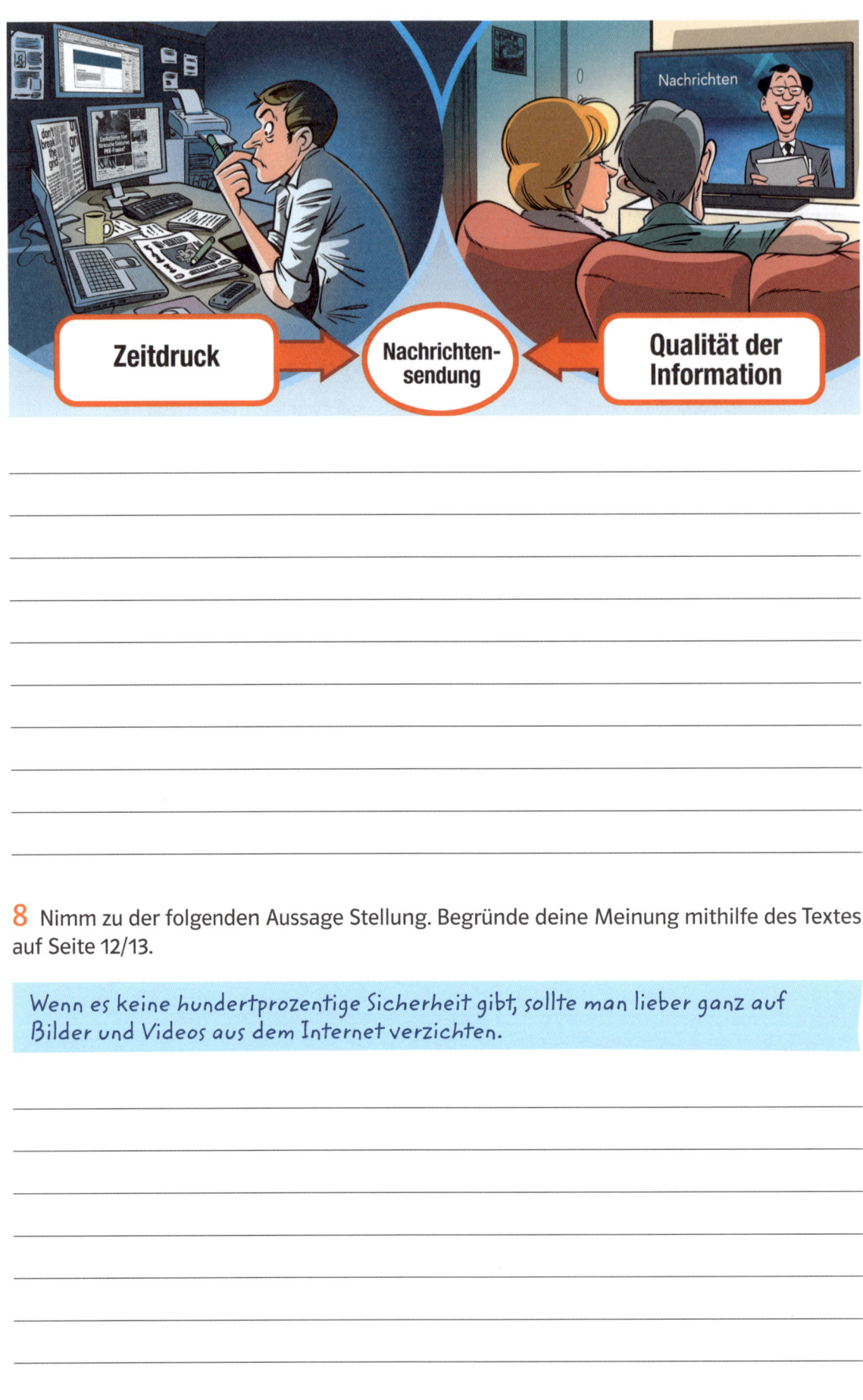

8 Nimm zu der folgenden Aussage Stellung. Begründe deine Meinung mithilfe des Textes auf Seite 12/13.

> Wenn es keine hundertprozentige Sicherheit gibt, sollte man lieber ganz auf Bilder und Videos aus dem Internet verzichten.

Wahr oder falsch? | Schritt für Schritt

 Die Reihenfolge der Aufgaben in Prüfungen zum Leseverstehen orientiert sich häufig an der Reihenfolge der Informationen im Text. Es kann aber auch sein, dass die Aufgaben nach Schwierigkeit geordnet sind. Das heißt, dass erst nach einfachen Informationen und dann nach komplexeren Informationen gefragt wird.

Schritt 1: Den Ausgangstext erschließen

 Bevor du Aufgaben zum Leseverstehen löst, solltest du dich genauer mit dem Text beschäftigen und die zentralen Aussagen herausarbeiten:
- Markiere dazu wichtige Begriffe und Textstellen.
- Formuliere zu den einzelnen Textabschnitten inhaltsbezogene Überschriften.
- Erkläre die Überschrift des Textes mit eigenen Worten.

1 Lies noch einmal den Text „Quelle: Internet" von Alexandra Reinsberg auf Seite 12/13.
- Markiere während des Lesens Begriffe, die dir wichtig erscheinen.
- Formuliere mithilfe der markierten Begriffe für jeden Abschnitt eine inhaltsbezogene Überschrift.

Abschnitt A _____

Abschnitt B _____

Abschnitt C _____

Abschnitt D _____

Abschnitt E _____

Abschnitt F _____

Abschnitt G _____

2 Notiere, wie du die Überschrift des Textes „Quelle: Internet" verstehst. Was sagt sie über den Inhalt des Textes aus?

_____

_____

_____

_____

_____

_____

_____

_____

Schritt 2: Ankreuz- und Zuordnungsaufgaben bearbeiten

 Da dir die Beschäftigung mit einfacheren Aufgaben beim Textverständnis helfen kann, solltest du zuerst alle Ankreuz- und Zuordnungsaufgaben bearbeiten, d. h. die Aufgaben, bei denen du nicht selbst etwas formulieren musst. Die Vorgehensweise ist bei diesen Aufgaben immer gleich:
1. Markiere die Textstelle, auf die sich die Frage bezieht.
2. Sieh dir die Textstelle im Zusammenhang an. Welche Informationen werden genannt? Welche Informationen enthalten der vorherige und der nachfolgende Satz?
3. Formuliere die Textstelle gegebenenfalls mit eigenen Worten, um sie besser zu verstehen.

1 Eine Ankreuzaufgabe fragt nach dem Grund von „Internet-Video". Markiere zunächst den Begriff „Internet-Video" im folgenden Textausschnitt.

„[…] Das Bild ist unscharf, es wackelt, gefilmt wurde wahrscheinlich mit einer Handykamera, neun Sekunden, Schnitt. Gelaufen ist das Video aus Syrien in der Tagesschau, doch aufgenommen hat es kein Journalist. Eingeblendet wird der Hinweis: „Internet-Video". Seit einigen Jahren schon mischen sich unter die professionellen Bilder der Fernseh-Journalisten zunehmend Videos aus dem Netz. […]"
(Zeile 5–14)

2 Fasse den Text aus Aufgabe 1 mit eigenen Worten zusammen. Mache dir klar, was der Begriff „Internet-Video" bedeutet.

_____

_____

_____

_____

3 Nenne mithilfe des Textumfeldes (Abschnitt A) den Grund, warum „Internet-Videos" in Nachrichtensendungen genutzt werden.

_____

_____

_____

4 Die folgende Antwort ist richtig. Erkläre, wie man die Antwort mithilfe der Textstelle aus Aufgabe 1 ableiten kann.

Mit der Bezeichnung „professionelle Bilder" (Zeile 14) ist gemeint, dass die Aufnahmen von Journalisten stammen.

_____

_____

5 Die folgenden Antworten sind falsch. Nenne in Stichpunkten den Grund.

Die Einblendung „Internet-Video" (Zeile 12) soll dem Zuschauer zeigen, dass das Video …

a) aus einer besonderen Datenbank des Senders kommt.

Falsch, weil _____

b) eine spezielle Auftragsarbeit für das Internet ist.

Falsch, weil _____

c) von ausgebildeten Journalisten gedreht wurde.

Falsch, weil _____

6 Bearbeite nun auf Seite 13 bis 15 die weiteren Ankreuzaufgaben, indem du die entsprechenden Textstellen markierst und in ihrem inhaltlichen Zusammenhang betrachtest.

> Bei Zuordnungsaufgaben besteht die Schwierigkeit, dass die Begriffe nicht wörtlich im Text zu finden sind, sondern umschrieben werden. Suche in diesem Fall nach bedeutungsähnlichen Wörtern, z. B. Synonymen oder Oberbegriffen.

7 Auf Seite 14 wird in Aufgabe 3 nach der Reihenfolge der Arbeitsschritte zur Überprüfung der Videos gefragt. Lies noch einmal Abschnitt C des Textes. Schreibe den Satz heraus, der die Angaben zur Reihenfolge der Arbeitsschritte enthält.

_____

_____

_____

_____

8 Markiere, welche der folgenden Begriffe in dem Satz in Aufgabe 7 verwendet werden. Notiere anschließend die Begriffe in der Tabelle, die durch Umschreibungen wiedergegeben werden. Nenne die Entsprechungen aus Textabschnitt C.

Herkunft diskutieren   *Video ansehen*   *Herkunft herausfinden*

Video durch andere Kontakte prüfen

Umschreibung in der Aufgabenstellung	Entsprechungen im Text

9 Bearbeite nun auf Seite 14/15 die Aufgaben 4 und 6, indem du die entsprechenden Textstellen markierst und in ihrem inhaltlichen Zusammenhang betrachtest.

Schritt 3: Erläuterungs- und Begründungsaufgaben bearbeiten

 Bei Erläuterungsaufgaben geht es darum, Informationen zu einer Erklärung zu verknüpfen. Dabei unterscheidet man drei Kriterien:
1. Alle Informationen sind im Text zu finden.
2. Ein Teil der Informationen muss aus anderen Materialien ergänzt werden.
3. Ein Teil der Informationen muss aus eigenem Wissen bzw. eigenen Erfahrungen ergänzt werden.

1 Markiere das folgende Zitat im Text. Überprüfe im Textumfeld, welche Informationen zu den Aussagen im Zitat gegeben werden. Ergänze dazu die Tabelle.

„Das Know-How (Fachwissen) wird dort abgerufen, wo es liegt, die Verantwortung bleibt aber bei der Redaktion." (Zeile 57–58)

Information im Zitat	Bezüge im Textumfeld
Fachwissen wird abgerufen, wo es liegt.	
Die Verantwortung bleibt in der Redaktion.	

 Sowohl der Ausgangstext als auch die Aufgaben selbst können weitere Materialien enthalten. Dies können z. B. Tabelle, Diagramme, Schaubilder, Bilder, Karikaturen, Lexikonartikel oder Werbeanzeigen sein. Dabei sollte beachtet werden, dass …
• die Materialien nur wenige relevante Informationen enthalten können.
• Bezüge zum Text oder der Aufgabe durch wichtige Begriffe hergestellt werden können.
• eine Beschreibung des Materials, z. B. eines Bildes, helfen kann, das Thema näher zu bestimmen.

2 Sieh dir noch einmal das Bild auf Seite 16 an. Formuliere möglichst knapp, was es aussagt.

_____

_____

_____

_____

_____

_____

3 Stelle Bezüge zwischen dem Bild und dem Text her. Beachte dazu die Begriffe in der folgenden Tabelle. Notiere passende Textstellen.

Zeitdruck	Qualität

Bei Begründungsaufgaben sollst du deine eigene Meinung mithilfe von Textzitaten formulieren:
1. Kläre, zu welchem Thema genau du Stellung nehmen sollst.
2. Überlege, ob du der Position zustimmst oder diese ablehnst.
3. Unterstreiche im Text Argumente, die deine Position belegen. Beachte, dass du manchmal die Argumente aus einem Text ableiten musst, das heißt, dass du von im Text genannten Fakten auf ein Argument schließen musst.
4. Überlege, wie du deine Antwort schriftlich formulieren kannst. Schreibe sie dann auf.

4 Lies noch einmal die Aufgabe 8 auf Seite 16. Formuliere die Frage mit deinen eigenen Worten.

_____

_____

_____

_____

5 Lies die folgenden Argumente. Erkläre, welches Argument im Text genannt wird und welches abgeleitet ist.

> Argument <u>gegen</u> das Zeigen von Internet-Videos: aufwendige Prüfung erhöht den Zeitdruck auf die Redaktion

> Argument <u>für</u> das Zeigen von Internet-Videos: Echtheit wird aufwendig und verantwortungsbewusst geprüft

_____

_____

_____

_____

_____

6 Arbeite aus dem Text auf Seite 12/13 jeweils zwei Argumente für und gegen das Zeigen von Internet-Videos heraus. Notiere sie in Stichpunkten in der Tabelle.

Pro-Argumente	Kontra-Argumente

7 Formuliere nun deine eigene Meinung zu der Frage, ob man in den Nachrichten auf Internet-Videos verzichten sollte.

_____

_____

_____

_____

_____

_____

_____

Schritt 4: Arbeitsergebnisse überprüfen

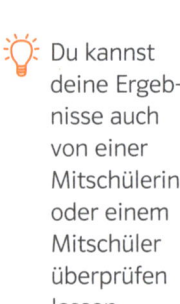 Du kannst deine Ergebnisse auch von einer Mitschülerin oder einem Mitschüler überprüfen lassen.

1 Überprüfe deine Arbeitsergebnisse mithilfe des Lösungsheftes und des folgenden Beurteilungsbogens. Verbessere sie gegebenenfalls.

Beurteilungsbogen			
Anforderungen Du …	☺	☹	**Wiederholung** Seite
hast den Text verstanden (unbekannte Wörter geklärt, kannst das Thema in einem Satz zusammenfassen).			Schritt 1, S. 17, Aufg. 1–2
konntest die Aufgaben richtig beantworten.			Schritt 2, S. 18/19, Aufg. 1–7
konntest Aussagen im Textzusammenhang erklären.			Schritt 2, S. 19, Aufg. 8–9 Schritt 3, S. 20, Aufg. 1
konntest Bild und Text in Beziehung setzen (z. B. Bild erklären und anhand v. Textstellen mit der Textaussage verknüpfen)			Schritt 3, S. 20/21, Aufg. 2–3
konntest dir eine eigene Meinung bilden und hast dazu Argumente gefunden.			Schritt 3. S. 21, Aufg. 4–5
Einschätzung gesamt			

2 Bearbeite nun die Beispielprüfung 2 auf Seite 23 bis 26. Achte dabei besonders auf die Schritte, die dir bislang noch nicht so gut gelungen sind.

Immer erreichbar | Beispielprüfung 2

 Der folgende Text ist auch als Hörtext unter dem Online-Code verfügbar. Die Aufgaben auf Seite 24 bis 27 kannst du so auch als Hörverstehenstest bearbeiten.

 Hörverstehen
c3wj3s

1 Lies den Text oder hör ihn dir an. Bearbeite anschließend die folgenden Aufgaben.

Michael Köhlmeier

Madalyn

Das Display auf ihrem Handy zeigte acht Anrufe in Abwesenheit. […]
Acht Anrufe in Abwesenheit.
Die Wertkarte ihres Handys war abgelau-
5 fen. Bereits seit zwei Wochen. Madalyns Ziel war es, mit einer Zehneurokarte ei-
nen Monat lang auszukommen und sogar einen winzigen Rest übrig zu haben. Seit Jänner¹ hatte sie das auch geschafft, das
10 hieß: Jänner und Februar. Im März war es ihr nicht gelungen, bereits in der Mitte war Ende. Das bedrückte sie. Wenn sie ihr Guthaben verbraucht hatte, konnte sie zwar angerufen werden, aber selbst nicht
15 anrufen. Sie wurde kaum mehr angeru-
fen. Eben weil sie selbst nur sehr selten und nur kurz telefonierte. Das hatte sich so ergeben, weil sie ein besserer Mensch werden wollte.
20 Wenn sie von der Schule nach Hause kam, sah sie nach, ob jemand ihre Nummer ge-
wählt oder ihr ein SMS geschickt hatte. Manchmal sah sie auch erst am Abend nach. Und manchmal schon hatte sie mit Stolz, aber auch mit Wehmut festgestellt, dass sie einen ganzen Tag lang nicht ans Telefonieren gedacht hatte.
Eine Zeitlang hatte sie ein Telefoniertagebuch geführt. Zur Kontrolle. Das war inzwi-
25 schen nicht mehr nötig. Hoffte sie. In dem Büchlein waren drei Spalten pro Seite. In die eine sollte sie eintragen, wann wer sie anrief, in die zweite, wann sie wen anrief und wie lange das Telefonat gedauert hatte, in die dritte Spalte, worum es in dem Telefonat gegangen war. Wenn sie das dunkelblaue Notizbuch in ihrem Schreibtisch lie-
gen sah, packte sie ein klammes Gefühl, als würden böse Geister herausfahren, wenn
30 sie es öffnete. Ihr Vater hatte ihr den Rat gegeben. „Das soll dein Telefoniertagebuch sein", hatte er gesagt und es ihr in die Hände gedrückt, seine Hände an ihren. „Es wird dein Freund werden." Das ist es nie geworden, nein.
Mit neun hatte sie zu telefonieren begonnen. Sie war oft allein gewesen, und ihre Eltern hatten ihr ein Nokia gekauft, fad grünlich und rundlich. Ihr war langweilig
35 gewesen an den Nachmittagen, und sie telefonierte. Alle ihre Mitschülerinnen besa-
ßen Handys. Aber sie waren bei verschiedenen Betreibern angemeldet, T-Mobile, A1, Orange, Bob, Telering, und das jagte die Telefonkosten in die Höhe.
Wenn sie allein war, überstand sie bald keine fünf Minuten mehr, ohne auf die klei-
nen Tasten zu tippen. Sie telefonierte, während sie an ihren Hausaufgaben saß oder
40 das Mittagessen aufwärmte, telefonierte neben dem Fernsehen, sogar wenn sie →

1 Jänner: Süd-
deutsch für
Januar

aufs Klo ging, nahm sie das Handy mit, immer war es in ihrer Hand oder lag neben
ihrer Hand. Und eines Tages hatte es einen fürchterlichen Krach gegeben. Sie erinnerte sich nicht mehr daran, wie hoch die Kosten waren. Nur dass sie in einem Monat
mehr als tausend SMS geschrieben hatte. Ihre Mutter hatte sie zusammengeputzt,
45 und ihr Vater hatte nur immer wieder gesagt: „Du bist krank, Madalyn, du bist
krank." Da hatte sie sich fest vorgenommen, ein besserer Mensch zu werden.
Ihre Mutter meldete das Handy ab. Wenn sie telefonieren wollte, sagte sie zu
Madalyn, müsse sie sich von ihrem Taschengeld eine Wertkarte besorgen. In der
Nacht träumte sie Telefonsachen, Tasten, Piepsen, SMS-Daumen und so. Das war eine
50 schwere Zeit für sie gewesen. Die erste Wertkarte hatte sie bereits an einem Nachmittag durch. Nach drei Tagen war ihr Taschengeld aufgebraucht gewesen. Sie war in der
Wohnung herumgetappt wie ein Zootier, das Handy in der Hand, und wenn es den
erlösenden Signalton von sich gab (den Anfang eines Songs), drückte sie, ehe er ver-
klungen war, auf den grünen Knopf. Nicht anrufen zu können war wie im Gefängnis
55 zu sein.
Acht Anrufe in Abwesenheit! Und immer dieselbe Nummer!
Und erst jetzt habe sie gedacht, was sie sofort hätte denken sollen: Das kann nur
er sein. Und wenn nicht? Wenn sich jemand einen Witz mit ihr machen wollte?
Am liebsten hätte sie sich ins Bad eingeschlossen und sich ins heiße Wasser gelegt,
60 wo man sogar einen zum Tode Verurteilten eine halbe Stunde lang in Ruhe lassen
würde. Ihr war, als wolle sie jemand bloßstellen, vor der ganzen Klasse bloßstellen.
Als hockte man genau in diesem Augenblick irgendwo zusammen und kicherte, und
jede glotzte auf ihr Handy und wartete nur darauf, dass sie zurückrief, um sich dann
halbtot zu lachen. Sie setzte sich in der Küche auf den Fußboden, legte das Handy
65 zwischen ihre Füße. Das kleine Gerät machte sie unglücklich.
Acht Anrufe in Abwesenheit und alle in der letzten halben Stunde.

2 Kreuze jeweils die richtige Antwort an.

Die „Zehneurokarte" (Zeile 6) ist …

a) eine Handy-Wertkarte.

b) eine Punktekarte für die Straßenbahn.

c) ein PayPal-Guthaben.

d) ein Casino-Chip.

Madalyn möchte einen „winzigen Rest übrig […] haben" (Zeile 8) von …

a) ihrem Taschengeld für den Anfang des folgenden Monats.

b) ihrem Taschengeld am Monatsende.

c) ihrer Handy-Wertkarte am Monatsende.

d) ihrer Handy-Wertkarte am Anfang des folgenden Monats.

Madalyn „wurde kaum mehr angerufen" (Zeile 15–16), weil …

a) sie sich lieber von Angesicht zu Angesicht unterhielt.

b) sie selbst nur SMS schrieb.

c) ihr Handy so oft besetzt war.

d) sie selbst nur sehr selten und nur kurz telefonierte.

3 Kreuze an, welche Aussagen über die Zeit von Madalyns Handysucht richtig sind.

a) Wenn Madalyn allein war, konnte sie nur wenige Minuten auskommen, ohne ihr Handy zu benutzen.

b) Wegen ihrer Handysucht machten sich die Eltern von Madalyn große Sorgen und überlegten, sie zur Suchtberatung zu schicken.

c) Madalyn träumte nachts sogar von ihrem Handy und dem Telefonieren bzw. vom Versenden und Empfangen von SMS.

d) Obwohl die Versuchung groß war, benutzte Madalyn ihr Handy nie, wenn sie auf der Toilette oder im Bad war.

4 Kreuze an, welche Aussagen über den derzeitigen Umgang von Madalyn mit ihrem Handy richtig sind.

a) Schon seit einem halben Jahr hatte es Madalyn geschafft, mit ihrer Zehneurokarte auszukommen und sogar einen winzigen Rest übrig zu haben.

b) Zur Kontrolle ihres Umgangs mit dem Handy hatte Madalyn eine Zeit lang ein Telefoniertagebuch geführt.

c) An manchen Tagen gelang es Madalyn, das Handy soweit auszublenden, dass sie erst am Abend nachsah, ob jemand angerufen oder ihr eine SMS geschickt hatte.

d) Madalyns Telefonkosten sind auch deshalb deutlich gesunken, weil viele ihrer Freundinnen nun denselben Betreiber haben.

5 Erkläre, welche Befürchtung Madalyn hat, als sie über die acht Anrufe nachdenkt, die sie erhalten hat.

_____

_____

_____

_____

_____

_____

_____

_____

6 Nummeriere die Ereignisse, nachdem Madalyn ihre erste Wertkarte bekommen hat, in der richtigen Reihenfolge.

_____ Taschengeld vertelefoniert

_____ Wertkarte durchtelefoniert

_____ mit der Wertkarte telefoniert

_____ ohne Geld in der Wohnung herumgetappt und auf Anrufe gewartet

7 Erkläre, was der Textausschnitt über Madalyns Verhältnis zu ihren Eltern aussagt.

_____

_____

_____

_____

_____

_____

8 Sieh dir das Diagramm an. Erkläre den Zusammenhang zwischen dem Diagramm und dem Romanausschnitt von Michael Köhlmeier. Begründe den Zusammenhang mithilfe von Textzitaten.

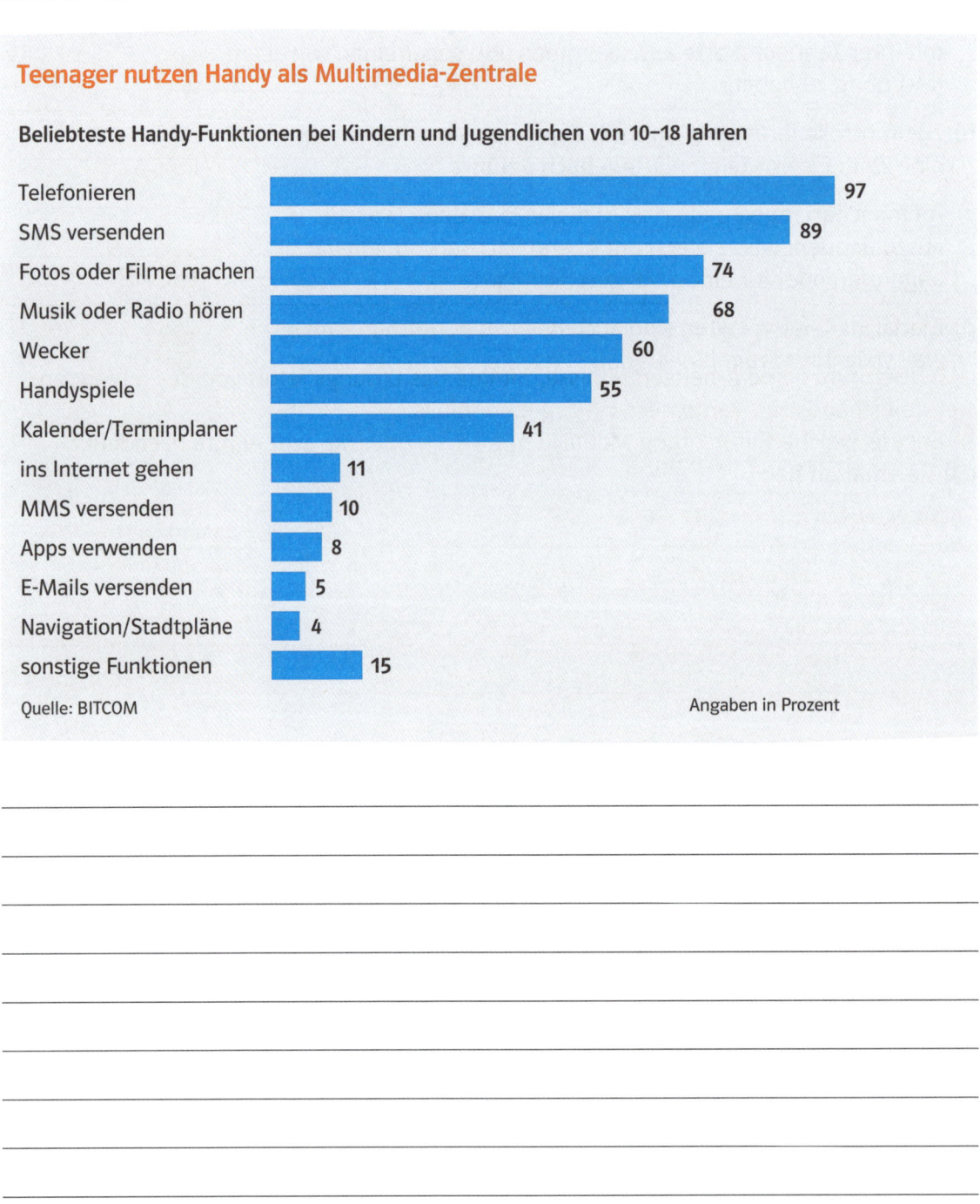

Teenager nutzen Handy als Multimedia-Zentrale

Beliebteste Handy-Funktionen bei Kindern und Jugendlichen von 10–18 Jahren

Funktion	Prozent
Telefonieren	97
SMS versenden	89
Fotos oder Filme machen	74
Musik oder Radio hören	68
Wecker	60
Handyspiele	55
Kalender/Terminplaner	41
ins Internet gehen	11
MMS versenden	10
Apps verwenden	8
E-Mails versenden	5
Navigation/Stadtpläne	4
sonstige Funktionen	15

Quelle: BITCOM   Angaben in Prozent

_____

_____

_____

_____

_____

_____

_____

_____

9 Nimm zu der folgenden Aussage Stellung. Begründe deine Meinung mithilfe des Textes.

Madalyn ist unsicher bzw. hat kein besonders großes Selbstvertrauen.

_____

_____

_____

_____

_____

_____

_____

_____

_____

_____

_____

_____

10 Überprüfe deine Arbeitsergebnisse mithilfe des Lösungsheftes und des folgenden Beurteilungsbogens. Verbessere sie gegebenenfalls.

Beurteilungsbogen			
Anforderungen Du …	☺	☹	**Anmerkungen**
hast den Text verstanden (unbekannte Wörter geklärt, kannst das Thema in einem Satz zusammenfassen).			
konntest die Aufgaben richtig beantworten.			
konntest Aussagen im Textzusammenhang erklären.			
konntest Bild und Text in Beziehung setzen (z. B. Bild erklären und anhand v. Textstellen mit der Textaussage verknüpfen)			
konntest dir eine eigene Meinung bilden und hast dazu Argumente gefunden.			
Einschätzung gesamt			

Digitale Schule | Beispielprüfung 1

→ Argumen-
tierende Texte
Seite 9

Seit einiger Zeit wird an deiner Schule diskutiert, ob die Schülerinnen und Schüler mit Tablet-PCs ausgestattet werden sollen. Als Schülersprecherin oder Schülersprecher möchtest du den Schulleiter in einem Brief von deiner Meinung zum Thema „Tablet-PCs im Unterricht" überzeugen.

1 Lies zunächst die Aufgabenstellung und den Text aufmerksam durch. Unterstreiche alle Argumente, die für oder gegen Tablet-PCs im Klassenzimmer sprechen. Lege eine stichwortartige Planung für deinen Brief an den Schulleiter an.

2 Verfasse auf Grundlage der Vorarbeiten aus Aufgabe 1 den Brief an den Schulleiter, in dem du ihn von deiner Meinung überzeugst. Gehe dabei folgendermaßen vor:
- Formuliere eine Einleitung, in der du den Grund des Schreibens und deine Position verdeutlichst.
- Begründe deine Position. Nenne mindestens drei Argumente und stütze sie mithilfe von Erläuterungen und/oder Beispielen. Nenne ein Gegenargument und entkräfte es.
- Formuliere einen Schluss, in dem du noch einmal bei deinem Schulleiter für deine eigene Position wirbst.
- Berücksichtige bei deinen Ausführungen die äußere Form eines Briefes und an wen dein Brief adressiert ist.

→ Wenn dir die Aufgabenstellung unklar ist, bearbeite die Aufgaben auf Seite 31 bis 36.

Barbara Wege

Der Neue im Klassenzimmer

Auch in Deutschland werden immer mehr Tablet-PCs im Unterricht eingesetzt. Doch wie sinnvoll ist das?

„Schalte dich mal eben auf die Tafel, und zeig deinen Lösungsweg", sagt Mathelehrer Hans-Gerd Cordes. Tinos Hände fliegen über seinen Tablet-PC, schon erscheint das Arbeitsblatt vorn auf der elektronischen Wandtafel. Es geht um Wahrscheinlichkeitsrechnung. […]

5 Die niedersächsische Oberschule folgt damit einem internationalen Trend: Thailand hat im vergangenen Jahr 850 000 Tablet-PCs an Schüler ausgegeben. In den USA hat die Firma Apple bereits 4,5 Millionen iPads an Schulen und Universitäten verkauft. Die Türkei will sogar 15 Millionen Tablets für Schüler anschaffen. […]
Die Deutschen sind bei Computern im Klassenraum traditionell zögerlich, wie sich

10 schon bei der Einführung von Laptop-Klassen zeigte, die hierzulande die Ausnahme, aber etwa in Norwegen gang und gäbe sind. Doch langsam entdecken auch die deutschen Schulen die Tablet-Computer für den Unterricht. Mehr als hundert deutsche Schulen arbeiten mittlerweile mit ihnen, und es werden wohl in Zukunft immer mehr werden.

15 „Wir müssen die Schüler auf eine Berufswelt vorbereiten, in der sie ständig mit Computern und dem Internet konfrontiert sind", sagt Geschichtslehrer Andreas Hofmann, der die Tablet-Klassen an der Waldschule vorangetrieben hat: „Es kann nicht sein, dass es eine Mauer gibt zwischen einem Alltag, in dem die Schüler von Medien umgeben sind, und Schulen, in denen noch gelernt wird wie vor 20 Jahren." Wird in

20 Zukunft auch in Deutschland in erster Li-
nie mit dem Tablet gelernt? Haben Hefte,
Stifte, Bücher bald ausgedient? Und vor
allem: Lernen die Schüler mit dem Tablet
besser oder schlechter?

25 Fest steht: Tablets verändern den Unterricht, weil sie Aktivitäten und Interaktionen[1] ermöglichen, die sonst mit mehr
Aufwand verbunden sind: Im Internet
recherchieren[2], Präsentationen erstellen,

30 Videos drehen. Dank WLAN greifen die
Waldschüler direkt im Klassenraum auf
das Internet zu. Die Akkus der Tablets
halten locker einen Schulvormittag. Mit
der integrierten[3] Videokamera können die

35 Schüler in Physik Versuche und in Englisch Rollenspiele filmen. In Mathe nutzen
sie Geometrieprogramme und rechnen
auf Onlineportalen Übungsaufgaben.
Doch wo neue Lerntechniken Raum ein-

40 nehmen, können auch alte an den Rand
gedrängt werden: der Prozess des Schreibens, zum Beispiel. Der Vorsitzende des

bayerischen Lehrerverbands, Klaus Wenzel, schlägt Alarm: „Die Handschrift als Kul-
turgut und Ausdruck der Persönlichkeit ist in Gefahr." Hirnforscher betonen, dass das

45 Schreiben per Hand beim Einprägen helfe. „Bei diesem komplexen Vorgang wird der
geschriebene Begriff im Gehirn besser gespeichert als beim Tippen", erklärt der Nürn-
berger Neurologe[4] Frank Erbguth. Der Psychiater Manfred Spitzer, Autor des Bestsel-
lers „Digitale Demenz", wird noch deutlicher. Wenn es nach ihm ginge, hätten Computer im Klassenraum gar nichts verloren. Er wirft damit die Frage auf: Was bringt

50 der Einsatz der Tablets im Unterricht?
Bardo Herzig, Medienpädagoge an der Universität Paderborn, sagt: „Die eine reprä-
sentative[5] Studie, die zeigt, dass Schüler mit digitalen Medien grundsätzlich besser
lernen, gibt es nicht." Das liege allein schon daran, dass die Effekte immer auch davon
abhängen, wie die Geräte konkret im Unterricht genutzt werden. Eine Reihe von Ein-

55 zeluntersuchungen belegte aber, dass der Einsatz sich positiv auswirkt. So zeigte eine
groß angelegte Studie von der Humboldt-Universität in Berlin, dass sich die Notebook-
Nutzung positiv auf Deutschleistungen und die Computerkompetenz auswirke. Eine
Studie der University of London hat die bisher vorhandenen Forschungen zu Tablets
zusammengefasst und zumindest Hinweise darauf gefunden, dass die Lernbereitschaft

60 der Schüler steigt. Eltern beobachteten demnach, dass ihre Kinder häufiger Hausaufgaben machten. Sorgen bereiteten den Müttern und Vätern aber die hohen Kosten für
die Geräte. Die Lehrer schätzten die leichte Einsetzbarkeit der Tablets, die regelmäßigen Aktivitäten ermöglichten, für die man sonst den Computerraum brauche. […]
Die Tablet-Klassen der Waldschule wurden zum Projektstart in einer Fallstudie der TU

65 Dortmund wissenschaftlich begleitet. Über drei Monate lang wurden digitale und ana-
loge Klassen im Unterricht beobachtet sowie Lehrer und Schüler interviewt. Es zeigte
sich, dass die Tablet-Schüler vor allem bei der Internetrecherche und der Vorbereitung
von Präsentationen im Vorteil waren, weil sie beides verstärkt trainierten. Zudem
tauschten diese Schüler mehr Informationen mit Lehrern und Mitschülern über das

70 Netz aus. […]   →

1 aufeinander be-
zogenes Handeln
zweier oder meh-
rerer Personen

2 sich über etwas
informieren

3 hier: eingefügt

4 Nervenarzt

5 als einzelnes
typisch für etwas
sein

6 Bilder mit Hilfe
technischer Mittel
an eine Leinwand
werfen

Die Fallstudie zeigte aber auch die Probleme beim Einsatz der Tablet-PCs. Zum einen die mit der Technik: Wenn Schüler Videos an die Tafel projizierten[6], ruckelte die Wiedergabe, weil die Internetverbindung zu schwach war. Nach einem Update des Betriebssystems konnten Schüler nicht mehr auf Arbeitsmaterial zugreifen. „Mir stan-
75 den die Haare zu Berge. Ich musste an zehn Geräten Fehler beheben und nebenbei Deutsch machen", erzählt ein Lehrer. Mittlerweile wurde die Internetverbindung auf-gerüstet, und die Technik läuft meist störungsfrei.

Das zweite und wohl auch deutlich größere Problem: das Ablenkungspotenzial. Vor allem Spiele, Facebook und YouTube ziehen viel Aufmerksamkeit auf sich. In den
80 Pausen griffen zahlreiche Schüler mit dem Tablet auf Soziale Netzwerke, Spiele und Videos zu. Auch zu Hause ist die Versuchung groß, mit dem Gerät nicht nur Mathe zu machen. Ein Schüler der Waldschule in Hatten hatte sich zu Beginn über 100 Spiele heruntergeladen. Verboten ist das nicht, denn die Geräte gehören den Kindern. Die Eltern haben sie bezahlt.

85 Die Kostenfrage und die Diskussion darüber, wer die Tablets bezahlen soll, zeigt, dass man bei der Debatte um das digitale Klassenzimmer schnell beim Thema der sozialen Gerechtigkeit landet. Einerseits haben Untersuchungen zur Mediennutzung wie die Shell Jugendstudie gezeigt, dass Hauptschüler und Schüler aus sozial benachteiligten Familien stärker als beispielsweise Gymnasiasten dazu tendieren[7], das Internet zum
90 Spielen zu nutzen und weniger zum Arbeiten. Andererseits hoffen Lehrer und Schu-len durch den Einsatz neuer Medien gerade auch diejenigen Schüler zu fördern, die es aus ihrem familiären Umfeld nicht gewohnt sind, Computer und Internet zur Infor-mationsgewinnung zu nutzen.

Nach der repräsentativen JIM-Studie (Jugend, Information, Multimedia) verfügte 2012
95 knapp jeder fünfte Jugendliche zwischen 12 und 19 Jahren zu Hause über einen Tab-let-Computer. Im Jahr zuvor war es nur jeder zehnte. Bei den über 100 Schulen, die in Deutschland mit Tablet-PCs arbeiten, sind alle Schulformen vertreten.

Ob sich Tablet-Projekte an deutschen Schulen auszahlen und etablieren[8] werden, dürfte deshalb auch entscheidend davon abhängen, inwieweit sich die Geräte in den
100 Köpfen der Kinder als Arbeitsgeräte etablieren statt als Spielekonsole. So oder so: Die Technik allein macht aus schlechtem Unterricht keinen guten.

„Digitale Medien sind für uns keine Religion, sondern nur ein Mittel von vielen, um Unterricht besser zu machen", sagt Stephan Piper, Direktor der Waldschule. Denn allerspätestens seit der berühmten Studie des Bildungsforscher Hattie ist klar: Auf
105 den Lehrer kommt es an. Er muss die Geräte sinnvoll einsetzen. Die Lehrer der Wald-schule haben die Erfahrung gemacht, dass das auch mal bedeuten kann, die Flach-computer bewusst zur Seite zu legen. […]

7 zu etwas neigen
8 eingewöhnen

→ Überprüfe deinen argumentativen Text mithilfe des Beurteilungsbogens auf Seite 36.

Digitale Schule | Schritt für Schritt

Schritt 1: Die Aufgabenstellung erschließen

Mache dir zunächst klar, was genau die Aufgabenstellung von dir verlangt. Lies diese genau und mache dich mit dem Thema, der Ausgangssituation und dem Adressaten vertraut. Entscheide, aus welcher Position du den argumentativen Text verfassen willst und wie er aufgebaut sein soll.

1 Lies noch einmal die Aufgaben 1 und 2 auf Seite 28. Unterstreiche darin wichtige Arbeitsschritte und bearbeite anschließend die folgenden Aufgaben.

• Beschreibe das Thema kurz mit eigenen Worten.

_____

_____

• Aus welcher Position verfasst du deinen Text?

_____

_____

• Welche Textsorte wird verlangt?

_____

_____

• Ordne die Begriffe für die einzelnen Textbausteine der Vorlage zu.

Unterschrift

Brieftext

Grußformel

Anrede

Ort und Datum

• An wen ist der Text adressiert und was musst du deshalb beim Verfassen berücksichtigen?

_____

_____

2 Notiere die folgenden Arbeitsschritte in der Reihenfolge, in der du diese für die Erstellung eines argumentativen Textes bearbeiten musst.

ggf. Gegenargument entkräften   stichwortartige Planung erstellen

Einleitung formulieren   Text lesen   für die eigene Position werben

Argumente markieren   drei Argumente mit Beispielen/Erläuterungen formulieren

_____

_____

_____

Schritt 2: Sich den Text erschließen

💡 Der Text liefert dir Argumente sowie Beispiele und Erläuterungen für deine Argumentation. Deshalb solltest du ihn genau bearbeiten.

1 Lies den Text auf Seite 28 bis 30 aufmerksam durch. Fasse in einem Satz das Thema zusammen.

_____

_____

_____

💡 Achte auf die Beispiele im Text.

2 Unterstreiche im Text die Argumente für den Einsatz von Tablet-PCs blau und die Argumente gegen den Einsatz von Tablet-PCs rot.

💡 Achte darauf, dass deine Argumente für den Leser nachvollziehbar sind.

3 Erstelle mithilfe deiner Ergebnisse aus Aufgabe 2 eine Argumentsammlung. Notiere dazu die Argumente mit Angabe der Zeile in der folgenden Tabelle. Du kannst auch eigene Argumente ergänzen.

Pro	Kontra
Bessere Vorbereitung auf die Berufswelt (Zeile 15)	

4 Gewichte die Argumente in Aufgabe 3 von weniger wichtig zu wichtig. Nummeriere sie dazu in der schmalen Spalte.

Schritt 3: Die Argumentation stichwortartig planen

↗ Einen Schreib-
plan erstellen
Seite 8

1 Notiere die Ausgangssituation bzw. den Anlass deines Briefes. Formuliere mithilfe deiner Ergebnisse der Aufgaben aus Schritt 2 deine eigene Position zu dem Thema.

_____

_____

_____

2 Wähle nun drei Argumente, die deine Position stützen, aus der Tabelle auf Seite 32 aus. Notiere in Stichpunkten passende Beispiele oder Erläuterungen.

🔆 Achte darauf, dass du Argumente wählst, die den Adressaten überzeugen und deine Position stützen. Beginne mit einem schwächeren Argument und lasse ein stärkeres folgen. Schließe mit einem starken Argument ab. Dieses bleibt dem Leser in Erinnerung.

1. Argument: _____

Beispiel/Erläuterung: _____

_____

2. Argument: _____

Beispiel/Erläuterung: _____

_____

3. Argument: _____

Beispiel/Erläuterung: _____

_____

3 Wähle aus der Tabelle auf Seite 30 ein Gegenargument aus und entkräfte es.

🔆 Entkräfte ein starkes Gegenargument, von dem du denkst, dass die Gegenseite oder der Adressat dieses auf jeden Fall anbringen könnte. Das stärkt nicht nur deine eigene Position, sondern schwächt auch die Argumentation der Gegenseite.

_____

_____

_____

_____

4 Notiere auf einem Blatt Stichpunkte für den Schluss deiner Argumentation. Achte darauf, die Argumente abzuwägen. Gehe auch noch mal auf deine Einleitung ein und verdeutliche deine eigene Position.

Schritt 4: Die Argumentation schreiben

 Bearbeite für deine schriftliche Argumentation die folgenden Aufgaben. Schreibe deinen Brief fortlaufend auf ein Extrablatt. Achte dazu bei den Aufgaben auf das Symbol .

1 Lies Helenas Einleitung. Verbessere sie mithilfe der folgenden Fragen.
- An wen richtet sich der Brief? Sollte die Höflichkeitsform in der 3. Person (Groß-schreibung) verwendet werden oder kann man die persönliche Anrede nutzen?
- Sollte der Adressat mit „Liebe(r) …" oder „Sehr geehrte(r) …" angesprochen werden?
- Ist der Sprachstil für den Adressaten angemessen?

Schülertext	Verbesserungsvorschläge
Lieber Herr Petersen,	
schon wieder diskutieren sie, ob an unserer Schule mehr Tablet-PCs im Unterricht zum Einsatz kommen sollen.	Unhöflich/Sie …
Da diese Thematik nicht nur sie als Lehrer, sondern besonders auch uns als Schüle-rinnen und Schüler betrifft, haben wir in der letzten SV Sitzung extrem lange darüber gesprochen. …	Umgangssprache

 Denke an den Aufbau eines Briefes.

2 Verfasse die Einleitung für deinen Brief an den Schulleiter, in dem du ihn von deiner Meinung überzeugst. Nenne den Grund des Briefes und verdeutliche deine eigene Posi-tion. Nutze deine Ergebnisse aus den vorherigen Aufgaben und die Formulierungshilfen.

Formulierungshilfen für die Einleitung

Schon seit einiger Zeit wird diskutiert …; Mit diesem Schreiben nehme ich Bezug auf …; Im Folgenden möchte ich daher darauf eingehen, dass …; Meiner Meinung nach …

3 Formuliere nun deine drei Argumente aus und stütze sie jeweils mit Beispielen oder Erläuterungen. Orientiere dich am folgenden Beispiel und nutze die Formulierungshilfen auf der rechten Seite.

Der Einsatz von Tablet-PCs im Unterricht ist notwendig, da es Aufgabe der Schule ist, die Schülerinnen und Schüler auf die Berufswelt vorzubereiten. Dazu ist es heute unerlässlich, dass diese auch im Umgang mit dem Computer und dem Internet geschult werden, denn in fast allen Berufsfeldern werden Computer genutzt.

Formulierungshilfen für den Hauptteil

<u>Satzanfänge:</u> Meiner Meinung nach …; Ich bin davon überzeugt, dass …;
Es könnte sein, dass …; Ich bezweifle, dass …; Ich glaube, dass …; Ein wesent-
licher Grund dafür ist …; Hinzu kommt, dass …; Wenn man bedenkt, dass …
<u>Adverbien:</u> ohne Zweifel – sicherlich – wahrscheinlich – vielleicht –
anscheinend – tatsächlich – zweifellos – möglicherweise – keinesfalls …
<u>Konjunktionen:</u> und – nicht nur, sondern auch – denn – weil – da – obwohl –
allerdings – aber – das heißt – dass – sodass – …

Achte bei den Argumenten darauf, dass du sie gedanklich miteinander verbindest.
Füge nach jedem Argument einen Absatz ein, so wird dein Text übersichtlicher.

4 Lies das folgende Gegenargument und die Entkräftung. Markiere die Stelle, an
der das Gegenargument entkräftet wird. Notiere mit eigenen Worten, wodurch es
entkräftet wurde.

> Häufig wird argumentiert, dass Tablet-PCs im Unterricht zu sehr ablenken,
> weil Spiele, Facebook und anderes die Aufmerksamkeit auf sich ziehen.
> Diese Befürchtung ist nachvollziehbar, jedoch haben Untersuchungen gezeigt,
> dass bei vielen Schülerinnen und Schülern die Lernbereitschaft durch den
> Einsatz der Tablet-PCs steigt.

<u>Das Gegenargument wird entkräftet, indem</u> _____

_____

_____

 5 Formuliere selbst ein Gegenargument und entkräfte es. Nutze die Formulierungshilfen.

Formulierungshilfen für das Gegenargument

Auch wenn viele denken, dass …; Viele argumentieren, dass …; Häufig werden
Bedenken geäußert, weil …; Natürlich sind die Bedenken nachvollziehbar,
aber …; Dem kann man zustimmen, jedoch …

 6 Formuliere einen Schluss, in dem du noch einmal bei deinem Schulleiter für deine
eigene Position wirbst.

 Vergiss die
Grußformel
und deine
Unterschrift
nicht.

Formulierungshilfen für den Schluss

Stellungnahme: Betrachtet man abschließend alle Argumente, kann man
festhalten, dass …; Zusammenfassend lässt sich sagen, dass …
Eigene Position stärken: Mir erscheint wichtig, dass …; Ich denke, dass …;
Man sollte daher überlegen, ob …; Ich hoffe, ich konnte Sie überzeugen und
wünsche mir …; Nach meiner Ansicht kann das nur bedeuten, dass …

Schritt 5: Die Argumentation überarbeiten

Du kannst deinen Text auch von einer Mitschülerin oder einem Mitschüler überprüfen lassen.

1 Überprüfe deinen Text mithilfe des Lösungsheftes und des Beurteilungsbogens. Überarbeite ihn gegebenenfalls.

Beurteilungsbogen			
1. Inhaltliche Leistung			
Anforderungen Du …	☺	☹	**Wiederholung**
markierst die Argumente im Text.			Schritt 2, S. 32, Aufg. 2
legst eine übersichtliche und sinnvolle Planung an.			Schritt 3, S. 33/34, Aufg. 1–4
formulierst eine Einleitung, in der du • den Grund des Schreibens • und deine Position verdeutlichst.			Schritt 4, S. 34, Aufg. 2
begründest deine Position, indem du • die ausgewählten Argumente näher erläuterst und/oder mit Beispielen veranschaulichst. • eine sinnvolle Abfolge der Argumente erstellst. • ein gewähltes Gegenargument entkräftest. Dabei achtest du auf die Stimmigkeit der Argumente, indem du • das Thema und • die eigene Position konsequent beibehältst.			Schritt 4, S. 34/35, Aufg. 3–5
formulierst einen Schluss, in dem du für deine Position wirbst.			Schritt 4, S. 35, Aufg. 6
berücksichtigst den Adressatenbezug und den kommunikativen Kontext, indem du • die formalen Vorgaben eines Briefes , z. B. Anrede, Höflichkeitsform einhältst und • dich auf inhaltlicher Ebene daran orientierst, z. B. beim Bezug auf die konkrete Person des Adressaten und in der angemessenen Art der Argumentation. • eine dem Adressaten angemessene Sprache verwendest.			Schritt 4, S. 34/35
2. Darstellungsleistung			
Anforderungen Du …			
formulierst einen in sich geschlossenen, gedanklich klaren Text.			Schritt 4, S. 34/35
verwendest ein dem argumentierenden Schreiben angemessenes Vokabular.			Schritt 4, S. 34/35
formulierst die Sätze richtig und verständlich.			Kap. 9, S. 115
drückst dich präzise und abwechslungsreich aus.			Kap. 9, S. 116
schreibst sprachlich richtig (Rechtschreibung, Zeichensetzung, Grammatik).			Kap. 9, S. 116/117
Einschätzung gesamt			

2 Bearbeite nun die Beispielprüfung 2 auf Seite 37 bis 39. Achte dabei besonders auf die Schritte der Argumentation, die dir bislang noch nicht so gut gelungen sind.

Immer klingelt es! | Beispielprüfung 2

Die Schulordnung an deiner Schule wird überarbeitet. Deshalb wird darüber diskutiert, ob es ein Handy-Verbot auf dem ganzen Schulgelände geben soll. Als Schülersprecherin oder Schülersprecher möchtest du deine Mitschülerinnen und Mitschüler in einem Brief, der in der Schülerzeitung abgedruckt wird, von deiner Meinung zum Thema „Handy-Verbot an der Schule" überzeugen.

1 Lies zunächst die Aufgabenstellung und den Text aufmerksam durch. Unterstreiche alle Argumente, die für oder gegen Handys in der Schule sprechen. Lege eine stichwortartige Planung für deinen Brief in der Schülerzeitung an.

2 Verfasse auf der Grundlage deiner Vorarbeiten einen Brief für die Schülerzeitung. Ziel ist es, deine Mitschülerinnen und Mitschüler von deiner Meinung zu überzeugen. Gehe dabei folgendermaßen vor:
- Formuliere eine Einleitung, in der du den Grund des Schreibens und deine Position verdeutlichst.
- Begründe deine Position. Nenne drei Argumente und stütze sie mithilfe von Erläuterungen und/oder Beispielen. Nenne ein Gegenargument und entkräfte es.
- Formuliere einen Schluss, in dem du noch einmal für deine Position wirbst.
- Berücksichtige bei deinen Ausführungen die äußere Form eines Briefes und an wen dein Brief adressiert ist.

Heike Klovert und Arne Ulbricht

Handys an Schulen – verbieten oder nutzen?

Handys lenken ab, Handys vermasseln die Noten, Handys nerven. So denken viele Lehrer – und die Schulen reagieren mit einem Verbot. Ist das sinnvoll – oder kurzsichtig?
Handys! Es gibt kaum ein anderes Thema, über das sich Lehrer, Schüler und Eltern so leidenschaftlich streiten.

Wer darf wann wo sein Handy benutzen und für was? Es ist ein Dauerbrenner, mit dem Schulen unterschiedlich umgehen – die meisten mit einem Verbot. [...]
Das Thema beschäftigt auch den Landtag in Schleswig-Holstein. Dort haben Juristen[1] des Wissenschaftlichen Dienstes festgestellt, dass Schulen den Jugendlichen zwar
5 verbieten dürften, ihre Handys während der Schulzeit einzuschalten. Es sei aber unverhältnismäßig, Schülern vorzuschreiben, ihre Mobiltelefone ganz zu Hause zu lassen – schließlich wollten Eltern, dass ihre Kinder erreichbar seien. [...]

Heike Klovert: „Handy nutzen, nicht verbieten!"
Heike Klovert, 33, arbeitet als Redakteurin im Ressort Schule und Uni bei SPIEGEL ONLINE.

10 Smartphones sind wie kleine schwarze Löcher, die Schülern die Aufmerksamkeit aus dem Hirn saugen, die Achtsamkeit, wenn nicht gar die Intelligenz? Diese Angst treibt Lehrer so sehr um, dass sie sich oft nicht anders zu helfen wissen als mit einem Verbot. Damit verändern sie die Denke ihrer Schüler nicht, sondern werten Smartphones nur unnötig auf. Denn was verboten ist, ist bekanntlich umso reizvoller.
15 Natürlich können Schüler mit Smartphones peinliche Fotos im Netz posten oder anonyme[2] Beleidigungen verbreiten. Doch wenn sie das tun wollen, tun sie es sowieso. →

1 Rechtswissen-
schaftler

2 ohne Namens-
nennung

Dann halt abends zu Hause. Und egal, wo Mobbing passiert: Die Schule sollte darüber aufklären und einen verantwortungsvollen Umgang mit dem Netz lehren.

Davon abgesehen steckt in Smartphones eine riesige Chance für jene Schulen, die

20 wenig Geld für Tablets, Notebooks, PCs und Videokameras haben. [...] In den allermeisten Fällen sind die Geräte internetfähig und mit einer Flatrate ausgestattet.

Das soll jetzt kein Freibrief fürs Daddeln und Surfen im Unterricht sein. Aber ein Appell[3]. Schulen müssen sich noch viel mehr die riesigen Vorteile zunutze machen,

25 die Smartphones bieten. Als Recherchewerkzeug: Wie schnell dreht sich die Erde? Als Wörterbuch: Was heißt gleich „procrastination"? [...] So lernen Schüler früh, Handys sinnvoll zu nutzen – zumal die Geräte auch im späteren Leben der meisten eine große Rolle spielen werden.

Die Handys müssen ja nicht klingeln. Ausgeschaltet oder lautlos im Unterricht, das

30 wäre sinnvoll. Und wenn sie nicht im Einsatz sind, liegen alle Handys auf dem Tisch, wie die Taschenrechner in Mathe, nur mit dem Bildschirm nach unten. Dann kann niemand nach einer SMS vom Schwarm aus der Parallelklasse schielen – und gleichzeitig ist klar: Smartphones sind keine Schmuddelkästen, sondern Arbeitsmittel. Wenn es Schüler trotzdem noch hin und wieder schaffen, heimlich zu chatten oder

35 zu surfen – was soll's? Sie könnten dem Banknachbarn auch Zettel schreiben, oder Käsekästchen spielen und Tic-Tac-Toe. Wer Ablenkung braucht, der findet sie. Und letztendlich liegt's am Lehrer, den Stoff so zu vermitteln, dass seine Schüler sich nicht so leicht ablenken lassen.

Arne Ulbricht: „Nein zu Handys in der Schule!"

40 Arne Ulbricht, 43, ist Lehrer für Französisch und Geschichte in Teilzeit an einem Berufskolleg in Nordrhein-Westfalen. [...]

[...] Schüler suchten schon immer nach Ablenkung oder versuchten, Grenzen zu überschreiten. Daran hat sich nichts geändert. Das Problem ist, dass Schüler heute spätestens in der fünften Klasse ein Handy besitzen. Und allein durch das Handy haben sich

45 die Möglichkeiten, sich ablenken zu lassen und Grenzen zu überschreiten, grenzenlos gesteigert.

Schon die für Fünftklässler attraktiven Spiele verfügen über ein derartiges Suchtpotenzial, dass es oft unmöglich zu sein scheint, darauf zu verzichten. Deshalb wird manchmal während des Unterrichts und immer während der Pausen gezockt. Aufs

50 Klo gehen die Schüler während der Pause übrigens nicht. Das erledigen sie dann im Unterricht (und nehmen ihr Handy mit).

Je älter die Schüler werden, desto mehr Ablenkungsmöglichkeiten kommen Jahr für Jahr hinzu. Facebook, WhatsApp, Instagram [...]

Es ist so dramatisch, wie es klingt: Schulhöfe und Klassenzimmer entwickeln sich

55 zu einem Paradies für all diejenigen, die sich auch während der Schulzeit in ihre virtuellen Welten zurückziehen wollen, statt über den Schulhof zu laufen. Schüler, die ihr Suchtverhalten auf dem Schulgelände ausleben, schaden übrigens nicht nur sich selbst. Denn wer im System Schule sich selbst schadet, schadet auch den Mitschülern und den Lehrern.

60 Schulen sollten deshalb den Handykonsum grundsätzlich verbieten und gleichzeitig auf die Digitalisierung reagieren, indem die Schule selbst pädagogisch sinnvolle Ausnahmeregeln einführt: Neben digitalen Projekten in der Oberstufe sollte es ab der siebten Klasse Digitalunterricht geben. In einem hervorragend ausgestatteten Raum lernen Schüler dann einmal pro Woche den Umgang mit verschiedenen Geräten und

65 werden darin geschult, wie man im Internet recherchiert, wie es sich mit dem Copyright verhält und warum man nicht jedes Foto posten sollte.

Abgesehen davon gilt das Verbot! Wahrscheinlich würden sowohl die Schüler als auch die Eltern massiv dagegen protestieren. In diesem Fall müssen die Schulen halt gegen den Strom schwimmen und zum Wohl der Kinder eine digitale Zwangsauszeit den-
70 noch durchsetzen. Andernfalls züchten wir uns eine Generation heran, die nur weiß, wie man googelt und Panik bekommt, sobald der Akku leer ist.

3 Überprüfe deinen Text mithilfe des Lösungsheftes und Beurteilungsbogens. Überarbeite ihn gegebenenfalls.

Beurteilungsbogen			
1. Inhaltliche Leistung			
Anforderungen Du …	☺	☹	**Anmerkungen**
markierst die Argumente im Text.			
legst eine übersichtliche und sinnvolle Planung an.			
formulierst eine Einleitung, in der du • den Grund des Schreibens • und deine Position verdeutlichst.			
begründest deine Position, indem du • die ausgewählten Argumente näher erläuterst und/oder mit Beispielen veranschaulichst. • eine sinnvolle Abfolge der Argumente erstellst. • ein gewähltes Gegenargument entkräftest. Dabei achtest du auf die Stimmigkeit der Argumente, indem du • das Thema und • die eigene Position konsequent beibehältst.			
formulierst einen Schluss, in dem du für deine Position wirbst.			
berücksichtigst den Adressatenbezug und den kommunikativen Kontext, indem du • die formalen Vorgaben eines Briefes , z. B. Anrede, Höflichkeitsform einhältst und • dich auf inhaltlicher Ebene daran orientierst, z. B. beim Bezug auf die konkrete Person des Adressaten und in der angemessenen Art der Argumentation. • eine dem Adressaten angemessene Sprache verwendest.			
2. Darstellungsleistung			
Anforderungen Du …			
formulierst einen in sich geschlossenen, gedanklich klaren Text.			
verwendest ein dem argumentierenden Schreiben angemessenes Vokabular.			
formulierst die Sätze richtig und verständlich			
drückst dich präzise und abwechslungsreich aus.			
schreibst sprachlich richtig (Rechtschreibung, Zeichensetzung, Grammatik).			
Einschätzung gesamt			

→ Kapitel 9
Seite 112–119

Wer ist das? | Beispielprüfung 1

→ Informierende
Texte
Seite 10

Stell dir vor, dass am 1. Juli eine Schulveranstaltung für Schülerinnen und Schüler stattfindet, zu der der Autor Klaus Kordon eingeladen ist. Er wird aus seinen Büchern vorlesen. Im Anschluss daran besteht die Möglichkeit, dem Autor Fragen zu seinen Büchern und seinem Leben zu stellen. Damit alle für diesen Termin vorbereitet sind, wurdest du gebeten, einen Informationstext über Klaus Kordon zu schreiben. Um deinen Text schreiben zu können, bekommst du verschiedene Materialien über den Autor.

1 Lies zunächst die Aufgabenstellung und die Materialien aufmerksam durch.

2 Verfasse auf Grundlage der Materialien einen informierenden Text über Klaus Kordon. Schreibe nicht aus den Materialien ab, sondern achte auf eine eigenständige Darstellung in einem zusammenhängenden Text. Gehe dabei folgendermaßen vor:
- Formuliere für den Text eine passende Überschrift.
- Schreibe eine Einleitung, in der du den Autor Klaus Kordon vorstellst. Nenne sein Geburtsjahr, seinen Geburtsort, die ausgeübten Berufe, seinen aktuellen Wohnort und die Zielgruppe seiner Bücher.
- Stelle dar, warum Klaus Kordon zahlreiche Bücher zum Thema „Deutsche Geschichte" geschrieben hat. Erkläre auch, warum Berlin der Schauplatz vieler seiner Bücher ist.
- Erkläre, wie Klaus Kordon seine eigenen Lebenserfahrungen mit der Welt seiner literarischen Figuren verknüpft und was er erfindet. Beziehe dich dabei auf konkrete Beispiele.
- Schlussfolgere anhand der Materialien und eigener Überlegungen, warum Klaus Kordon gerade für Kinder und Jugendliche über deutsche Geschichte schreibt. Erkläre dabei auch den Begriff „Geschichte von unten".
- Notiere unterhalb deines Textes die Buchstaben der von dir genutzten Materialien.

→ Wenn dir die Aufgabenstellung unklar ist, bearbeite die Aufgaben auf Seite 44 bis 51.

A **Eckdaten: Klaus Kordon**	
Geburtsjahr	1943
Geburtsort	Berlin (Pankow)
Kindheit	• Vater im Zweiten Weltkrieg gefallen • Mutter 1956 gestorben • älterer Bruder gestorben • in verschiedenen Kinder- und Jugendheimen aufgewachsen
Ausbildung	Abitur und Studium der Volkswirtschaft
Berufstätigkeit	unterschiedliche Berufe: z. B. Transport- und Lagerarbeiter, Exportkaufmann
Besonderheiten	nach Fluchtversuch aus der DDR einjährige politische Haft
aktueller Wohnort	Berlin

B Geschichte von unten. Klaus Kordon wird 65

Klaus Kordon ist der Chronist[1] der Berliner Hinterhöfe, in denen sich die Politik der Mächtigen im Kleinen spiegelt. Geschichte von unten beschreibt Klaus

5 Kordon in seinen Romanen für Jugendliche und Erwachsene. Seine zwischen 1918 und 1945 spielende „Trilogie[2] der Wendepunkte" erzählt von den kleinen Leuten in der Ackerstraße in Berlin-Mitte.

10 „Ich habe diesen Geruch noch in der Nase. Die Häuser mit den bis zu sechs Hinterhöfen waren feucht und schwammig", sagt der 1943 geborene Kordon, der seine Geschichten mit eigenen Kindheitserinnerungen verwoben hat.

15 Wer das Schicksal der Familie Gebhardt in „Die roten Matrosen", „Mit dem Rücken zur Wand" und „Der erste Frühling" verfolgt, der erlebt Geschichte hautnah – vom Aufstand der Matrosen vor dem Berliner Schloss bis zur Besetzung der Stadt durch die sowjetische Armee am Ende des Zweiten Weltkrieges. „Geschichtsbücher sind oft trocken und faktenlastig. Emotional spricht das den Leser meistens nicht an", sagt

20 Kordon. „Aber wenn man einen Roman liest und mit den Figuren durch die Straßen von damals läuft, dann bekommt man das Gefühl, man ist dabei und versteht die Zeitumstände plötzlich."

Bewusst habe er sich entschieden, in seinen Romanen Menschen aus den unteren Bevölkerungsschichten zu charakterisieren. „In den Wohngegenden der Reichen kam es

25 eben nicht vor, dass zwei, drei Mal am Tag der Leichenwagen kam, um ein an Hungergrippe gestorbenes Kind abzuholen", erklärt Kordon.

„An Berlin lässt sich die deutsche Geschichte wunderbar darstellen und erklären. Berlin war die Stadt der Revolution von 1848, die Hauptstadt des Kaiserreichs und der Ort der Republikausrufung nach dem Ersten Weltkrieg. Die Stadt, in der Hitler an die

30 Macht kam, die nach dem Zweiten Weltkrieg geteilt wurde und schließlich wiedervereinigt wurde."

Seine eigene Geschichte erzählt der in Berlin-Prenzlauer Berg aufgewachsene Kordon in dem mit dem Deutschen Jugendliteraturpreis ausgezeichneten 800-Seiten-Wälzer „Krokodil im Nacken".

35 Nach einem missglückten Fluchtversuch aus der DDR über Bulgarien wurden Kordon und seine Frau festgenommen und im Stasi-Gefängnis in Berlin-Hohenschönhausen inhaftiert. Ihre damals 6 und 9 Jahre alten Kinder kamen in ein DDR-Kinderheim. Nach einem Jahr Haft wurde das Ehepaar 1973 von der Bundesrepublik freigekauft[3] und konnte in den Westen ausreisen. Die Kinder aber mussten noch ein weiteres Jahr

40 im DDR-Heim aushalten, bis sie ihren mittlerweile in Schwalbach bei Frankfurt/Main lebenden Eltern „nachgeschickt" wurden. […]

Nachdem er das autobiografische Werk „Krokodil im Nacken" abgeschlossen hatte, habe er sich erleichtert gefühlt, erzählt Kordon. Doch die Geschichte geht weiter. Zum 20. Jahrestag des Mauerfalls im Herbst 2009 kommt sein neuer Roman „Auf der

45 Sonnenseite" heraus. Der Band ist eine Fortsetzung von „Krokodil im Nacken" und erzählt, was der junge Manfred Lenz – Kordons Alter Ego[4] – nach der Ausreise in die Bundesrepublik in Westdeutschland erlebt.

1 jemand, der Ereignisse/Geschehen beobachtet und darüber berichtet

2 drei thematisch zusammengehörende Werke eines Autors

3 hier: Politische Häftlinge kamen gegen Geld frei, das die Bundesrepublik bezahlt hat. Sie durften dann von der DDR in die BRD ausreisen.

4 hier: Romanfigur, die Klaus Kordon mit ähnlichen Erfahrungen ausstattet, wie er sie selbst erlebt hat.

C Interview mit dem Schriftsteller Klaus Kordon zu seinem Buch „Krokodil im Nacken" (Ausschnitt)

Katharina: Dichten Sie zu Ihren Büchern irgendwas hinzu?

Klaus Kordon: Natürlich. Ich schreibe ja Romane, keine Dokumentarberichte, und
5 selbst wenn ich über meine eigene Zeit schreibe, z. B. was ich als 30-Jähriger erlebt habe, wie in „Krokodil im Nacken", sind auch Erfindungen dabei. Immer so, dass es realistisch ist.
10 Wenn man einen Roman schreibt, muss man sich nicht sklavisch an die Wirklichkeit halten, die man selbst erlebt hat. Man muss Sachen weglassen, wenn es für den Leser nicht so interessant ist. Man muss
15 kürzen, man muss manchmal Figuren verändern, damit bestimmte Personen nicht wiedererkannt werden. Sonst könnten diese verlangen, dass das Buch eingestampft wird, weil sie sich
20 lächerlich gemacht fühlen. Man hat eine gewisse Verantwortung dabei, möchte aber auch ein bisschen Freiraum haben und nicht jedes Mal gefragt werden: „Warst du so mutig?" oder „Warst du so
25 feige?".
Wenn ich ein Buch schreibe, welches über viele Jahre spielt, stimmen die Fakten zwar, aber die Menschen sind alle erfunden und das Haus, in dem sie wohnen und
30 so weiter – alles ist erfunden. Das macht ja auch den Spaß am Schreiben aus, dass man „im Kopf Welten entstehen lässt", die man in Wirklichkeit gar nicht kennen gelernt hat.

D Veränderungen der Kinder- und Jugendliteratur seit den 1970er-Jahren

Verglichen mit traditionellen Geschichten für Heranwachsende standen nun immer weniger die berühmten „großen Männer" – national bedeutende Entdecker, Herr-
5 scher und Erfinder – und ihre Heldentaten im Mittelpunkt, vielmehr richtete sich die Aufmerksamkeit verstärkt auf die sogenannten „kleinen Leute". Die „Geschichte von unten" konzentrierte
10 sich stärker auf die Alltagsgeschichte, auf die Probleme, die den jungen Hauptfiguren auf sozialer, wirtschaftlicher und politischer Ebene in ihrer Lebenswelt begegneten.

E LESERBRIEFE

In Ihren Büchern wird einem das damalige Leben und auch die Politik der Zeit nahe gebracht – nicht trocken oder überfüllt von politischen Begriffen oder Daten, son-
5 dern ganz einfach und doch voller Emotionen. Menschen, die einfach sagen, was sie denken und fühlen, mal traurig, mal fröhlich, mal wütend, mal nachdenklich sind.

Hannah, 17 Jahre

Früher habe ich nie verstanden, warum die Erwachsenen so einen Wirbel um diese Kriege gemacht haben. Erst als ich Ihre Bücher las, ist mir einiges klar geworden.
5 Mir ist aber auch klar geworden, dass es immer noch Leute gibt, die aus diesen grausamen Kriegen keine Konsequenzen gezogen haben. Vielleicht sollte es mehr Romane geben, in denen erzählt wird, was
10 wirklich passiert ist.

Steffi, 17 Jahre

F Der Zeitzeuge. Der 13-jährige Maximilian Heufelder im Gespräch mit seinem Lieblingsautor Klaus Kordon

M. Heufelder: Warum spielen so viele Ihrer Bücher in Berlin?
K. Kordon: Bestimmte Sachen kann man nur beschreiben, wenn man sich wirklich
5 gut auskennt. Und in Berlin kenne ich mich nun einmal sehr gut aus. Ich könnte meine Bücher auch woanders spielen lassen, aber Romane wie „Die Roten Matrosen", „Mit dem Rücken zur Wand",
10 „Der erste Frühling" oder „1848" spielen sehr verwurzelt im Volk. Das kann ich nur wahrheitsgemäß beschreiben, wenn es eine Gegend ist, in der ich mich auskenne. Ich könnte auch einen Roman in München
15 spielen lassen, aber da kenne ich mich nicht genug aus. Ich kenne mich nicht so mit den Straßen aus, weiß nicht, wie die Häuser von innen aussehen, weiß nicht, wie sie riechen.
20 In mancher Hinsicht, glaube ich, ist man als Autor abhängig von seiner Erfahrungswelt. Wenn man wirklich echt und lebendig schildern will, dann muss es in einer Gegend spielen, die man sehr gut
25 kennt. Und Berlin kenne ich sehr gut.
M. Heufelder: Warum schreiben Sie für Jugendliche?
K. Kordon: Jugendliche sind das wichtigste Publikum. In der Jugend wird man
30 geprägt. Wenn einer 30 ist, kann man nicht mehr allzu viel machen. Dann hat er seinen Charakter, hat seine Erfahrungen gemacht. Bücher prägen einen Jugendlichen ganz schön. Ich wäre ein anderer ge-
35 worden, wenn ich in meiner Jugend nicht meine Autoren gehabt hätte, die mich alle ein bisschen geformt haben. Aber ich könnte jetzt nicht mehr sagen, wer von ihnen an mir was ‚verbrochen' hat. Wenn
40 ein Jugendlicher ein schwieriges Buch liest, denkt er nach. Durch dieses Nachdenken wird sein Wissen erweitert; das heißt, er wird geformt.

↪ Überprüfe deinen informierenden Text mithilfe des Beurteilungsbogens auf Seite 51.

Wer ist das? | Schritt für Schritt

Schritt 1: Die Aufgaben verstehen

1 Notiere aufgrund deines Vorwissens und deiner Vermutungen, was mit den folgenden Wörtern gemeint ist.

informierender Text: _____

_____

Materialsichtung: _____

_____

Materialauswahl: _____

_____

sprachliche Gestaltung des Textes: _____

_____

2 Überlege, wie du beim Schreiben eines informierenden Textes vorgehen musst.

_____

_____

_____

_____

_____

_____

_____

3 Lies noch einmal den Einleitungstext sowie die Aufgaben 1 und 2 auf Seite 40. Beantworte anschließend die folgenden Fragen.

• Was sind Anlass und Ziel deines Textes? _____

_____

• Wie lautet das Thema deines Textes? _____

_____

• Welche Textsorte wird verlangt? _____

_____

• Für welche Personengruppe sollst du deinen Text verfassen? _____

_____

4 Kreuze an, welche Aussagen deiner Meinung nach für deinen Text zutreffen sollten.

a) Ich kann mich kurz fassen, da die Leser und Leserinnen bereits Vorwissen über den Schriftsteller haben. ☐ richtig ☐ falsch

b) Ich muss meinen Text sachlich schreiben. ☐ richtig ☐ falsch

c) Ich sollte Fremdwörter und Fachbegriffe erklären oder vermeiden, da mein Text nicht nur für Fachleute ist. ☐ richtig ☐ falsch

d) Ich soll eine Kritik über die Werke des Schriftstellers Klaus Kordon schreiben und brauche deshalb nicht objektiv zu bleiben. ☐ richtig ☐ falsch

e) Ich brauche meine Text nicht zu gliedern, da die Leserinnen und Leser eine große Leseroutine haben. ☐ richtig ☐ falsch

f) Mein Text sollte Antworten auf mögliche Fragen liefern. ☐ richtig ☐ falsch

Schritt 2: Materialien verstehen und auswerten

1 Bevor du deinen informierenden Text schreibst, werte die einzelnen Materialien aus.
- Lies dazu die Materialien A bis F auf Seite 40 bis 43 einzeln durch und markiere wichtige Begriffe und Textstellen.
- Notiere anschließend die wichtigsten Informationen in Stichpunkten. Formuliere mit eigenen Worten.

Notizen zu Material A: _____

_____

_____

_____

Notizen zu Material B: _____

_____

_____

_____

Notizen zu Material C: _____

_____

_____

_____

Notizen zu Material D: _____

_____

_____

_____

→

Notizen zu Material E: _____

_____

_____

_____

Notizen zu Material F: _____

_____

_____

_____

→ Übersicht
Operatoren
Seite 120/121

2 Lies noch einmal die Aufgabenstellung. Markiere dabei die Operatoren gelb und wichtige Begriffe blau.

Verfasse auf Grundlage der Materialien einen informierenden Text über Klaus Kordon. […]

(1) • Formuliere für den Text eine passende Überschrift.

(2) • Schreibe eine Einleitung, in der du den Autor Klaus Kordon vorstellst. Nenne sein Geburtsjahr, seinen Geburtsort, die ausgeübten Berufe, seinen aktuellen Wohnort und die Zielgruppe seiner Bücher.

(3) • Stelle dar, warum Klaus Kordon zahlreiche Bücher zu dem Thema „Deutsche Geschichte" geschrieben hat. Erkläre dabei auch, warum Berlin der Schauplatz vieler seiner Bücher ist.

(4) • Erkläre, wie Klaus Kordon seine eigenen Lebenserfahrungen mit der Welt seiner literarischen Figuren verknüpft und was er erfindet. Beziehe dich dabei auf konkrete Beispiele.

(5) • Schlussfolgere anhand der Materialien und eigener Überlegungen, warum Klaus Kordon gerade für Kinder und Jugendliche über deutsche Geschichte schreibt. Erkläre dabei auch den Begriff „Geschichte von unten".

(6) • Notiere unterhalb deines Textes die Buchstaben der von dir genutzten Materialien.

3 Notiere mithilfe deiner Ergebnisse aus Aufgabe 1 und 2, für welche Unterpunkte du die Materialien verwenden kannst. Ordne dazu die jeweiligen Ziffern der Aufgabenstellung und die wichtigen Begriffe zu.

Material A: _(2) und (3): Einleitung, Berlin als Schauplatz, ..._ _____

Material B: _____

Material C: _____

Material D: _____

Material E: _____

Material F: _____

Schritt 3: Den informierenden Text planen und schreiben

Bei der Gliederung deines Textes solltest du dich an die Reihenfolge der Aufgabenstellung halten. Sie dient dir als Leitfaden.
Beachte, dass die Reihenfolge der Materialien nichts mit der Reihenfolge der Aufgabe
zu tun hat. Du musst die Informationen aus den Materialien gezielt für die Lösung
der einzelnen Aufgaben heraussuchen. Informationen zu den Unterpunkten können in
verschiedenen Materialien verteilt sein.

1 Überlege dir zunächst eine Gliederung für deinen Text. Orientiere dich dazu an der
Aufgabenstellung.

1. Überschrift _____

2. Einleitung _____

_____

_____

_____

_____

_____

_____

_____

_____

_____

Die Gliede-
rung hilft dir,
beim Schrei-
ben Absätze
einzufügen.

2 Kreuze an, welche der folgenden Überschriften du für geeignet hältst. Du kannst auch
eine eigene Überschrift formulieren.

Überschriften kann man als Frage oder als Aussage formulieren. Sie können spannend,
andeutend oder informierend sein.

a) Informationen zum Besuch des Schriftstellers Klaus Kordon ☐

b) Wer ist Klaus Kordon? ☐

c) Geschichte von unten – Klaus Kordon liest aus einen Werken ☐

d) Gelegenheit zum Nachfragen – Der Schriftsteller Klaus Kordon kommt ☐

e) Klaus Kordon – seine Bücher spiegeln sein Leben ☐

f) Wieder mal ein Schriftsteller ☐

Meine eigene Überschrift: _____

_____

3 Schreibe eine Einleitung, in der du den Autor Klaus Kordon vorstellst.
- Beginne mit dem Anlass deines Textes, z. B.: *Am 1. Juli ..., Ich möchte allen Besuchern ...*
- Nenne Geburtsjahr, Geburtsort, ausgeübte Berufe, aktuellen Wohnort und die Zielgruppe von Klaus Kordons Büchern.
- Schreibe in ganzen Sätzen.

_____

_____

_____

_____

_____

_____

_____

_____

_____

_____

_____

_____

_____

4 In der Aufgabenstellung ist eine „eigenständige Darstellung" gefordert. Sieh dir das Originalzitat, den Schülertext sowie die Markierungen genau an.

 Ein Bestandteil der Aufgabe ist es, nicht aus den Materialien abzuschreiben, sondern Aussagen in möglichst **eigenen Worten** wiederzugeben. Oft werden sie dabei verkürzt. Das nennt man **paraphrasieren**. Wichtig ist, dass man den Sinn der Aussage sicher verstanden hat.

Originalzitat aus Text C

[...] Wenn ich ein Buch schreibe, welches über viele Jahre spielt, stimmen die Fakten zwar, aber die Menschen sind alle erfunden und das Haus, in dem sie wohnen und so weiter – alles ist erfunden. Das macht ja auch den Spaß am Schreiben aus, dass man „im Kopf Welten entstehen lässt", die man in Wirklichkeit gar nicht kennen gelernt hat. [...]

Schülertext (Paraphrase)

Für Klaus Kordons Werke ist die Verbindung von Tatsachen und Erfundenem typisch. Die Ereignisse haben wirklich stattgefunden, aber die Personen und ihr Umfeld können ausgedacht sein. Fakten plus Fantasie – das ist für ihn reizvoll.

5 Formuliere das folgende Zitat in eigenen Worten.

Originalzitat aus Text B

[...] „An Berlin lässt sich die deutsche Geschichte wunderbar darstellen und erklären. Berlin war die Stadt der Revolution von 1848, die Hauptstadt des Kaiserreichs und der Ort der Republikausrufung nach dem Ersten Weltkrieg. Die Stadt, in der Hitler an die Macht kam, die nach dem Zweiten Weltkrieg geteilt wurde und schließlich wiedervereinigt wurde." Seine eigene Geschichte erzählt der in Berlin-Prenzlauer Berg aufgewachsene Kordon in dem mit dem Deutschen Jugendliteraturpreis ausgezeichneten 800-Seiten-Wälzer „Krokodil im Nacken". [...]

Paraphrase: _____

_____

_____

_____

_____

_____

6 Stelle nun mithilfe der folgenden Aufgaben dar, warum Klaus Kordon zahlreiche Bücher zum Thema „Deutsche Geschichte" geschrieben hat.

• Notiere alle wichtigen Informationen zum Thema „Deutsche Geschichte". Kreuze an, in welchen Materialien du Informationen dazu findest.

☐ A   ☐ B   ☐ C   ☐ D   ☐ E   ☐ F

_____

_____

_____

_____

• Notiere alle wichtigen Begriffe zum Thema „Berlin als Schauplatz". Kreuze an, in welchen Materialien du Informationen dazu findest.

☐ A   ☐ B   ☐ C   ☐ D   ☐ E   ☐ F

_____

_____

_____

_____

7 Erkläre mithilfe der folgenden Aufgaben, wie Klaus Kordon seine eigenen Lebens-erfahrungen mit der Welt seiner literarischen Figuren verknüpft und was er erfindet. Beziehe dich dabei auf konkrete Textbeispiele.

- Notiere alle wichtigen Informationen zur „Verknüpfung eigener Erfahrung mit literarischen Figuren". Kreuze an, in welchen Materialien du Informationen dazu findest.

  A   B   C   D   E   F

_____

_____

_____

- Notiere alle wichtigen Informationen zu dem, was Kordon „erfindet". Kreuze an, in welchen Materialien du Informationen dazu findest.

  A   B   C   D   E   F

_____

_____

_____

8 Erstelle mithilfe der folgenden Aufgaben eine Schlussfolgerung, warum Klaus Kordon für Kinder und Jugendliche über deutsche Geschichte schreibt. Erkläre dabei auch den Begriff „Geschichte von unten".

- Notiere alle wichtigen Informationen zur Zielgruppe „Kinder und Jugendliche". Kreuze an, in welchen Materialien du Informationen dazu findest.

  A   B   C   D   E   F

_____

_____

_____

- Notiere alle wichtigen Informationen zum Begriff „Geschichte von unten". Kreuze an, in welchen Materialien du Informationen dazu findest.

  A   B   C   D   E   F

_____

_____

_____

9 Schreibe nun den informierenden Text mit Überschrift, Hauptteil und Schluss auf ein Extrablatt. Verwende dazu deine Ergebnisse aus den vorherigen Aufgaben.

 Notiere unter deinem Text die Nummern der von dir genutzten Materialien.

 Damit dein Text zusammenhängend wirkt, solltest du von einer Teilaufgabe zur anderen überleiten, z.B.: *Nachdem ich Klaus Kordon nun vorgestellt habe, möchte ich näher auf die Themen seiner Bücher eingehen.*

Schritt 4: Einen informierenden Text überarbeiten

1 Überprüfe deinen informierenden Text mithilfe des Lösungsheftes und des Beurteilungsbogens. Überarbeite ihn gegebenenfalls.

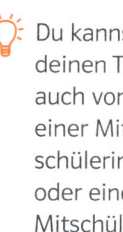 Du kannst deinen Text auch von einer Mitschülerin oder einem Mitschüler überprüfen lassen.

Beurteilungsbogen			
1. Inhaltliche Leistung			
Anforderungen Du …	🙂	🙁	**Wiederholung**
formulierst eine Überschrift.			Schritt 3, S. 47, Aufg. 2
formulierst eine Einleitung, in der du • den Anlass des Textes nennst. • den Namen des Schriftstellers, Geburtsjahr und -ort, ausge- übten Berufe, aktuellen Wohnort und die Zielgruppe nennst.			Schritt 3, S. 48, Aufg. 3
formulierst einen Hauptteil, in dem du • den Grund für das Thema „Deutsche Geschichte" nennst. • den Grund für „Berlin als Schauplatz" erklärst. • die Verknüpfung eigener Lebenserfahrungen mit literarischen Figuren herstellst. • zu allen Punkten konkrete Beispiele gibst.			Schritt 3, S. 48–50, Aufg. 4–7
formulierst einen Schluss, in dem du • die Schlussfolgerung ziehst, warum Kinder und Jugendliche für den Autor als Zielgruppe zählen. • den Begriff „Geschichte von unten" erklärst.			Schritt 3, S. 50, Aufg. 8
notierst die verwendeten Materialien.			Schritt 3, S. 51, Aufg. 9
2. Darstellungsleistung			
Anforderungen Du …			
beachtest das Informationsziel und die Adressaten des Textes.			Schritt 1, S. 44/45, Aufg. 1–4
formuliert die Sätze richtig und verständlich und nutzt eigene Worte.			Kap. 9, S. 115
drückst dich präzise und abwechslungsreich aus.			Kap. 9, S. 116
verwendest Überleitungen zwischen allen Teilaufgaben.			Schritt 3, S. 50, Aufg. 9
schreibst sprachlich richtig (Rechtschreibung, Zeichensetzung, Grammatik).			Kap. 9, S. 116 117
Einschätzung gesamt			

2 Bearbeite nun die Beispielprüfung 2 auf Seite 52 bis 55. Achte dabei besonders auf die Schritte, die dir bislang noch nicht so gut gelungen sind.

Augen auf! | Beispielprüfung 2

Die nächste Ausgabe der Schulzeitung, die von Schülern, Lehrern und Eltern gelesen wird, widmet sich dem Thema „Serien ". Du sollst für diese Ausgabe einen informierenden Text mithilfe von unterschiedlichen Materialien zum Thema „Serien sind der Renner" schreiben.

1 Lies zunächst die Aufgabenstellung und die Materialien aufmerksam durch.

2 Verfasse auf der Grundlage der Materialien A bis F einen informierenden Text zum Thema „Serien sind der Renner". Schreibe nicht aus den Materialien ab, sondern achte auf eine eigenständige Darstellung in einem zusammenhängenden Text.
Gehe dabei folgendermaßen vor:
- Formuliere für den Text eine passende Überschrift.
- Schreibe eine Einleitung, in der du kurz erklärst, was eine Serie ist und woher sie ursprünglich stammt.
- Beschreibe, wie sich Serien im Laufe der Zeit entwickelten. Gehe dabei auch auf den Erfolg amerikanischer Fernsehserien ein.
- Stelle dar, welche Merkmale Serien haben. Erkläre auch, wie sie sich auf junge Zuschauer auswirken können.
- Schlussfolgere anhand der Materialien und eigener Überlegungen, warum Serien so faszinierend für viele Menschen sind.
- Notiere unterhalb des Textes die Buchstaben der von dir genutzten Materialien.

A Was sind Serien?

Serien sind zusammengehörende Folgen von Sendungen, die in regelmäßigem zeitlichem Abstand gezeigt werden. In der Regel handelt es sich um fiktionale Formate. Die einzelnen Folgen sind dabei Teil eines Gesamtkonzepts, welches aus einer verbindenden Handlung, immer wieder auftauchende Personen oder gleichbleibende Orte
5 besteht.

B Wichtige Merkmale erfolgreicher Serien

1. Konsistenz/Verlässlichkeit
[…] Neben der gewohnten Stimmung erwarten Zuschauer in jeder Folge ihre Stammcharaktere. Eine „Desperate Housewives"-Episode ohne Bree? Unvorstellbar. Genauso möchten die Zuschauer einen ganz bestimmten Anfang vorfinden – den, an den wir
5 sie gewöhnt haben. Das kann ein Kameraschwenk über eine Siedlung sein oder eine Stimme aus dem Off, die über ein bestimmtes Thema reflektiert. Auch das Ende bitte wie immer: Als Resümee, mit Cliffhanger oder als komplett in sich geschlossene Geschichte. Besonders wichtig ist die beständige Prämisse: „Danni Lowinski" handelt von einer Anwältin, die mit dem Herz am richtigen Fleck aber ungewöhnlichen Me-
10 thoden den „kleinen Leuten" zur Seite steht. Würde Danni plötzlich nur noch Fälle annehmen, die finanziell vielversprechend sind und sich benehmen, wie eine x-beliebige Anwältin, wäre die Serie tot.

2. Charaktere, die uns in ihren Bann ziehen

[…] Wir brauchen Charaktere, derer wir nie überdrüssig werden. Die durch das, was
15 sie tun, genauso charakterisiert werden, wie durch das, was sie nicht tun. Erfahrene
Serienautoren schreiben ihre Charaktere so, dass sie uns wichtig werden. Dass wir
mit ihnen fühlen und uns um sie sorgen. Dass wir an ihren Lippen hängen und dass
sie uns fehlen, wenn die Staffel vorbei ist.

3. Beziehungen, die eine emotionale Story auslösen

20 Unser normales Leben besteht daraus, Beziehungen zu führen, zu pflegen, sie zurück-
zufahren oder auszuweiten. […] Diese Möglichkeit zur Reflektion bindet uns an Serien. Es sind die Charaktere, mit denen wir fühlen, in Beziehungen, die uns an unser
eigenes Leben erinnern. Serien, die das bieten, sind immer Quotengaranten.

4. Entwicklung ohne Entwicklung

25 Im Gegensatz zu Kinofilmen, die einen einzigen Anfang und ein einziges Ende haben,
haben TV-Serien unzählige Anfänge und Enden. Schlüssel dabei ist das Wort „unzäh-
lig". Denn da man nie weiß, wie lange eine Serie laufen wird, ist es wichtig, dass die
Charaktere eine Entwicklung ohne Entwicklung durchmachen. Das heißt, dass sich
eine Person immer wieder mit ein und demselben Thema beschäftigt: „Dr. House" mit
30 diagnostisch schier unlösbaren Fällen genauso wie Gretchen Haase mit Marc Oliver
Meier. In jeder Episode lernt diese Person etwas dazu – aber nie so viel, dass sie alles
weiß. Es gibt immer wieder offene Fragen, immer wieder neue Blickwinkel auf das
gleiche Problem, immer neue Entwicklungsmöglichkeiten.

Desperate Housewives (ausgestrahlt auf Pro 7)

Danni Lowinski (ausgestrahlt auf SAT.1)

c Geschichte der Fernsehserien

Jahr	Neuerungen
1946	Erste fiktive TV-Serie in den USA
60er Jahre	amerikanische Tierserien („Flipper", „Lassie") und Krimiserien („77 Sunset Strip")
1978	TV-Serie „Dallas": Intrigen und Machtkämpfe mischen die ehemals heile Serien-welt auf
90er Jahre	Serien mit surrealen und grotesken Elementen („Twin Peaks") und spezielle Jugendserien („Beverly Hills 90210")
2000er Jahre	Anwaltsserien („Ally McBeal")
Aktuell	Vielfältige Serienlandschaft: Hospital-Serien, Crime-Serien, Mystery-Serien/Vampir-Serien

D Arzt werden – wie im Fernsehen

Ärzte sind so wie Dr. House, Anwälte so wie Danni Lowinski. Fernsehserien spielen
bei der Vermittlung von Berufsbildern bei Jugendlichen eine immer stärkere Rolle.
Das zeigt eine Studie der Universität Münster. Die erste Idee vom späteren Beruf
bekommen junge Menschen demnach vor allem aus dem Fernsehen.

5 Das wäre nicht problematisch, wenn die Darstellung der Berufe nicht so unrealistisch
wäre. Da wären Arztserien wie Grey's Anatomy, Scrubs oder auch Doctor's Diary, die
kaum etwas mit dem Joballtag von Medizinern zu tun haben. Und hinter der Matt-
scheibe sitzen Jugendliche, deren schulische Leistungen häufig eine akademische
Laufbahn als Mediziner ausschließen.

10 Dann ist Petra Kuberg gefragt. Sie arbeitet als Berufsberaterin bei der Arbeitsagentur
und unterstützt Schüler bei der Suche nach einem Ausbildungsplatz. „Schüler lassen
sich sehr stark von Fernsehserien beeinflussen. Wenn ich die Jugendlichen danach
frage, warum sie einen Beruf ergreifen wollen, heißt es oft: Das macht der bei GZSZ
auch", erzählt die Berufsberaterin. Kuberg will sogar einen Zusammenhang zwischen
15 dem Erfolg einer Fernsehsendung und dem Interesse von Jugendlichen an einem bestimmten Beruf beobachtet haben. Als Zoo- und Kochsendungen im Fernsehen zunah-
men, hätte sie deutlich mehr Schulabgänger in der Beratung gehabt, die Tierpfleger
oder Sternekoch werden wollten.

Meist hätten die Jugendlichen jedoch nur ausschnitthafte Vorstellungen von den Be-
20 rufen, sagt Kuberg. „Ich erlebe immer wieder, dass Schüler glauben, Mitarbeiter einer
Werbeagentur tränken meist Kaffee, Polizisten besuchten ständig Konzerte und Büro-
kauffrauen seien immer schick angezogen, nur weil das die Bilder sind, die das Fernsehen zeigt." Problematisch ist zudem, dass nur ausgewählte Berufe in den Medien
dargestellt werden. Serien, in denen Fleischer, Bäcker oder Maschinenbauingenieure
25 eine zentrale Rolle spielen, sucht man vergebens.

E LESERMEINUNGEN

Deutsche oder amerikanische Serien? Stimmen im Netz

Tokata meint:
Über Geschmäcker lässt sich bekanntlich
nicht streiten. Aber ich halte selber auch
absolut rein gar nichts von deutschen TV-
5 Serien. Egal welche das ist. Ist nach meinem Geschmack nur der letzte Müll. Von
A-Z finde ich da so ziemlich alles grotten-
schlecht. Die einzige Ausnahme bildet da
bei mir noch Stromberg. Ansonsten habe
10 ich nur Serien aus den USA wie z. B. Akte X
oder Angel, Buffy, Lost, Outer Limits usw.

Jürgen Hofmann meint:
Gute deutsche Serien gibt es wirklich zu
15 wenig. In Deutschland fehlt es oftmals
nicht nur an guten und eigenen Ideen,
sondern auch an den finanziellen Möglichkeiten. [...] Man sollte aber nicht generell
nur alles schlecht machen. Es gibt auch
20 Serien die schon lange und erfolgreich im
Fernsehen laufen. Tatort, Lindenstraße
oder der Bulle von Tölz sind solche Serien.
Sie sind trotz wenig Action im Konzept
gut durchdacht und spiegeln deutsche und
25 europäische Verhältnisse besser wieder.
Ersetzen können sie aber nicht die Serien
aus den USA. [...] Dass die Amerikaner uns
serientechnisch weit abhängen, ist ja eigentlich logisch, wenn man alleine einmal
30 die ganze Hollywoodmaschinerie und deren finanziellen Möglichkeiten betrachtet.
Was mir wirklich Sorgen macht, ist dass
Deutschland auch dem europäischen Aus-
land kaum etwas an Qualität entgegen zu
35 setzen hat.

F Serien rufen Emotionen hervor

„Die Stärke der durch Fernsehen hervorgerufenen Emotionen ist bemerkenswert. Wenn in Serien fiktive Nachrichten gezeigt werden, reagieren wir auf sie emotionaler als auf echte Fernsehnachrichten, obwohl wir unterscheiden können, welche echt und welche ausgedacht sind", sagt Kai-Markus Müller, der eine Studie zu Serien und
5 ihre Wirkung betreut. Natürlich brauche es weitere Forschungen, um daraus Schlüsse zu ziehen. Aber bemerkenswert sind die folgenden Überlegungen: Was bedeutet es, dass Länder entscheiden, Serien wie „Homeland" seien wichtiges politisches Fernsehen, während zur selben Zeit Nachrichtensender wie CNN in der Zuschauergunst auf das Niveau besserer Websites sinken – mit weniger als hunderttausend Zuschauern,
10 selbst zur besten Sendezeit? Darüber, warum es einen so geringen Unterschied bedeutet, ob unsere Aufmerksamkeit durch Angst oder Freude erregt wird, kann aber nur gerätselt werden. „Angst und Gefahr sind durchaus legitime Emotionen, da sie für den Zuschauer vielleicht eine spannende Alternative zu den Alltagsemotionen sind", lautet eine Vermutung der Forscher.

3 Überprüfe deinen Text mithilfe des Lösungsheftes und des Beurteilungsbogens. Überarbeite ihn gegebenenfalls.

Beurteilungsbogen			
1. Inhaltliche Leistung			
Anforderungen Du …	☺	☹	**Anmerkungen**
formulierst eine Überschrift.			
formulierst eine Einleitung, in der du • erklärst, was Serien sind und woher sie ursprünglich stammen.			
formulierst einen Hauptteil, in dem du • beschreibst, wie sich Serien im Laufe der Zeit entwickelt haben. • erklärst, warum amerikanische Serien so erfolgreich sind. • die Merkmale von Serien darstellst. • erklärst, wie sich Serien auf junge Zuschauer auswirken können.			
formulierst einen Schluss, in dem du • die Schlussfolgerung ziehst, warum Serien so faszinierend auf die Menschen wirken.			
notierst die verwendeten Materialien.			
2. Darstellungsleistung			
Anforderungen Du …			
beachtest das Informationsziel und die Adressaten des Textes.			
formuliert die Sätze richtig und verständlich und nutzt eigene Worte.			
drückst dich präzise und abwechslungsreich aus.			
verwendest Überleitungen zwischen allen Teilaufgaben.			
schreibst sprachlich richtig (Rechtschreibung, Zeichensetzung, Grammatik).			
Einschätzung gesamt			

→ Kapitel 9
Seite 112–119

Sausen und Rauschen | Beispielprüfung 1

→ Literarische
Texte
analysieren
Seite 10

1 Lies zunächst die Aufgabenstellung und den Text aufmerksam durch.

 2 Analysiere das Gedicht „Meeresstrand" von Theodor Storm. Verfasse einen zusammenhängenden Text. Gehe dabei folgendermaßen vor:
- Formuliere eine Einleitung, in der du Autor, Titel, Textsorte und das Thema nennst.
- Gib den Inhalt des Gedichtes mit eigenen Worten wieder.
- Untersuche, was das lyrische Ich von der Natur hört und sieht, und welchen Eindruck diese Naturerscheinungen hinterlassen. Benenne dabei sprachliche und formale Mittel. Erläutere, wie die sprachlichen und formalen Mittel die inhaltlichen Aussagen unterstützen. Belege deine Aussagen mithilfe von Textzitaten.
- Paula sagt: „Das Gedicht handelt im Wesentlichen von der Verunsicherung des lyrischen Ichs durch unheimliche Naturerscheinungen." Nimm Stellung zu dieser Aussage. Begründe deine Meinung und beziehe dich dabei auf den Text.

→ Wenn dir die Aufgabenstellung unklar ist, bearbeite die Aufgaben auf Seite 57 bis 67.

Theodor Storm

Meeresstrand

Ans Haff[1] nun fliegt die Möwe,
Und Dämmrung bricht herein;
Über die feuchten Watten[2]
Spiegelt der Abendschein.

5 Graues Geflügel huschet
Neben dem Wasser her;
Wie Träume liegen die Inseln
Im Nebel auf dem Meer.

Ich höre des gärenden Schlammes
10 Geheimnisvollen Ton,
Einsames Vogelrufen –
So war es immer schon.

Noch immer schauert leise
Und schweiget dann der Wind;
15 Vernehmlich werden die Stimmen,
Die über der Tiefe sind.

Anmerkungen:

[1] flaches Gewässer, das durch Inseln oder Dünen vom Meer getrennt ist
[2] flacher Küstenstreifen, der bei Ebbe nicht mit Wasser bedeckt ist

→ Überprüfe deinen Text mithilfe des Beurteilungsbogens auf Seiten 67.

Sausen und Rauschen | Schritt für Schritt

Schritt 1: Die Aufgabenstellung erschließen

 Bevor du mit dem Bearbeiten der Aufgaben beginnst, lies zunächst die Aufgabe genau durch und unterstreiche die **Operatoren**. Das sind die Verben, die angeben, was genau du tun sollst.

1 Unterstreiche in der Aufgabenstellung auf Seite 56 alle Operatoren.

→ Übersicht Operatoren Seite 120/121

2 Ordne den Operatoren jeweils ein Kärtchen mit der passenden Bedeutung zu.

benennen	den Text unter den angegebenen Aspekten erarbeiten und im Hinblick auf die Fragestellung durchgehen
formulieren	Textstellen anführen, aus dem Text zitieren
untersuchen	passende Fachbegriffe angeben
erläutern	die eigene Einschätzung nach kritischer Prüfung begründet darlegen
belegen	deuten, wie ein Text in seiner Gesamtheit aus Inhalt, Sprache und Form zu verstehen ist
analysieren	etwas sprachlich richtig aufschreiben
Stellung nehmen	genau darlegen und erklären
sich auf den Text beziehen	begründen, Beweise für Deutungen erbringen

Schritt 2: Sich das Gedicht inhaltlich erschließen

1 Lies noch einmal das Gedicht. Vervollständige im Anschluss den Lückentext.

• Wo befindet sich das lyrische Ich?

Das lyrische Ich befindet sich _____. Dies erkennt man z. B. daran,

dass in Vers _____ von _____ die Rede ist.

Weitere Hinweise sind, dass _____

_____ .

• Zu welcher Tageszeit spielt das Gedicht?

Es spielt _____. Dies erkennt man z. B. daran, dass in

Vers _____ beschrieben wird, wie _____

_____ .

2 Erkläre mit eigenen Worten, was mit den folgenden Textstellen gemeint sein könnte.

1. Über die feuchten Watten/Spiegelt der Abendschein. (Vers 3/4)

_____

_____

2. Graues Geflügel huschet/Neben dem Wasser her. (Vers 5/6)

_____

_____

3. Ich höre des gärenden Schlammes/Geheimnisvollen Ton (Vers 9/10)

_____

_____

4. Noch immer schauert leise/Und schweiget dann der Wind (Vers 13/14)

_____

_____

3 Verfasse für jede Strophe eine kurze Zusammenfassung in Form eines Satzes oder einer kurzen Überschrift.

1. Strophe: _____

_____

2. Strophe: _____

_____

3. Strophe: _____

_____

4. Strophe: _____

_____

4 Überlege, welche Bedeutung die Überschrift des Gedichtes für den Inhalt hat. Vervollständige dazu die folgenden Sätze.

Die Überschrift des Gedichtes lautet _____ .

Dadurch erfährt der Leser _____

_____ .

Schritt 3: Das Gedicht analysieren und deuten

Du hast nun einen ersten Überblick über den Inhalt des Gedichts gewonnen. Nun gilt es, das Gedicht zu verstehen und zu deuten. Folgende Punkte solltest du Schritt für Schritt untersuchen:
- Das lyrische Ich: Wer ist die Stimme/der Sprecher des Gedichts?
- Wichtige Motive: Welche thematischen Elemente, z. B. Farben, Adjektive, Gefühle, Gegenstände …, kehren immer wieder?
- Sprachliche Bilder, z. B. Metaphern, Vergleiche und Personifikationen.
- Sprachliche Auffälligkeiten, z. B. Wortwahl, Satzbau, Enjambements, Zeichensetzung, Lautmalereien, Alliterationen oder Anaphern.
Achte dabei auf die Punkte, die in der Aufgabenstellung besonders benannt werden.

→ Übersicht Sprachliche Mittel Seite 124/125

1 Lies noch einmal das Gedicht auf Seite 56. Unterstreiche dabei alle Textstellen blau, in denen beschrieben wird, was man in der Natur **sieht**.

2 Beschreibe mit eigenen Worten, was das lyrische Ich sieht.

_____

_____

_____

_____

_____

3 Unterstreiche im Gedicht alle Textstellen rot, in denen beschrieben wird, was man in der Natur **hört**.

4 Beschreibe mit eigenen Worten, was das lyrische Ich hört.

_____

_____

_____

_____

_____

5 Am Ende des Gedichtes werden Stimmen beschrieben, die „über der Tiefe sind". Stelle Vermutungen darüber an, was damit gemeint sein könnte.

_____

_____

_____

_____

_____

6 Markiere alle Begriffe und Formulierungen gelb, die deutlich machen, wie das Gesehene und Gehörte auf das lyrische Ich wirkt.

7 Formuliere nun eine erste Vermutung dazu, wie sich das lyrische Ich angesichts des Gesehenen und Gehörten fühlt.

_____

_____

_____

_____

_____

_____

8 Nenne Textstellen, die deine Vermutungen aus Aufgabe 7 belegen.

Vers _____ belegt meine Vermutung, weil _____

_____.

Vers _____ belegt meine Vermutung, weil _____

_____.

9 Kreuze an, welche der folgenden **Motive** in dem Gedicht vorkommen. Notiere gegebenenfalls passende Textbeispiele. Überlege auch, welche Bedeutung das jeweilige Motiv haben könnte.

☐ Tosende Wellen

Textbeispiele: _____

_____

Bedeutung: _____

_____

Dämmerung/Übergangssituation

Textbeispiele: _____

_____

Bedeutung: _____

_____

_____

Vögel

Textbeispiele: _____

_____

Bedeutung: _____

_____

_____

10 In Vers 7 werden Inseln mit Träumen verglichen. Beantworte die folgenden Fragen, um das **sprachliche Bild** zu deuten. Sieh dir dazu die Textstelle noch einmal genau an.

→ Übersicht Sprachliche Mittel Seite 124/125

• Welche Eigenschaften haben Träume? Notiere deine ersten Gedanken dazu.

_____

_____

_____

_____

• Welche Eigenschaften werden den Inseln im Gedicht zugeschrieben? Warum werden sie mit Träumen verglichen?

_____

_____

_____

_____

• Formuliere ein Fazit. Was bewirkt der Vergleich der Inseln mit Träumen? Warum wird er an dieser Stelle verwendet?

_____

_____

_____

_____

11 In Vers 13 und 14 taucht ein weiteres sprachliches Bild auf. Nenne den Fachbegriff.

_____

12 Beschreibe und deute das sprachliche Bild aus Aufgabe 11 genauer. Ergänze dazu die folgenden Sätze.

In Vers 13 und 14 wird der Wind _____.

Es wird beschrieben, dass er _____.

Dadurch wirkt er _____. Dies soll zeigen,

dass _____.

Das sprachliche Bild trägt damit zur _____ Grundstimmung des

Gedichtes bei.

13 Vervollständige die folgenden Sätze, in denen **sprachliche Auffälligkeiten** benannt und erklärt werden.

Auffällig ist, dass sich in dem Gedicht ein Satz meist über zwei Verse verteilt.

Dies nennt man _____. Dadurch wirken die

Verse _____.

Dies unterstützt den _____ Ton des Gedichts.

In Vers _____ wird ein Gedankenstrich verwendet. Dies bewirkt, dass _____

_____. Der Leser _____

_____.

In den Versen _____ und _____ beginnen die Verben mit „sch". Dies kann als eine

Art _____ bezeichnet werden. Dies unterstreicht den Klang

des _____.

Das letzte Nomen/Substantiv des Gedichts ist das Wort _____.

Dadurch bleibt beim Leser der Eindruck _____.

Es entsteht eine _____ Atmosphäre.

Schritt 4: Das Gedicht formal erschließen

1 Beschreibe den formalen Aufbau des Gedichtes. Ergänze dazu den folgenden Satz.

Das Gedicht besteht aus _____ Strophen mit jeweils _____ Versen.

2 Untersuche nun das Reimschema der ersten Strophe. Markiere im Gedicht auf Seite 56 die Wörter am Versende, die sich reimen.

3 Kreuze an, welche Buchstabenfolge den Reim des Gedichtes beschreibt.

☐ abba ☐ abcd ☐ abcb

4 Überprüfe, ob die Strophen 2 bis 4 das gleiche Reimschema aufweisen. Kreuze den richtigen Satz an.

☐ Das Reimschema des Gedichts ist regelmäßig.

☐ Das Reimschema des Gedichts weißt Unregelmäßigkeiten auf, z. B. _____

_____

_____

_____ .

5 Untersuche das Metrum des Gedichtes. Markiere die betonten Silben mit einem Strich und die unbetonten mit einem Punkt. Orientiere dich dazu am Beispiel der ersten Strophe.

Ans | Haff | nun | fliegt | die | Mö | we,

Und | Dämm | rung | bricht | her | ein;

Ü | ber | die | feuch | ten | Wat | ten

spie | gelt | der | A | bend | schein

6 Beschreibe nun das Metrum genauer. Ergänze dazu die folgenden Sätze.

Das Metrum des Gedichts ist _____

(*regelmäßig/unregelmäßig*). Es besteht überwiegend aus _____

(*Jamben/Trochäen*). Diese werden an einigen Stellen, z. B. in den Versen _____ ,

_____ , _____ und _____ durch _____ (*Daktylen/

Anapäst*) aufgelockert.

7 Untersuche, welche Stimmung durch das Metrum erzeugt wird. Markiere dazu passende Adjektive.

unruhig   durcheinander   unheimlich   gruselig

eintönig   ruhig   harmonisch   wild

8 Vervollständige mithilfe deiner Ergebnisse aus Aufgabe 8 die folgenden Sätze.

Das Metrum erzeugt insgesamt eine _____

_____ Stimmung. Diese wird vor allem durch

_____ erzeugt. Die Atmosphäre wirkt durch das

Metrum nicht _____ , sondern _____ .

Schritt 5: Die Analyseergebnisse zusammenfassen und deuten

Nun hast du das Gedicht sehr genau untersucht. Überlege nun, wie man alle Einzel-
ergebnisse zusammenfassen könnte. Welcher Gesamteindruck wird durch die sprachlichen Mittel erzielt? Wie lässt sich das Gedicht im Ganzen deuten?

1 Welche der folgenden Aussagen treffen deiner Meinung nach zu? Begründe deine
Entscheidung.

1. Das Gedicht zeigt, welche Ängste die Dämmerung im Menschen weckt.

Dieser Satz _____ (trifft zu/trifft nicht zu).

Begründung: _____

_____

_____

2. Die Natur erscheint in dem Gedicht als etwas, das Geheimnisse birgt, die nur in
   der Dämmerung zum Vorschein kommen.

Dieser Satz _____ (trifft zu/trifft nicht zu).

Begründung: _____

_____

_____

3. Auch wenn die Dämmerung unheimliche Aspekte hat, wirkt der Ton des Gedichtes beruhigend. Die Verunsicherung des lyrischen Ichs wird nur angedeutet.

Dieser Satz _____ (trifft zu/trifft nicht zu).

Begründung: _____

_____

_____

Schritt 6: Die Gedichtanalyse schreiben

 Bearbeite für deine Gedichtanalyse die folgenden Aufgaben. Schreibe deinen Text fortlaufend auf ein Extrablatt. Achte bei den Aufgaben auf das Symbol 🖉.

1 Im Folgenden findest du einige Beispiel-Einleitungen zu der Gedichtanalyse.
Entscheide, inwiefern die Einleitungen gelungen sind. Begründe jeweils deine Meinung.

> 1. Die Geschichte ist von Theodor Storm. Er berichtet darüber, wie er einen Tag
> am Strand verbracht hat.

Diese Einleitung ist _____
(gelungen, nicht gelungen, teilweise gelungen).

Begründung: _____

_____

_____

> 2. Das Gedicht „Meeresstrand" von Theodor Storm thematisiert die Stimmung
> am Meer zum Zeitpunkt der Abenddämmerung. Es beschreibt akustische
> und visuelle Eindrücke, die ein wenig geheimnisvoll wirken.

Diese Einleitung ist _____
(gelungen, nicht gelungen, teilweise gelungen).

Begründung: _____

_____

_____

> 3. In dem Gedicht „Meeresstrand" von Theodor Storm geht es um eine Person,
> die in der Abenddämmerung am Meer spazieren geht, und um die Atmosphäre,
> die dort herrscht.

Diese Einleitung ist _____
(gelungen, nicht gelungen, teilweise gelungen).

Begründung: _____

_____

_____

2 Verfasse nun selbst eine Einleitung. Nenne darin Autor, Titel, Textsorte und das Thema
des Gedichtes.

3 Verfasse nun den Hauptteil der Gedichtanalyse.
- Fasse den Inhalt des Gedichtes kurz in eigenen Worten zusammen.
- Schreibe die Analyse, in der du darauf eingehst, was das lyrische Ich von der Natur hört und sieht und welchen Eindruck diese Naturerscheinungen hinterlassen. Gehe auf die verwendeten sprachlichen und formalen Mittel ein.
- Belege deine Aussagen mithilfe von Textzitaten.
- Nutze deine Ergebnisse von Seite 57 bis 65.

Der Schluss einer Gedichtanalyse besteht immer aus einem Fazit und einer Stellung-nahme. Häufig steht in der Aufgabe bereits, worauf du dabei Bezug nehmen sollst. Mache dir Notizen und verfasse erst dann deinen Schluss.

4 Fasse mit eigenen Worten zusammen, welche Position Paula vertritt.

> Paula sagt: „Das Gedicht handelt im Wesentlichen von der Verunsicherung des lyrischen Ichs durch unheimliche Naturerscheinungen."

Paula deutet das Gedicht so, dass _____

_____

_____

 Wenn du keine oder nur wenige Verse für oder gegen ihre Deutung fin-dest, lasse die Zeilen frei.

5 Überprüfe, ob es Hinweise im Gedicht gibt, die Paulas Deutung belegen oder wider-sprechen. Markiere passende Textstellen und ergänze die folgenden Sätze.

Vers _____ spricht **für** Paulas Deutung, denn _____

_____

_____.

Vers _____ spricht **für** Paulas Deutung, denn _____

_____

_____.

Vers _____ spricht **gegen** Paulas Deutung, denn _____

_____

_____.

Vers _____ spricht **gegen** Paulas Deutung, denn _____

_____

_____.

6 Schreibe nun den Schluss deiner Gedichtanalyse. Fasse die wichtigsten Ergebnisse kurz zusammen. Formuliere mithilfe deiner Ergebnisse aus Aufgabe 5 eine Stellungnahme.

Schritt 7: Die Gedichtanalyse überarbeiten

 Lies dir deine Analyse noch einmal in Ruhe durch. In einer Prüfung solltest du dafür immer noch etwas Zeit am Ende einplanen. Achte dabei vor allem auf den Aufbau und die Schlüssigkeit deiner Darstellungen. Prüfe, ob ein Außenstehender deinem Text folgen kann. Auch Rechtschreib- und Grammatikfehler solltest du nun verbessern.

1 Überprüfe deinen Text mithilfe des Lösungsheftes und des Beurteilungsbogens. Überarbeite ihn gegebenenfalls.

Du kannst deinen Text auch von einer Mitschülerin oder einem Mitschüler überprüfen lassen.

Beurteilungsbogen			
1. Inhaltliche Leistung			
Anforderungen Du …	☺	☹	**Wiederholung**
formulierst eine Einleitung, in der du • Autor, Titel und Textsorte, • das Thema des Gedichtes benennst.			Schritt 6, S. 65, Aufg. 1–2
gibst den Inhalt des Gedichts wieder.			Schritt 2, S. 57/58, Aufg. 1–3 Schritt 6, S. 66, Aufg. 4
untersuchst, was das lyrische Ich hört und sieht.			Schritt 3, S. 59, Aufg. 1–4
untersuchst, welchen Eindruck die Naturerscheinungen hinterlassen.			Schritt 3, S. 61/62, Aufg. 5–9
benennst die sprachlichen Mittel. benennst die formalen Mittel. erläuterst, wie die sprachlichen und formalen Mittel die inhaltlichen Aussagen unterstützen.			Schritt 3, S. 61/62, Aufg. 10–13
nimmst Stellung zu der Frage, ob du Paulas Meinung teilst, indem du • deine Position benennst, • deine Position begründest, • dich auf den Text beziehst.			Schritt 5, S. 64, Aufg. 1
2. Darstellungsleistung			
Anforderungen Du …			
formulierst einen in sich geschlossenen, gedanklich klaren Text.			Kap. 9, S. 115
belegst deine Aussagen durch angemessene und richtige Textzitate.			Schritt 1–6, S. 57–66
formulierst die Sätze richtig und verständlich.			Kap. 9, S. 115
drückst dich präzise und abwechslungsreich aus.			Kap. 9, S. 116
schreibst sprachlich richtig (Rechtschreibung, Zeichensetzung, Grammatik).			Kap. 9, S. 116, 117
Einschätzung gesamt			

2 Bearbeite die Beispielprüfung 2 auf Seite 68 bis 69. Achte dabei besonders auf die Schritte der Analyse, die dir bislang noch nicht so gut gelungen sind.

Dunkle Welt | Beispielprüfung 2

1 Lies zunächst die Aufgabenstellung und den Text aufmerksam durch.

2 Analysiere das Gedicht „Manche Nacht" von Richard Dehmel. Verfasse einen zusammenhängenden Text. Gehe dabei folgendermaßen vor:
- Formuliere eine Einleitung, in der du Autor, Titel, Textsorte und das Thema nennst.
- Gib den Inhalt des Gedichtes mit eigenen Worten wieder.
- Untersuche, wie das Hereinbrechen der Nacht beschrieben wird und wie sich dadurch die Natur und die menschliche Wahrnehmung verändern. Benenne dabei sprachliche und formale Mittel. Erläutere, wie sie die inhaltlichen Aussagen unterstützen. Belege deine Aussagen mithilfe von Textzitaten.
- Marius sagt: „Obwohl es in dem Gedicht langsam Nacht wird, werden manche Dinge scheinbar heller. Das ist verwirrend." Nimm Stellung zu dieser Aussage. Begründe deine Meinung und beziehe dich dabei auf den Text.

Richard Dehmel

Manche Nacht

Wenn die Felder sich verdunkeln,
Fühl ich, wird mein Auge heller;
Schon versucht ein Stern zu funkeln,
Und die Grillen wispern schneller.

5 Jeder Laut wird bilderreicher,
Das Gewohnte sonderbarer,
Hinterm Wald der Himmel bleicher,
Jeder Wipfel hebt sich klarer.

Und du merkst es nicht im Schreiten,
10 Wie das Licht verhundertfältigt
Sich entringt den Dunkelheiten.
Plötzlich stehst du überwältigt.

Anmerkungen:

3 Überprüfe deinen Text mithilfe des Lösungsheftes und des Beurteilungsbogens. Überarbeite ihn gegebenenfalls.

Beurteilungsbogen			
1. Inhaltliche Leistung			
Anforderungen Du …	☺	☹	**Anmerkungen**
formulierst eine Einleitung, in der du • Autor, Titel und Textsorte, • das Thema des Gedichtes benennst.			
gibst den Inhalt des Gedichts wieder.			
untersuchst, wie das Hereinbrechen der Nacht beschrieben wird.			
untersuchst, wie sich die Natur und die menschliche Wahrnehmung verändern.			
benennst sprachliche Mittel. benennst formale Mittel. erläuterst, wie die sprachlichen und formalen Mittel die inhaltlichen Aussagen unterstützen.			
nimmst Stellung zu der Frage, ob du Marius' Meinung teilst, indem du • deine Position benennst, • deine Position begründest, • dich auf den Text beziehst.			
2. Darstellungsleistung			
Anforderungen Du …			
formulierst einen in sich geschlossenen, gedanklich klaren Text.			
belegst deine Aussagen durch angemessene und richtige Textzitate.			
formulierst die Sätze richtig und verständlich.			
drückst dich präzise und abwechslungsreich aus.			
schreibst sprachlich richtig (Rechtschreibung, Zeichensetzung, Grammatik).			
Einschätzung gesamt			

→ Kapitel 9
Seite 112–119

Tell'sche Eigenart | Beispielprüfung 1

→ Literarische
Texte
analysieren
Seite 10

1 Lies zunächst die Aufgabenstellung und den Text aufmerksam durch.

 2 Analysiere und interpretiere den Ausschnitt aus dem Drama „Wilhelm Tell" von Friedrich Schiller. Verfasse einen zusammenhängenden Text. Gehe dabei folgendermaßen vor:
- Formuliere eine Einleitung, in der du Autor, Titel, Textsorte und das Thema nennst.
- Gib den Inhalt des Ausschnitts in eigenen Worten wieder.
- Untersuche und erkläre die Konflikte, die in dem Ausschnitt deutlich werden.
- Charakterisiere die Figur des Wilhelm Tell und deute sein Verhalten.
- Raza sagt: „Die Bedrohlichkeit der Situation spiegelt sich in der Gestaltung des Schauplatzes wider." Nimm Stellung zu dieser Aussage. Begründe deine Meinung und beziehe dich dabei auf den Text.

→ Wenn dir die Aufgabenstellung unklar ist, bearbeite die Aufgaben auf Seite 73 bis 80.

Friedrich Schiller

Wilhelm Tell. Erster Aufzug, erste Szene (Ausschnitt)

Hohes Felsenufer des Vierwaldstättensees, Schwyz[1] gegenüber. Der See macht eine Bucht ins Land, eine Hütte ist unweit des Ufers, Fischerknabe fährt sich in einem Kahn. Über den See hinweg sieht man die grünen Matten, Dörfer und Höfe von Schwyz im hellen Sonnenschein liegen. Zur Linken des Zuschauers zeigen sich die Spitzen des Hakens[2], mit Wolken umgeben; zur Rechten im fernen Hintergrund sieht man die Eisgebirge. Noch ehe der Vorhang aufgeht, hört man den Kuhreihen und das harmonische Geläut der Herdenglocken, welches sich auch bei eröffneter Szene noch eine Zeitlang fortsetzt. [...]
Die Landschaft verändert sich, man hört ein dumpfes Krachen von den Bergen, Schatten von Wolken laufen über die Gegend. RUODI DER FISCHER *kommt aus der Hütte.* WERNI DER JÄGER *steigt vom Felsen.* KUONI DER HIRTE *kommt, mit dem Melknapf[3] auf der Schulter.* SEPPI, *seine Handbube[4], folgt ihm.*

[...]
Ruodi *zum Hirten*   Treibt Ihr jetzt heim?
Kuoni   Die Alp ist abgeweidet.
Werni   Glücksel'ge Heimkehr, Senn!
5 **Kuoni**   Die wünsch ich Euch, Von Eu-
rer Fahrt kehrt sich's nicht immer wie-
der.
Ruodi   Dort kommt ein Mann in voller
Hast gelaufen.
10 **Werni**   Ich kenn ihn, 's ist der Baum-
gart von Alzellen.
Konrad Baumgarten atemlos hereinstürzend.
Baumgarten   Um Gottes willen, Fähr-
mann, Euren Kahn!
15 **Ruodi**   Nun, nun, was gibt's so eilig?
Baumgarten   Bindet los! Ihr rettet
mich vom Tode! Setzt mich über!
Kuoni   Landsmann, was habt Ihr?
Werni   Wer verfolgt Euch denn?

20 **Baumgarten** *zum Fischer*   Eilt, eilt, sie
sind mir dicht schon an den Fersen! Des
Landvogts Reiter kommen hinter mir,
Ich bin ein Mann des Tods, wenn sie
mich greifen.
25 **Ruodi**   Warum verfolgen Euch die
Reisigen[5]?
Baumgarten   Erst rettet mich, und
dann steh ich Euch Rede.
Werni   Ihr seid mit Blut befleckt, was
30 hat's gegeben?
Baumgarten   Des Kaisers Burgvogt,
der auf Roßberg saß.
Kuoni   Der Wolfenschießen? Lässt
Euch der verfolgen?
35 **Baumgarten**   Der schadet nicht mehr,
ich hab ihn erschlagen.
ALLE *fahren zurück*   Gott sei Euch gnä-
dig! Was habt Ihr getan?

1 Schweizer Kanton, dessen Hauptort ebenfalls Schwyz heißt

2 Berg, Höhe 1303 m

3 Eimer, der zum Melken verwendet wird

4 Junge, der seinem Herrn hilft

5 hier: Gefolgsleute des Landvogts

Baumgarten   Was jeder freie Mann an
40 meinem Platz! Mein gutes Hausrecht
hab ich ausgeübt. Am Schänder meiner
Ehr und meines Weibes.

Kuoni   Hat Euch der Burgvogt an der
Ehr' geschädigt?

45 **Baumgarten**   Dass er sein bös Ge-
lüsten nicht vollbracht. Hat Gott und
meine gute Axt verhütet.

Werni   Ihr habt ihm mit der Axt den
Kopf zerspalten?

50 **Kuoni**   O, lass uns alles hören, Ihr habt
Zeit, bis er den Kahn vom Ufer losge-
bunden.

Baumgarten   Ich hatte Holz gefällt im
Wald, da kommt mein Weib gelaufen in
55 der Angst des Todes. „Der Burgvogt lieg'
in meinem Haus, er hab' Ihr anbefoh-
len, ihm ein Bad zu rüsten. Drauf hab er
Ungebührliches von ihr verlangt, sie sei
entsprungen, mich zu suchen." Da lief
60 ich frisch hinzu, so wie ich war, und mit
der Axt hab ich ihm 's Bad gesegnet.

Werni   Ihr tatet wohl, kein Mensch
kann Euch drum schelten.

Kuoni   Der Wüterich! Der hat nun sei-
65 nen Lohn! Hat's lang verdient ums Volk
von Unterwalden[6].

Baumgarten   Die Tat ward ruchbar,
mir wird nachgesetzt – indem wir sprechen, Gott, verrinnt die Zeit –
70 *Es fängt an zu donnern.*

Kuoni   Frisch, Fährmann – schaff den
Biedermann hinüber.

Ruodi   Geht nicht. Ein schweres Unge-
witter ist im Anzug. Ihr müsst warten.

75 **Baumgarten**   Heil'ger Gott! Ich kann

nicht warten. Jeder Aufschub tötet –

Kuoni *zum Fischer*   Greif an mit Gott!
Dem Nächsten muss man helfen, es
kann uns allen Gleiches ja begegnen.
80 *Brausen und Donnern.*

Ruodi   Der Föhn ist los; ihr seht wie
hoch der See geht, ich kann nicht steu-
ern gegen Sturm und Wellen.

Baumgarten *umfasst seine Knie*   So helf
85 euch Gott, wie Ihr Euch mein erbarmet.

Werni   Es geht ums Leben. Sei barm-
herzig, Fährmann.

Kuoni   's ist ein Hausvater und hat
Weib und Kinder!

90 **Ruodi**   Was? Ich hab auch ein Leben zu
verlieren. Hab Weib und Kind daheim,
wie er – Seht hin, wie's brandet, wie es
wogt und Wirbel zieht, und alle Wasser
aufrührt in der Tiefe. – Ich wollte gern
95 den Biedermann[7] erretten; Doch es ist
rein unmöglich, ihr seht selbst.

Baumgarten *noch auf den Knien*   So
muss ich fallen in des Feindes Hand, das
nahe Rettungsufer im Gesichte! – Dort
100 liegt's! Ich kann's erreichen mit den Augen, hinüber dringen kann der Stimme
Schall. Da ist der Kahn, der mich hinüber trüge, und muss hier liegen, hilflos,
und verzagen!

105 **Kuoni**   Seht, wer da kommt!

Werni   Es ist der Tell aus Bürglen.
Tell mit der Armbrust.

Tell   Wer ist der Mann, der hier um
Hülfe fleht?

110 **Kuoni**   's ist ein Alzeller Mann, er hat
sein Ehr verteidigt, und den Wolfen-
schieß erschlagen. Des Königs Burgvogt, →

6 Gebiet der
Schweizer Kan-
tone Obwalden
und Nidwalden;
die Grenze zwi-
schen Schwyz
und Nidwalden
verläuft im Vier-
waldstättersee

7 hier: rechtschaf-
fener Mann

der auf Roßberg saß – des Landvogts Reiter sind ihm auf den Fersen. Er fleht
115 den Schiffer um die Überfahrt. Der fürcht't sich vor dem Sturm und will nicht fahren.

Ruodi Da ist der Tell, er führt das Ruder auch. Der soll mir's zeugen, ob die
120 Fahrt zu wagen.

Tell Wo's not tut, Fährmann, lässt sich alles wagen.

Heftige Donnerschläge, der See rauscht auf.

Ruodi Ich soll mich in den Höllenra-
125 chen stürzen? Das täte keiner, der bei Sinnen ist.

Tell Der brave Mann denkt an sich selbst zuletzt, vertrau auf Gott und rette den Bedrängten.

130 **Ruodi** Vom sichern Port lässt sich's gemächlich raten, da ist der Kahn und dort der See! Versucht's!

Tell Der See kann sich, der Landvogt nicht erbarmen. Versuch es, Fährmann!

135 **Hirten und Jäger** Rett ihn! Rett ihn! Rett ihn!

Ruodi Und wär's mein Bruder und mein leiblich Kind. Es kann nicht sein; 's ist heut Simons und Judä[8]. Da rast der
140 See und will sein Opfer haben.

Tell Mit eitler Rede wird hier nichts geschafft; Die Stunde dringt, dem Mann muss Hilfe werden! Sprich, Fährmann, willst du fahren?

145 **Ruodi** Nein, nicht ich!

Tell In Gottes Namen denn! Gib her den Kahn. Ich will's mit meiner schwachen Kraft versuchen.

Kuoni Ha, wackrer Tell!

150 **Werni** Das gleicht dem Waidgesellen!

Baumgarten Mein Retter seid Ihr und mein Engel, Tell!

Tell Wohl aus des Vogts Gewalt errett ich Euch, aus Sturmes Nöten muss ein
155 andrer helfen. Doch besser ist's, Ihr fallt in Gottes Hand, als in der Menschen!

Zu dem Hirten. Landsmann, tröstet Ihr mein Weib, wenn mir was Menschliches begegnet. Ich hab getan, was ich nicht
160 lassen konnte.

Er springt in den Kahn. […]

8 Heilige; an dem nach ihnen benannten 28. Oktober sollen die Wassergeister jedes Jahr ein Opfer fordern

9 kleines Boot

Seppi Des Landvogts Reiter kommen angesprengt.

Kuoni Weiß Gott, sie sind's! Das war
165 Hülf in der Not.

Ein Trupp Landenbergischer Reiter.

Erster Reiter Den Mörder gebt heraus, den ihr verborgen.

Zweiter Des Wegs kam er, umsonst
170 verhehlt ihr ihn.

Kuoni und Ruodi Wen meint ihr, Reiter?

Erster Reiter *entdeckt den Nachen[9]* Ha, was seh ich! Teufel!

175 **Werni** *oben* Ist's der im Nachen, den ihr sucht? – Reit zu. Wenn ihr frisch beilegt, holt ihr ihn noch ein.

Zweiter Verwünscht! Er ist entwischt.

Erster *zum Hirten und Fischer* Ihr habt
180 ihm fortgeholfen. Ihr sollt uns büßen – Fallt in ihre Herde! Die Hütte reißet ein, brennt und schlagt nieder!

Eilen fort.

Seppi *stürzt nach* O meine Lämmer!

185 **Kuoni** *folgt* Weh mir! Meine Herde!

Werni Die Wütriche!

Ruodi *ringt die Händ* Gerechtigkeit des Himmels, wann wird der Retter kommen diesem Lande? *Folgt ihnen.*

→ Überprüfe deine Dramenanalyse mithilfe des Beurteilungsbogens auf Seite 80.

Tell'sche Eigenart | Schritt für Schritt

Schritt 1: Die Aufgabenstellung erschließen

 Die Aufgabenstellung enthält oft wichtige Hinweise für das Verständnis eines Textes. Bevor du den Text liest, solltest du dir deshalb die Aufgabenstellung genau ansehen.

1 Erkläre, was die folgenden Formulierungen der Aufgabenstellung bedeuten. Beachte dazu die Unterstreichungen.

… und erkläre die Konflikte: _____

_____

… die Figur des Wilhelm Tell und deute sein Verhalten: _____

_____

… spiegelt sich in der Gestaltung des Schauplatzes wider: _____

_____

Schritt 2: Den Ausgangstext verstehen

 Um einen dramatischen Text inhaltlich zu erfassen, solltest du ihn zunächst in Sinnabschnitte (Handlungsschritte, Ereignisse) einteilen. Diese können markiert sein durch:
- einen Figurenwechsel, z. B. eine neue Figur tritt auf oder eine Figur geht ab.
- ein äußeres Ereignis, z. B. indem etwas geschieht, auf das die Figuren reagieren.
- einen von einer Figur im Gespräch angestoßenen Themenwechsel.

1 Lies noch einmal den Dramenausschnitt „Wilhelm Tell" auf Seite 70 bis 72. Teile ihn beim Lesen in Sinnabschnitte ein. Notiere die Zeilenangaben in der folgenden Tabelle.

Abschnitt	inhaltsbezogene Überschriften
Zeile 1 bis ____	

2 Ordne die folgenden Überschriften den Sinnabschnitten in der Tabelle auf Seite 73, Aufgabe 1 zu. Überprüfe mithilfe der Überschriften deine Einteilung.

Tell erklärt sich zur Überfahrt bereit

Rache der Landenbergischen Reiter

Baumgarten kann von Ruodi nicht übergesetzt werden

Grund für Baumgartens Flucht

Baumgartens plötzliches Erscheinen

Tell erscheint und bedrängt den Fährmann

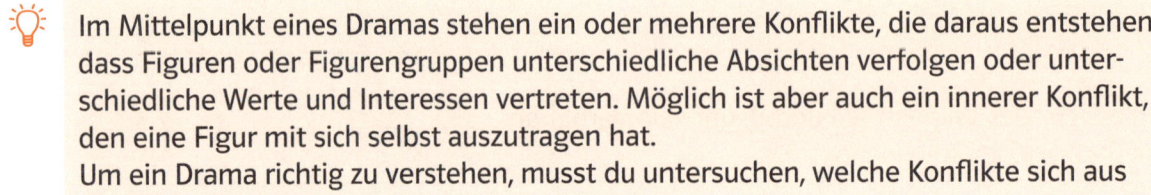

Im Mittelpunkt eines Dramas stehen ein oder mehrere Konflikte, die daraus entstehen, dass Figuren oder Figurengruppen unterschiedliche Absichten verfolgen oder unterschiedliche Werte und Interessen vertreten. Möglich ist aber auch ein innerer Konflikt, den eine Figur mit sich selbst auszutragen hat.
Um ein Drama richtig zu verstehen, musst du untersuchen, welche Konflikte sich aus den Zielen und Interessen der Figuren ergeben.

3 Notiere für jede der folgenden Figuren bzw. Figurengruppen, welche Rolle bzw. Funktion sie in dem Ausschnitt hat. Orientiere dich am Beispiel.

Baumgarten	Wolfenschießen und dessen Männer
— hat seine Ehre und die seiner Frau verteidigt, will sich nicht unterdrücken lassen — ist auf der Flucht, will sein Leben retten — ist auf Ruodis Hilfe angewiesen	
Ruodi	Tell

4 Formuliere mithilfe deiner Ergebnisse aus Aufgabe 3, welche Konflikte sich für die Figuren ergeben. Erkläre diese kurz.

innerer Konflikt Ruodis: _____

_____

_____

_____

Konflikt zwischen Baumgarten und Wolfenschießen: _____

_____

_____

_____

Konflikt zwischen Tell und Ruodi: _____

_____

_____

_____

Konflikt zwischen der Bevölkerung und den Machthabern: _____

_____

_____

_____

Für das Verständnis des Dramentextes können über den Inhalt und die Konflikte hinaus weitere Punkte wichtig sein, z. B.:
- die Charaktere der Figuren und die Beziehung der Figuren zueinander
- die Sprache: Warum sprechen die Figuren wie miteinander? Weisen die Figuren sprachliche Besonderheiten auf, z. B. Dialekt oder Umgangssprache?
- Wahl der Zeit oder des Ortes

5 Sieh dir die Figur Tell genauer an. Notiere, welche Charaktereigenschaften in dem Textausschnitt deutlich werden. Belege deine Annahmen mithilfe von Textzitaten.

 Denke an die Zeilenangabe.

Charaktereigenschaften	Textbelege

6 Markiere im Textausschnitt auf Seite 70 bis 72 die Stellen, die sich auf den Schauplatz beziehen. Fasse anschließend in Stichpunkten zusammen, was dir aufgefallen ist.

_____

_____

_____

_____

_____

Schritt 3: Die Analyseergebnisse zusammenfassen und deuten

Um den Text zu verstehen, ist es wichtig, die verschiedenen Untersuchungsergebnisse aufeinander zu beziehen und sie in einen gemeinsamen Bedeutungszusammenhang zu bringen.

1 Welche der folgenden Sätze treffen deiner Meinung nach zu? Begründe deine Entscheidung.

> Der Textausschnitt zeigt die Figur Wilhelm Tell, der als selbstloser Retter auftritt.

Dieser Satz _____ (_trifft zu/trifft nicht zu_).

Begründung: _____

_____

_____

> Der Textausschnitt zeigt, dass es keinen Konflikt zwischen der Bevölkerung und den Machthabern gibt.

Dieser Satz _____ (_trifft zu/trifft nicht zu_).

Begründung: _____

_____

_____

2 Erkläre, wie sich die Veränderung des Schauplatzes auf die Figuren auswirkt.

_____

_____

_____

_____

Schritt 4: Die Dramenanalyse schreiben

Bearbeite für deine Dramenanalyse die folgenden Aufgaben. Schreibe den Text fortlaufend auf ein Extrablatt. Achte bei den Aufgaben auf das Symbol.

1 Verfasse die Einleitung für deine Analyse. Nenne darin Autor, Titel, Textsorte und das Thema des Dramenausschnittes.

2 Fasse nun den Inhalt des Textes kurz zusammen. Orientiere dich dabei an deinen Ergebnissen auf Seite 73/74.

3 Nummeriere, in welcher Reihenfolge sich die unterschiedlichen Konflikte am sinnvollsten darstellen lassen. Begründe anschließend deine Entscheidung.

_____ innerer Konflikt Ruodis

_____ Konflikt zwischen Baumgarten und Wolfenschießen

_____ Konflikt zwischen der Bevölkerung und den Machthabern

_____ Konflikt zwischen Tell und Ruodi

Begründung: _____

_____

_____

4 Formuliere nun eine kurze Überleitung von der Inhaltszusammenfassung zu der Darstellung der Konflikte.

5 Ergänze die folgende Aussage über Wilhelm Tell. Nutze dazu die Formulierungshilfen.

Formulierungshilfen: Textbezüge herstellen

In Zeile … wird deutlich dass …
Wenn Tell sagt: „…" (Zeile …), das zeigt, dass …
Dies lässt sich mithilfe von Zeile … belegen, in der …
Unterstützt wird diese Deutung durch die Textstelle …
Das belegt/zeigt/weist darauf hin/macht deutlich, dass …
So heißt es im Text: …
An dieser Stelle wird deutlich, …

Tell ist selbstlos und uneigennützig. Deutlich wird das an der Stelle

_____

_____

_____

_____

6 Formuliere zwei weitere Aussagen darüber, dass Wilhelm Tell selbstlos und uneigennützig ist. Belege diese mit Textzitaten. Du kannst auch hier die Formulierungshilfen aus Aufgabe 5 verwenden.

1. _____

_____

_____

_____

2. _____

_____

_____

_____

7 Charakterisiere mithilfe deiner Ergebnisse aus Aufgabe 5 und 6 die Figur Wilhelm Tell.

8 Formuliere Razas Deutung mit eigenen Worten.

Die Bedrohlichkeit der Situation spiegelt sich in der Gestaltung des Schauplatzes.

_____

_____

_____

_____

9 Stimmst du Razas Aussage zu oder lehnst du sie ab? Begründe deine Meinung und nenne passende Textstellen.

Wenn Raza sagt, dass sich die Bedrohlichkeit der Situation in der der Gestaltung des Schauplatzes widerspiegelt, stimme ich zu/stimme ich nicht zu.

Begründung: _____

_____

_____

_____

_____

_____

_____

_____

10 Ergänze die Tabelle zur bedrohlichen Situation. Achte dabei auf das Verhalten der Figuren Ruodi und Baumgarten. Belege deine Aussagen mit passenden Textstellen.

Bedrohliche Situation	Textbelege
Gestaltung des Schauplatzes	
Verhalten von Baumgarten	
Verhalten von Ruodi	

11 Formuliere in Stichpunkten den Zusammenhang zwischen Tells Auftritt und dem Schauplatz. Beachte dazu deine Ergebnisse aus Aufgabe 7 bis 10.

_____

_____

_____

_____

_____

 **12** Verfasse mithilfe deiner Ergebnisse aus Aufgabe 5 bis 11 den Hauptteil deiner Analyse.

💡 Der Schluss einer Dramenanalyse besteht aus einem Fazit und einer Stellungnahme. Häufig steht bereits in der Aufgabestellung, worauf du dabei Bezug nehmen sollst.

13 Schreibe nun den Schluss deiner Dramenanalyse. Fasse deine wichtigsten Ergebnisse kurz zusammen und formuliere eine Stellungnahme.

Schritt 5: Die Dramenanalyse überarbeiten

Du kannst deinen Text auch von einer Mitschülerin oder einem Mitschüler überprüfen lassen.

1 Überprüfe deinen Text mithilfe des Lösungsheftes und des Beurteilungsbogens. Überarbeite ihn gegebenenfalls.

Beurteilungsbogen			
1. Inhaltliche Leistung			
Anforderungen Du …	☺	☹	**Wiederholung**
formulierst eine Einleitung, in der du • Autor, Titel und Textsorte, • das Thema des Dramenauszugs benennst.			Schritt 4, S. 77, Aufg. 1
gibst den Inhalt des Auszugs wieder.			Schritt 2, S. 73/74, Aufg. 1–2
beschreibst und erklärst die Konflikte.			Schritt 2, S. 74/75, Aufg. 3–4
charakterisierst die Figur des Wilhelm Tell und belegst deine Einschätzungen mit Textzitaten.			Schritt 2, S. 75/76, Aufg. 5–6
beschreibst die Gestaltung des Schauplatzes. erklärst die Bedeutung des Schauplatzes für die Dramenszene.			Schritt 3, S. 76, Aufg. 1–2
nimmst Stellung zu der Frage, wie Tells Auftritt zu deuten ist, indem du • deine Position benennst und begründest. • dich auf den Text beziehst und dabei den Bezug zur Schauplatzgestaltung herstellst.			Schritt 4, S. 77–79
2. Darstellungsleistung			
Anforderungen Du …			
formulierst einen in sich geschlossenen, gedanklich klaren Text.			Kap. 9, S. 115
belegst deine Aussagen durch angemessene und richtige Textzitate.			S. 75 Aufg. 5
formulierst die Sätze richtig und verständlich.			Kap. 9, S. 115
drückst dich präzise und abwechslungsreich aus.			Kap. 9, S. 116
schreibst sprachlich richtig (Rechtschreibung, Zeichensetzung, Grammatik).			Kap. 9, S. 116–117
Einschätzung gesamt			

2 Bearbeite die Beispielprüfung 2 auf Seite 81 bis 83. Achte dabei besonders auf die Kriterien der Dramenanalyse, die dir bislang noch nicht so gut gelungen sind.

Eingebildete Welt | Beispielprüfung 2

1 Lies zunächst die Aufgabenstellung und den Text aufmerksam durch.

2 Analysiere und interpretiere den Ausschnitt aus dem Drama „Die Physiker" von Friedrich Dürrenmatt. Verfasse einen zusammenhängenden Text. Gehe dabei folgendermaßen vor:
- Formuliere eine Einleitung, in der du Autor, Titel, Textsorte und das Thema nennst.
- Gib den Inhalt des Ausschnitts in eigenen Worten wieder.
- Untersuche die Figurenkonstellation und erkläre den Konflikt.
- Charakterisiere die Figur des Inspektors und die Figur der Oberschwester. Achte dabei auf den Gesprächsverlauf und die Sprache der Figuren.
- Merle sagt: „Die Figur des Inspektors ist übertrieben dargestellt und will Kriminalbeamte lächerlich machen." Nimm Stellung zu dieser Aussage. Begründe deine Meinung und beziehe dich dabei auf den Text.

Friedrich Dürrenmatt

Die Physiker

Ort: Salon einer bequemen, wenn auch etwas verlotterten Villa des privaten Sanatoriums „Les Cerisiers[1]". [...] Im Salon der nun schwach bevölkerten Villa halten sich mindestens drei Patienten auf, zufälligerweise Physiker, oder doch nicht ganz zufälligerweise, man wendet humane[2] Prinzipien an und lässt beisammen, was zusammengehört. Sie leben für sich, jeder eingesponnen in seine eingebildete Welt, nehmen die Mahlzeiten im Salon gemeinsam ein, diskutieren bisweilen über ihre Wissenschaft oder glotzen still vor sich hin, harmlose, liebenswerte Irre, lenkbar, leicht zu behandeln und anspruchslos. Mit einem Wort, sie gäben wahre Musterpatienten ab, wenn nicht in der letzten Zeit Bedenkliches, ja geradezu Grässliches vorgekommen wäre [...]

Inspektor Man darf doch rauchen?
Oberschwester Es ist nicht üblich.
Inspektor Pardon. *Er steckt die Zigarette zurück.*
5 **Oberschwester** Eine Tasse Tee?
Inspektor Lieber Schnaps.
Oberschwester Sie befinden sich in einer Heilanstalt.
Inspektor Dann nichts. Blocher, du
10 kannst photographieren.
Blocher Jawohl, Herr Inspektor.
Man photographiert. Blitzlichter.
Inspektor Wie hieß die Schwester?
Oberschwester Irene Straub.
15 **Inspektor** Alter?
Oberschwester Zweiundzwanzig. Aus Kohlwang.
Inspektor Angehörige?
Oberschwester Ein Bruder in der Ost-
20 schweiz.

Inspektor Benachrichtigt?
Oberschwester Telephonisch.
Inspektor Der Mörder?
Oberschwester Bitte, Herr Inspektor –
25 der arme Mensch ist doch krank.
Inspektor Also gut: Der Täter?
Oberschwester Ernst Heinrich Ernesti. Wir nennen ihn Einstein.
Inspektor Warum?
30 **Oberschwester** Weil er sich für Einstein hält.
Inspektor Ach so. *Er wendet sich zum stenographierenden Polizisten.* Haben Sie die Aussagen der Oberschwester Guhl?
35 **Guhl** Jawohl, Herr Inspektor.
Inspektor Auch erdrosselt, Doktor?
Gerichtsmediziner Eindeutig. Mit der Schnur der Stehlampe. Diese Irren entwickeln oft gigantische Kräfte. Es hat
40 etwas Großartiges.

1 franz.: Kirschbäume

2 menschlich

Inspektor   So. Finden Sie. Dann finde ich es unverantwortlich, diese Irren von Schwestern pflegen zu lassen. Das ist nun schon der zweite Mord –

45 **Oberschwester**   Bitte, Herr Inspektor.

Inspektor   – der zweite Unglücksfall innert³ drei Monaten in der Anstalt „Les Cerisiers". *Er zieht ein Notizbuch hervor.* Am zwölften August erdrosselte ein

50 Herbert Georg Beutler, der sich für den großen Physiker Newton hält, die Krankenschwester Dorothea Moser. *Er steckt das Notizbuch wieder ein.* Auch in diesem Salon. Mit Pflegern wäre das nie

55 vorgekommen.

Oberschwester   Glauben Sie? Schwester Dorothea Moser war Mitglied des Damenringvereins und Schwester Irene Straub Landesmeisterin des nationalen

60 Judoverbandes.

Inspektor   Und Sie?

Oberschwester   Ich stemme⁴.

Inspektor   Kann ich nun den Mörder –

Oberschwester   Bitte, Herr Inspektor.

65 **Inspektor**   – den Täter sehen?

Oberschwester   Er geigt.

Inspektor   Was heißt: Er geigt?

Oberschwester   Sie hören es ja.

Inspektor   Dann soll er bitte aufhören.

70 *Da die Oberschwester nicht reagiert* Ich habe ihn zu vernehmen.

Oberschwester   Geht nicht.

Inspektor   Warum geht es nicht?

Oberschwester   Das können wir ärzt-

75 lich nicht zulassen. Herr Ernesti muss jetzt geigen.

Inspektor   Der Kerl hat schließlich eine Krankenschwester erdrosselt!

Oberschwester   Herr Inspektor. Es

80 handelt sich nicht um einen Kerl, sondern um einen kranken Menschen, der sich beruhigen muss. Und weil es sich für Einstein hält, beruhigt er sich nur, wenn er geigt.

85 **Inspektor**   Bin ich eigentlich verrückt?

Oberschwester   Nein.

Inspektor   Man kommt ganz durcheinander. *Er wischt sich den Schweiß ab.* Heiß hier.

90 **Oberschwester**   Durchaus nicht.

Inspektor   Oberschwester Martha. Holen Sie bitte die Chefärztin.

Oberschwester   Geht auch nicht. Fräulein Doktor begleitet Einstein auf

95 dem Klavier. Einstein beruhigt sich nur, wenn Fräulein Doktor ihn begleitet.

Inspektor   Und vor drei Monaten musste Fräulein Doktor mit Newton Schach spielen, damit der sich beruhi-

100 gen konnte. Darauf gehe ich nicht mehr ein, Oberschwester Martha. Ich muss die Chefärztin sprechen.

Oberschwester   Bitte. Dann warten Sie eben.

105 **Inspektor**   Wie lange dauert das Gegeige noch?

Oberschwester   Eine Viertelstunde, eine Stunde. Je nachdem.

Inspektor   *beherrscht sich* Schön. Ich

110 warte. *Er brüllt* Ich warte.

Blocher   Wir wären fertig, Herr Inspektor.

Inspektor   *dumpf* Und mich macht man fertig.

3 innerhalb von
4 Form des Gewichthebens

3 Überprüfe deinen Text mithilfe des Lösungsheftes und des Beurteilungsbogens.

Beurteilungsbogen			
1. Inhaltliche Leistung			
Anforderungen Du …	☺	☹	**Anmerkungen**
formulierst eine Einleitung, in der du • Autor, Titel und Textsorte • das Thema des Dramenauszugs benennst.			
gibst den Inhalt des Auszugs wieder.			
beschreibst die Figurenkonstellation und erklärst die Konflikte.			
charakterisierst die Figur des Inspektors und die Figur der Oberschwester. beachtest dabei den Gesprächsverlauf und gehst auf die Sprache der Figuren ein.			
nimmst Stellung zu der Frage, ob die Figur des Inspektors übertrieben dargestellt wird und dadurch lächerlich wirkt, indem du • deine Position benennst und begründest, • dich auf den Text beziehst.			
2. Darstellungsleistung			
Anforderungen Du …			
formulierst einen in sich geschlossenen, gedanklich klaren Text.			
belegst deine Aussagen durch angemessene und richtige Textzitate.			
formulierst die Sätze richtig und verständlich.			
drückst dich präzise und abwechslungsreich aus.			
schreibst sprachlich richtig (Rechtschreibung, Zeichensetzung, Grammatik).			
Einschätzung gesamt			

→ Kapitel 9
Seite 112–119

So bin ich nicht | Beispielprüfung 1

→ Literarische
Texte
analysieren
Seite 10

1 Lies zunächst die Aufgabenstellung und den Text aufmerksam durch.

2 Analysiere den Romanausschnitt „Arthur – Oder: Wie ich lernte, den T-Bird zu fahren". Verfasse einen zusammenhängenden Text. Gehe dabei folgendermaßen vor:
- Schreibe eine Einleitung, in der du Autorin, Titel, Textsorte und das Thema nennst.
- Fasse den Inhalt des Textes in eigenen Worten zusammen.
- Stelle dar, worüber sich die Mutter im Telefonat beklagt.
- Erläutere, wie der Ich-Erzähler die Klage versteht. Erkläre, wie er darauf reagiert.
- Untersuche, wie durch sprachliche Mittel deutlich gemacht wird, dass der Ich-Erzähler beunruhigt ist. Gehe dabei auf Besonderheiten von Wortwahl, Satzbau und der verwendeten Satzarten ein.
- Charly sagt: „Die Reaktion des Ich-Erzählers auf das Telefonat ist völlig übertrieben." Setze dich mit der Aussage auseinander und überlege, ob du die Einschätzung teilst. Begründe deine Meinung und beziehe dich dabei auf den Text.

→ Wenn dir die Aufgabenstellung unklar ist, bearbeite die Aufgabe auf Seite 86 bis 94.

Sarah N. Harvey

Arthur – Oder: Wie ich lernte den T-Bird zu fahren (Textausschnitt)

„Er ist unmöglich, Marta", sagt sie. „Absolut unmöglich. Hat keine Freunde. Schläft den ganzen Tag. Schaut die ganze Nacht fern. Duscht nie. Lässt sich die Haare nicht schneiden. Schiebt sein dreckiges Geschirr unters Bett oder steckt es zusammen mit seiner schmutzigen Unterwäsche in irgendwelche Schubladen. Ich bin mit meinem
5 Latein am Ende."
Am liebsten wäre ich in die Küche gestürmt und hätte gerufen: „Hey, es ist erst zwei Uhr. Ich bin auf. Ich habe geduscht. Ich bin angezogen. Und schmutziges Zeug – ob Geschirr oder Unterwäsche – stecke ich nie in Schubladen. Ich lasse es auf dem Boden liegen. Und wann warst du überhaupt in meinem Zimmer?" Ich habe meine Maß-
10 stäbe. Niedrige zwar, aber immerhin. Sie soll mal keinen Schwachsinn über mich erzählen. Gut, ich habe mir seit drei Jahren die Haare nicht schneiden lassen, aber ich wasche sie alle paar Tage. Und nun jammert sie Marta etwas vor, ausgerechnet Marta, die wahrscheinlich nicht überrascht ist zu hören, dass sich ihr armer vaterloser Neffe so nachteilig entwickelt. Marta ist meine Tante, die Halbschwester meiner Mutter. Ab
15 und zu kommt sie mal nach Kanada, aber seit unserem Umzug quer durch das Land hat sie uns noch nicht besucht. Wir sind hierhergezogen, um näher bei unserm Groß-vater zu wohnen, er ist fünfundneunzig.
Ich kenne niemanden sonst, der so alt ist. Deshalb weiß ich nicht, ob Alter automa-tisch mit zänkischem Egoismus einhergeht. Aber nach allem, was ich über meinen
20 Großvater gehört habe, war er schon immer so, es liegt also wohl nicht nur am Alter.
„Ich weiß nicht mehr, was ich tun soll", sagt sie gerade.
„Ich muss etwas für ihn finden, einen Platz, wo ich ihn hinbringen kann. Und zwar schnell. Sonst kriege ich einen Nervenzusammenbruch. Im Ernst, Marta."
Einen Platz, wo sie mich hinbringen kann? Was redet sie da? Dass ich die ganze Zeit
25 zu Hause bin, dafür kann ich nichts. Ich habe kurz vor Weihnachten das Pfeiffer´sche Drüsenfieber bekommen, und als es mir endlich besser ging, fingen bald die Früh-jahrsferien an, und dann war auch schon Ostern. Und ja, ich bin viel allein. Und so vergehen die Tage: Ein bisschen für die Schule machen, ein bisschen fernsehen, ein

bisschen Musik hören, viel schlafen. Essen am liebsten aus der Mikrowelle. Ich esse

30 nie zusammen mit meiner Mutter. Sie ist sowieso nicht viel zu Hause. Und jetzt sagt sie, sie kann nicht mehr und will mich los sein. Scharf.

„Ich weiß, etwas Luxuriöses können wir uns nicht leisten", sagt Mom. „Es muss nur sauber sein." Wer weiß, vielleicht macht Tante Marta gerade den Vorschlag, mich in eine Jugendstrafanstalt oder so zu schicken. Nur habe ich keine Straftat begangen. Bis

35 jetzt jedenfalls. Mom sagt: „Hm, mmh, vielleicht hast du recht. Nein, ich glaube nicht, dass er besonders viel trinkt. Ich mache ja alle Einkäufe, und nach Wein oder so was verlangt er nie."

Trinken. Na klar. Ich bin sechzehn. Ich habe keine Freunde. Ich habe kein Geld. Ab und zu ein Bier, okay. Wie sollte ich mich also betrinken? Ich hätte absolut keine Lust dazu.

40 Mom spricht immer noch. „Die einzige andere Möglichkeit wäre, jemanden einzustellen, der ins Haus kommt. Vielleicht nicht den ganzen Tag – er schläft ja so viel –, aber wenigstens um bei den Mahlzeiten zu helfen."

Wovon spricht sie? Ein Babysitter? Sie muss total von der Rolle sein. Eine Jugendstrafanstalt würde ich einem Babysitter jederzeit vorziehen. Und Hilfe bei den Mahlzeiten

45 brauche ich nicht. Meine Fähigkeiten beim Umgang mit der Mikrowelle sind auf einem hohen Level.

„Und auch beim Duschen muss ihm jemand helfen."

Ich traue meinen Ohren nicht. Seit wann brauche ich Hilfe beim Duschen? Jetzt springe ich aber doch die letzten vier Stufen hinauf und stürme in die Küche. „Kommt

50 nicht infrage, Mom. Verdammt noch mal, nein!"

„Warte, Marta. Gerade kommt Rolly herauf", sagt sie ruhig.

Sie wirft mir einen Blick zu, der ausdrücken soll Wir unterhalten uns gleich. „Rolly, du weißt, was ich von Fluchen halte. Ich telefoniere gerade."

„Ich gehe nicht in irgendein Jugendgefängnis und brauche erst recht keinen Babysit-

55 ter. Wenn das deine Pläne sind, dann bin ich hier weg." Ich stehe auf, um wieder in den Keller zu gehen, aber Mom hält mich am Arm fest.

„Jugendgefängnis? Wer hat etwas von Jugendgefängnis gesagt? Was redest du da? Hast du Probleme?" Sie zieht die Stirn kraus und sagt ins Telefon: „Ich muss später noch mal anrufen, Marta."

60 „Aber Mom … Ich suche mir einen Job. Ich werde mehr helfen. Bloß keinen Babysitter."

„Babysitter?"

„Ich habe doch gehört, wie du mit Marta gesprochen hast, mich wegzuschicken. Oder einen Babysitter zu engagieren."

Mom verschränkt die Arme auf dem Tisch und legt den Kopf auf die Arme, Das Haar

65 fällt ihr übers Gesicht, und ihre Schultern beben. „He, Mom. Wein doch nicht", sage ich. „Es wird schon werden." Keine Antwort. Nur ein Schluckauf und ein Schnauben, gefolgt von einer Art Wiehern. Ihr Benehmen bringt mich allmählich auf die Palme, deshalb tippe ich an ihre Schulter und sie hebt das Gesicht. Tränen laufen ihr über die Wangen, und unter der Nase hängt ein bisschen Rotz, aber sie weint nicht – sie lacht.

70 „Was ist so komisch?", frage ich. Ich sollte froh sein, dass sie lacht, aber ich mag es nicht, wenn man über mich lacht. Erst recht nicht, wenn ich gar nicht versucht habe, komisch zu sein.

„Du", japst sie schließlich. „Was hast du dir denn gedacht? Dass ich dich satthabe?"

„Hm, ja."

75 „Ach, mein Schatz", sagt sie. „Nie." Sie prustet noch einmal. „Sagen wir, so gut wie nie."

„Worüber hast du dann mit Marta geredet?" Sie hört auf zu lachen und wischt sich mit dem Pulloverärmel über die Nase. „Über deinen Großvater."

→ Überprüfe deinen Text mithilfe des Beurteilungsbogens auf Seite 94.

So bin ich nicht | Schritt für Schritt

Schritt 1: Die Aufgabenstellung erschließen

 Die Aufgabenstellung enthält oft wichtige Hinweise für das Verständnis eines Textes. Bevor du den Text liest, solltest du dich deshalb zunächst mit der Aufgabenstellung genauer auseinandersetzen.

→ Übersicht Operatoren Seite 120/121

1 Unterstreiche in der Aufgabenstellung auf Seite 84 alle Operatoren.

2 Ordne den folgenden Erklärungen jeweils einen passenden Operator zu.

a) die wichtigsten Informationen in geordneter Reihenfolge wiedergeben

_____

e) den Text im Hinblick auf bestimmte Kriterien und Fragestellungen durchgehen

_____

b) Zusammenhänge, Probleme etc. strukturieren und sachbezogen und neutral wiedergeben

_____

f) die eigene Einschätzung nach kritischer Prüfung begründet darlegen

_____

c) deuten, wie ein Text in Bezug auf Inhalt, Sprache und Form zu verstehen ist

_____

g) einen Sachverhalt veranschaulichen und eine Schlussfolgerung ziehen

_____

d) einen Sachverhalt genau darlegen und mit Beispielen belegen

_____

Schritt 2: Den Text inhaltlich erschließen

 Lies den Textausschnitt mehrfach durch. Um den Text inhaltlich zu erfassen, brauchst du einen Überblick über die Handlungsschritte sowie über die Figuren, ihre Rollen und ihre Handlungsmotive. Es ist wichtig, den Höhepunkt zu erfassen, bei dem der Konflikt aufgelöst wird.

1 Lies noch einmal den Romanausschnitt auf Seite 84/85. Teile den Text in Sinnabschnitte ein und nummeriere diese.

2 Ordne die folgenden Überschriften deinen Sinnabschnitten aus Aufgabe 1 zu. Notiere auch die Zeilenangaben für die Abschnitte.

Abschnitt 1 Zeile __1__ bis _____	Reaktion der Mutter und Klärung
Abschnitt 2 Zeile _____ bis _____	Telefonat zwischen Mutter und Marta
Abschnitt 3 Zeile _____ bis _____	Rolly reagiert auf die Klagen
Abschnitt 4 Zeile _____ bis _____	Protest bei der Mutter und Vorschläge sich zu bessern
Abschnitt 5 Zeile _____ bis _____	Rolly ist zunehmend beunruhigt

3 Ergänze mithilfe des Textes auf Seite 84/85 die Informationen zu den Figuren.

Ich-Erzähler (Rolly)

lebt ohne _____ .

_____ in die Nähe des Großvaters; war über längere Zeit

_____ ; ist _____ Jahre alt; sein Essen kommt aus der

_____ ; isst nie zusammen _____ ;

sein Zimmer ist im _____ .

Mutter von Rolly

ist _____ zu Hause; reagiert _____ ;

mag nicht, wenn Rolly _____ ; fragt Rolly nach _____ ;

nennt ihren Sohn _____ .

weitere Figuren

Marta: _____ der Mutter; kommt _____ zu Besuch.

Großvater: _____ Jahre alt; wohnt _____ .

4 Untersuche mithilfe des Textes, wie Rolly auf die Klagen seiner Mutter reagiert. Schreibe dazu passende Zitate auf.

Klagen der Mutter	Reaktionen von Rolly
„Schläft den ganzen Tag." (Zeile 1 bis 2)	„Es ist erst zwei Uhr. Ich bin auf. Ich habe geduscht. Ich bin angezogen." (Zeile 6 bis 7)
„Schiebt sein dreckiges Geschirr unters Bett …" (Zeile 3)	
„Lässt sich die Haare nicht schneiden." (Zeile 2 bis 3)	
„Hat keine Freunde." (Zeile 1)	

5 Beschreibe die Empfindungen und Wünsche der Mutter am Anfang des Textes. Beachte, über wen sie sich wirklich beklagt. Beziehe dich auf die folgenden Zitate.

> „Ich bin mit meinem Latein am Ende." (Zeile 4 bis 5)

> „Ich weiß nicht mehr, was ich tun soll." (Zeile 21)

_____

_____

_____

_____

_____

_____

6 Kreuze an, warum Rolly die Klagen auf sich bezieht. Begründe deine Entscheidung.

a) Er hat sich mit seiner Mutter gestritten. ☐

b) Die Klagen der Mutter treffen zum Teil auch auf ihn zu. ☐

c) Er hat an diesem Tag schlechte Laune und sieht alles negativ. ☐

Begründung: _____

_____

_____

7 Kreuze an, welche der beiden Möglichkeiten jeweils zutrifft.

a) Rolly ist der Mutter wichtig ⬜ Rolly ist der Mutter weniger wichtig ⬜

b) die Mutter übertreibt mit den Klagen ⬜ die Mutter ist völlig überlastet ⬜

c) Rolly sieht bei sich kein Verschulden ⬜ Rolly hat ein schlechtes Gewissen ⬜

d) Rolly glaubt, seine Mutter wolle ihn loswerden ⬜ Rolly glaubt nicht wirklich, dass seine Mutter ihn loswerden möchte ⬜

e) er macht sinnvolle Vorschläge ⬜ er macht Vorschläge, um abzulenken ⬜

f) er findet die Situation sehr lustig ⬜ er ist am Schluss sehr erleichtert ⬜

8 Notiere Textstellen, die zu den folgenden Aussagen passen.

a) Rolly denkt über sein Leben nach.

_____

_____

_____

b) Rolly beschönigt die Situation.

_____

_____

_____

9 Untersuche die sprachlichen Besonderheiten des Textes.
- Markiere die Sätze, die mit „Ich" beginnen.
- Markiere die Sätze, die mit einem Ausruf am Anfang beginnen, in einer anderen Farbe.
- Unterstreiche alle unvollständigen Sätze sowie Häufungen von Fragesätzen.
- Markiere Wiederholungen und Wörter aus der Jugendsprache in unterschiedlichen Farben.

10 Kreuze an, warum die Autorin sprachliche Besonderheiten verwendet. Begründe deine Entscheidung.

a) Die Autorin möchte die Leserinnen und Leser gut unterhalten. ⬜

b) Es ist die Sprache, die zu einem 16-Jährigen passt. ⬜

c) Der Roman wurde für Jugendliche geschrieben. ⬜

d) Die Sprache drückt die Gefühle von Rolly aus. ⬜

Es gibt mehrere Antwortmöglichkeiten.

→ Übersicht Sprachliche Mittel Seite 124/125

Begründung: _____

_____

Schritt 3: Die Analyseergebnisse zusammenfassen und deuten

 Um einen Textausschnitt zu deuten, ist es wichtig, die Analyseergebnisse aufeinander zu beziehen und in einen Zusammenhang zu bringen. Du kannst dich dabei an der Aufgabenstellung orientieren.

1 Überprüfe, ob du bei deinen Vorarbeiten zur Texterschließung alle wichtigen Kriterien der Textanalyse untersucht hast. Notiere dazu die Verweise oder entsprechende Aufgaben im folgenden Schreibplan.

Schreibplan für eine Textanalyse		Wo?
Einleitung	• Titel, Autorin und Textsorte • Thema	
Hauptteil	• Inhalt zusammenfassen • Situation der Mutter darstellen • Klagen der Mutter benennen • Erläutern, warum Rolly die Klagen auf sich bezieht • Rollys Reaktionen erklären • Rollys Lebenssituation erklären • die sprachlichen Besonderheiten untersuchen	
Schluss	• Fazit • Stellungnahme	

2 Stelle die Zusammenhänge des Textausschnittes dar. Beantworte dazu die folgenden Fragen in Stichpunkten.

• Wodurch ist Rollys Mutter stark belastet? _____

_____

_____

• Warum bezieht Rolly die Klagen auf sich selbst? _____

_____

_____

• Wie reagiert Rolly auf die Klagen? _____

_____

_____

• Was hat Rollys Lebenssituation damit zu tun? _____

_____

_____

• Wie zeigt sich Rollys Unsicherheit und Betroffenheit in seiner Sprache? _____

_____

_____

• Wie schätzt du Rollys Reaktionen ein? _____

_____

_____

Schritt 4: Die Analyse in Stichpunkten planen

1 Ordne die folgenden Zitate den passenden Stichpunkten zu.

a) „Und nun jammert sie Marta etwas vor ..." (Zeile 12)
„Sie muss total von der Rolle sein." (Zeile 43)

b) „Meine Fähigkeiten im Umgang mit der Mikrowelle sind auf einem hohen Level."
(Zeile 45–46)

c) „Ich lasse es (das Geschirr) auf dem Boden liegen." (Zeile 8–9)
„... ich habe mir seit drei Jahren die Haare nicht schneiden lassen ..." (Zeile 11)

d) „Hat keine Freunde. Schläft den ganzen Tag. Schaut die ganze Nacht fern.
Duscht nie." (Zeile 1–2)

e) „Ich bin mit meinem Latein am Ende." (Zeile 4–5)
„Ich weiß nicht mehr, was ich tun soll." (Zeile 21)

f) „Ich habe meine Maßstäbe. Niedrige zwar, aber immerhin." (Zeile 9–10)

g) „... und will mich los sein." (Zeile 31)
„... und stürme in die Küche." (Zeile 49)

h) „... Umzug quer durch das Land ..." (Zeile 15)
„kurz nach Weihnachten das Pfeiffer'sche Drüsenfieber bekommen ..."
(Zeile 25–26)

1. Klagen über den Vater: fehlende Sozialkontakte, falscher Tag-Nacht-Rhythmus,
   unhygienisch, ungepflegt, unordentlich ___→ d)___

2. Belastung der Mutter, kann es nicht mehr ertragen _____

3. Rolly macht ähnliche Dinge wie der Großvater, fühlt sich angesprochen _____

4. Rolly rechtfertigt sich _____

5. Rolly macht Vorwürfe und greift an _____

6. Rolly meint, sein Verhalten sei doch gar nicht so schlecht _____

7. Rolly wird immer aufgeregter _____

8. Rollys Lebenssituation _____

2 Die folgenden Sätze beschreiben die sprachliche Gestaltung des Textausschnittes. Verbinde die passenden Satzteile miteinander.

Die Darstellung erfolgt	weil er verunsichert ist.
Dadurch ist das Geschehen	ist sehr ich-bezogen.
Die Wahrnehmung des Jungen	aus der Perspektive des Jungen.
Daher beginnen viele Sätze	daher wiederholt er es oft als Frage.
Rolly wiederholt das Gehörte,	mit einem <u>aber</u> ein.
Er will es nicht so recht glauben,	sehr intensiv nachvollziehbar.
Mehrfach schränkt er Sätze	beschönigt er sein Handeln.
Mit der Wiederholung von <u>bisschen</u>	Rollys Gedanken überzeugend dargestellt.
Durch Wortwahl und Satzbau werden	mit dem Personalpronomen <u>ich</u>.

Schritt 5: Die Analyse schreiben

Bearbeite für deine Textanalyse die folgenden Aufgaben. Schreibe deinen Text fortlaufend auf ein Extrablatt. Achte bei den Aufgaben auf das Symbol ✏️.

1 Lies die drei Themenvorschläge für eine Einleitung. Kreuze an, welchem Themenvorschlag du nehmen möchtest. Begründe deine Entscheidung.

a) Großvater als Auslöser eines Konfliktes zwischen Mutter und Sohn. ▢

b) Ein Missverständnis löst Auseinandersetzung aus. ▢

c) Isolation führt zu falscher Wahrnehmung bei einem Jugendlichen. ▢

Begründung: _____

_____

✏️ **2** Verfasse die Einleitung für deine Textanalyse. Nenne darin Autorin, Titel und Textsorte. Formuliere mithilfe von Aufgabe 1 das Thema.

✏️ **3** Fasse nun den Inhalt des Textausschnittes kurz mit eigenen Worten zusammen. Orientiere dich dabei an deinen Ergebnissen auf Seite 90/91.

4 Formuliere eine kurze Überleitung von der Zusammenfassung des Inhalts zum Hauptteil der Analyse, z. B.: *Die Klagen, die Robbys Mutter im Telefonat benennt, beziehen sich auf den Großvater. Aber auch Rolly …*

5 Verfasse nun den Hauptteil der Analyse. Verwende dazu deine Vorarbeiten auf den Seiten 86 bis 92.

Der Schluss besteht immer aus einem Fazit und einer Stellungnahme. Lies dir die Aufgabenstellung dazu genau durch. Mache dir Notizen und verfasse erst dann deinen Schluss.

6 Formuliere mit eigenen Worten, was Charly mit der folgenden Aussage meint.

Charly sagt: „Die Reaktion des Ich-Erzählers auf das Telefonat ist völlig übertrieben."

_____

_____

_____

_____

7 Verbinde die passenden Teile der Stellungnahme miteinander.

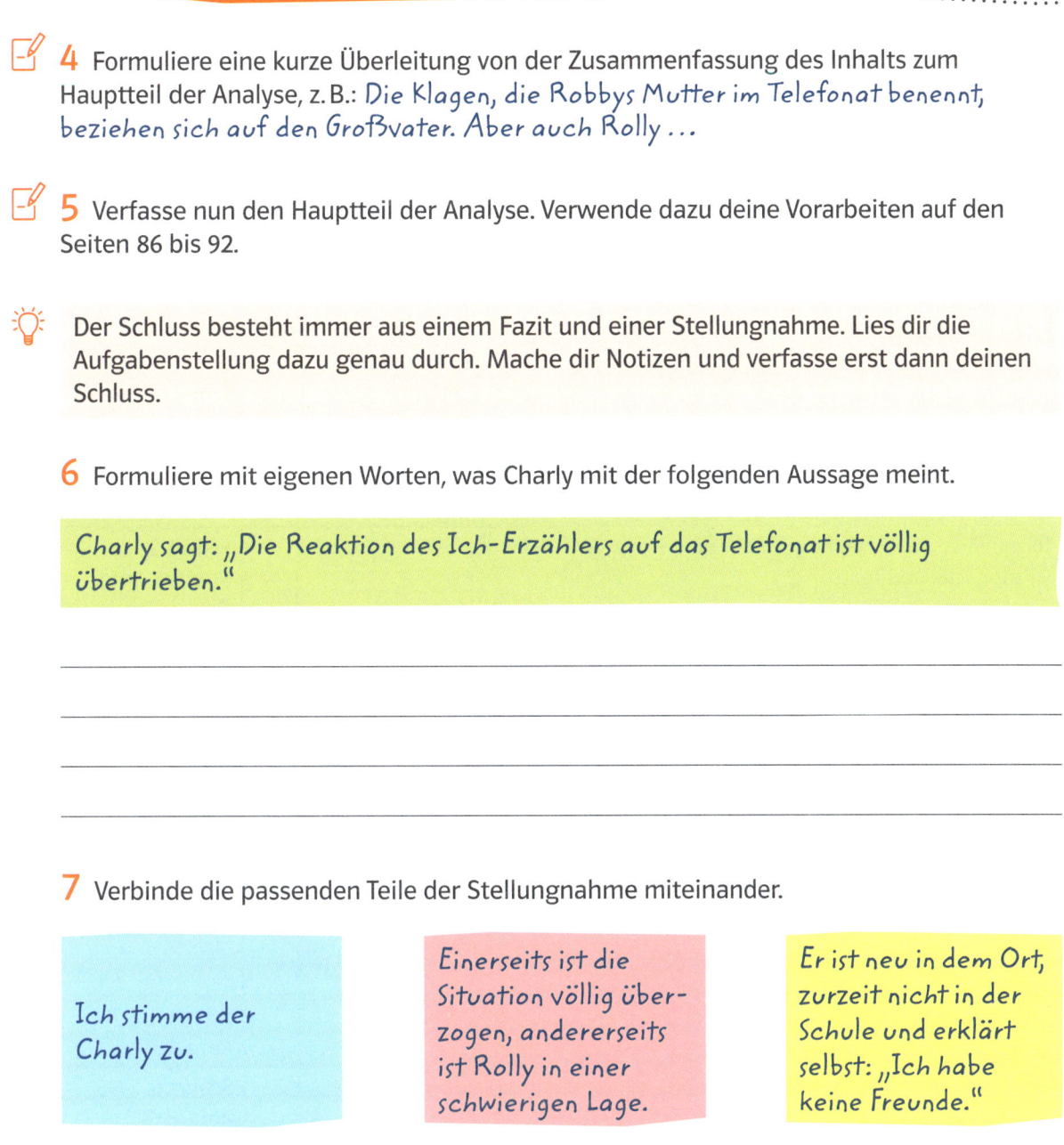

Ich stimme der Charly zu.

Einerseits ist die Situation völlig überzogen, andererseits ist Rolly in einer schwierigen Lage.

Er ist neu in dem Ort, zurzeit nicht in der Schule und erklärt selbst: „Ich habe keine Freunde."

Ich kann Charly nicht zustimmen.

Rolly fehlen soziale Kontakte und er nimmt die Dinge deshalb falsch wahr.

„Wovon spricht sie? Ein Babysitter." Spätestens da wird es irreal.

Man kann durchaus über ein Für und Wider nachdenken.

Die Reaktionen sind so extrem. So etwas kommt in der Wirklichkeit nicht vor.

Er sagt von sich selbst: „Ja, ich bin viel allein."

8 Verfasse nun den Schluss deiner Textanalyse.
- Fasse dazu deine wichtigsten Ergebnisse kurz zusammen.
- Formuliere eine Stellungnahme, in der du deine Position benennst, sie begründest und dich dabei auf den Text beziehst. Orientiere dich dazu an Aufgabe 7.

Schritt 5: Die Romananalyse überarbeiten

 Lies dir deine Analyse noch einmal in Ruhe durch. In einer Prüfung solltest du dafür immer etwas Zeit am Ende einplanen. Achte dabei vor allem auf den Aufbau und die Schlüssigkeit deiner Darstellungen. Prüfe, ob ein Außenstehender deinem Text folgen kann. Auch Rechtschreib- und Grammatikfehler solltest du nun verbessern.

 Du kannst deinen Text auch von einer Mitschülerin oder einem Mitschüler überprüfen lassen.

1 Überprüfe deinen Text mithilfe des Lösungsheftes und des Beurteilungsbogens.

Beurteilungsbogen			
1. Inhaltliche Leistung			
Anforderungen Du …	☺	☹	**Wiederholung**
formulierst eine Einleitung, in der du • Autor, Titel und Textsorte, • das Thema des Textes benennst.			Schritt 2, S. 86/87, Aufg. 1–3
gibst den Inhalt des Textes wieder.			Schritt 2, S. 86/87, Aufg. 1–3
stellst dar, worüber sich die Mutter im Gespräch beklagt.			Schritt 2, S. 88, Aufg. 4
erläuterst, wie der Ich-Erzähler die Klagen der Mutter versteht. erklärst, welche Reaktion darauf folgt. (Es muss deutlich werden, dass es nicht nur ein sprachliches Missverständnis ist, sondern, dass der Ich-Erzähler Parallelen zwischen dem Gehörten und seinem eigenen Verhalten zieht.)			Schritt 2, S. 88–89, Aufg. 5–8
untersuchst, wie sprachliche Mittel (z. B. Wortwahl, Satzbau, Satzarten) deutlich machen, dass der Ich-Erzähler beunruhigt ist.			Schritt 2, S. 89, Aufg. 9–10
nimmst Stellung zu der Frage, ob die Reaktion des Ich-Erzählers übertrieben ist, indem du • deine Position benennst, • deine Position begründest, • dich auf den Text beziehst.			Schritt 5, S. 93, Aufg. 6–8
2. Darstellungsleistung			
Anforderungen Du …			
formulierst einen in sich geschlossenen, gedanklich klaren Text.			Kap. 9, S. 115
beachtest die sprachlichen Besonderheiten eines inneren Monologs.			Schritt 4, S. 91, Aufg. 1
formulierst die Sätze richtig und verständlich.			Kap. 9, S. 115
drückst dich präzise und abwechslungsreich aus.			Kap. 9, S. 116
schreibst sprachlich richtig (Rechtschreibung, Zeichensetzung, Grammatik).			Kap. 9, S. 116–117
Einschätzung gesamt			

2 Bearbeite die Beispielprüfung 2 auf Seite 95 bis 97. Achte dabei besonders auf die Schritte der Analyse, die dir bislang noch nicht so gut gelungen sind.

Affen und anderes | Beispielprüfung 2

1 Lies zunächst die Aufgabenstellung und den Text aufmerksam durch.

2 Analysiere den Romanausschnitt „Die Affenfrau im Ruhestand" von T. C. Boyle. Verfasse einen zusammenhängenden Text. Gehe dabei folgendermaßen vor:
- Schreibe eine Einleitung, in der du Titel und Autor und das Thema nennst.
- Fasse den Text in eigenen Worten zusammen.
- Stelle dar, wie Beatrice Umbo in ihrer neuen Umgebung zurechtkommt und welches Ziel sie vermutlich verfolgt.
- Untersuche, wie Beatrice Umbos Verbindungen zu Afrika und ihrer Heimat dargestellt werden.
- Erkläre, wie die Annäherung zwischen Beatrice Umbo und Howie Kantner verläuft. Erläutere, durch welche sprachlichen Mittel, z. B. Wortwahl, Satzbau und Wiederholungen, sie dem Leser vermittelt werden.
- Leo sagt: „Eine Wissenschaftlerin würde doch viel überlegter handeln." Setze dich mit der Aussage auseinander und überlege, ob du die Einschätzung teilst. Begründe deine Meinung und beziehe dich dabei auf den Text.

T. C. Boyle

Die Affenfrau im Ruhestand (Textauszug)

Irgendwie stand sie plötzlich vor den Artischocken in der Obst- und Gemüse-Abteilung von „Waldbaums Supermarkt" und fühlte sich verloren und hilflos wie ein Waisenkind. Sie trug ihre hellbraunen Safari-Shorts und eine passende Arbeitsbluse; die Sandalen aus Nashornleder, die sie in der Makoua-Reservation immer angehabt hatte,
5 klebten an den Sohlen ihrer müden alten Plattfüße. Draußen vor den großen Spiegelglasfenstern hatte ein verdrießliches, körniges Schneegestöber eingesetzt.
Vielleicht lag es daran, am Schnee. Sie hatte vor dem Gemüse gestanden und nachgedacht, in ihrem Portemonnaie gekramt, mit der Einkaufsliste und den Schlüsseln für den rheumatischen Lincoln[1] herumgespielt, der zur Hinterlassenschaft ihrer Schwes-
10 ter gehörte, als sie aufblickte und es sah, dieses Wunder, dieses Phänomen, zu Stein gewordenes Abwaschwasser, und sie wusste zuerst beim besten Willen nicht, was das war. Und dann fiel es ihr wieder ein, das Wort schälte sich aus den hintersten Winkeln ihres Gedächtnisses wie ein alter Knochen, der aus dem Sediment ausgewaschen wurde: *Schnee*. Schnee. Wie lange war das jetzt her – vierzig Jahre?
15 Sie starrte hinaus […] und dann holten sie die Geräusche des Supermarktes zurück, das gedämpfte Murmeln, das sich jetzt in einer einzigen Stimme konzentrierte, und da merkte sie, dass sie jemand ansprach. „Entschuldigen Sie", sagte die Stimme, „entschuldigen Sie bitte."
Sie drehte sich um und die Stimme nahm Gestalt an. Ein junger Mann – eigentlich
20 noch ein Junge, klein, mit kräftigen Schultern, das kohlschwarze Haar zu einer Bürstenfrisur geschnitten – stand vor ihr. Und was war das in seiner Hand? Eine Art Wurst, eine Pfeffersalami, ja, und jetzt fiel ihr noch ein anderes Wort ein, „Entschuldigen Sie", sagte er nochmals, „aber sind Sie nicht Beatrice Umbo?"
Die war sie. O ja, die war sie – Beatrice Umbo, die berühmte Affenfrau, der Welt größte
25 Autorität für das Verhalten von wild lebenden Schimpansen, Beatrice Umbo, die zurückgekommen war, um sich in ihrer Heimat Connecticut zur Ruhe zu setzen. Sie sah ihn mit einem matten, zurückhaltenden Lächeln an. „Das stimmt", sagte sie leise mit einem Anflug des Lispelns, an dem sie seit ihrer Kindheit litt, „und es ist schrecklich." →

1 eine amerikanische Automarke

„Schrecklich?", wiederholte er, und sie sah das Zögern in seinen Augen. „Tut mir
30 leid", sagte er, grinste unsicher und klopfte sich mit der Wurst gegen das Bein, „aber
wir haben in der Schule von Ihnen gehört, in der Oberstufe, meine ich. Ich habe sogar
Ihre Bücher gelesen, das erste jedenfalls – ‚Dämmerung im Dschungel'?"
Sie konnte nicht antworten. Es war sein Lächeln, die Art, wie die Oberlippe zurückwich und sich über den Vorderzähnen kräuselte. Er war Agassiz, das genaue Ebenbild
35 von Agassiz, und mit einem Mal war sie wieder in der Blätterwelt, zurück in der Makoua-Reservation, hockte mit einem Grüppchen von Schimpansen zusammen. „Fehlt
ihnen was?", fragte er.
„Was soll mir denn fehlen?", fuhr sie ihn an, und in diesem Moment sah sie sich im
Spiegel hinter den aufgeschnittenen Wassermelonen. Das Weiße in ihren Augen war
40 gelb gesprenkelt, ihr Haar sah aus wie eine Horrorperücke, das Gesicht war zerfurcht
und zerknittert wie eine alte Satteltasche. […] Sie sah nicht gut aus, das wusste sie.
Aber was konnte man schon von einer Frau erwarten, die ihr Leben der Wissenschaft
gewidmet und dabei Dysenterie, Malaria, Bilharziose, Hepatitis und Schlafkrankheit[2]
überlebt hatte, ganz zu schweigen von den kleinen Viechern wie den Milben, die sich
45 einem unter die Zehennägel bohren, um dort ihre Eier zu legen. […]
„Das Obst hier ist schrecklich. Keine Yim-Yims", seufzte sie und deutete auf die Steigen mit Mandarinen, Kumquats und kernlosen grünen Trauben. „Keine Annonen,
keine Tigerpfirsiche. Die haben ja nicht mal Passionsfrüchte."
Der Junge warf einen Blick in ihren Einkaufswagen. Darin lagen fünfzig Yamswur-
50 zeln – sie hatte sie selbst abgezählt –, fünfundzwanzig Liter Vollmilch und ganz unten
ein zwei Kilo schwerer Käseklotz. Darüber türmten sich alle Bananen, deren sie hatte
habhaft werden können, in sämtlichen Farbschattierungen von Glänzendgrün bis zu
Verwesungsschwarz, zu einer gewaltigen Pyramide, die drohte, den Wagen zusam-
menbrechen zu lassen. „Italienische Edelkastanien haben sie", schlug er vor, sah zu
55 ihr auf und zeigte erneut seine Zähne in diesem breiten, unsicheren Grinsen. „Und in
einem Monat oder so kommen dann diese kleinen torpedoartigen Dinger, die drüben
im Westen an den Kakteen wachsen – Kaktusfeigen heißen die."
Sie legte den Kopf schief und musterte ihn anerkennend. „Sie sind sehr freundlich",
sagte sie und das Lispeln kehrte wieder. „Aber Sie verstehen nicht ganz – ich erwarte
60 Besuch. Einen Dauergast. Und der ist sehr heikel mit dem Essen."
„Ich bin Howie Kantner", sagte er unvermittelt. „Mein Vater und ich leiten die Bau-
firma Kantner." […]
Der Junge zog den Kopf ein wie bei einer Verbeugung, sagte ihr, wie aufregend es sei,
sie kennengelernt zu haben, und wandte sich zum Gehen, dann aber drehte er sich
65 plötzlich noch einmal um. „Können Sie nicht … ich meine, brauchen Sie nicht Hilfe
bei diesen vielen Bananen?"
Sie schürzte die Lippen.
„Ich dachte bloß … die Ladenhilfen sind echt mies hier, und Sie sind so … nicht so
richtig angezogen für das Wetter da draußen und so …"
70 „Ja", sagte sie langsam, „ja, das wäre wirklich nett", und dabei lächelte sie. Sie freute
sich, freute sich riesig. Eben noch hatte sie sich deprimiert gefühlt, fehl am Platze,
eine Fremde im eigenen Heimatort, und jetzt hatte sie einen Freund. Er wartete hinter der Kasse auf sie, dieser ungeschlachte, ernsthafte Oberschüler, dieser große, post-
pubertäre junge Mann mit den unregelmäßigen Augenbrauen und den breiten Schul-
75 tern, und sie strahlte ihn an, bis ihr das Zahnfleisch weh tat, während sie sich fragte,
wie er wohl reagieren würde, wenn sie ihm sagte, dass er sie an einen Schimpansen
erinnerte.

2 tropische
Krankheiten

3 Überprüfe deinen Text mithilfe des Lösungsheftes und des Beurteilungsbogens.

Beurteilungsbogen			
1. Inhaltliche Leistung			
Anforderungen Du …	☺	☹	**Anmerkungen**
formulierst eine Einleitung, in der du • Autor, Titel und Textsorte, • das Thema des Textes benennst.			
gibst den Inhalt des Textes wieder.			
stellst dar, wie Beatrice Umbo in ihrer neuem Umgebung zurechtkommt und welches Ziel sie vermutlich verfolgt.			
untersuchst, wie Beatrice Umbos Verbindung zu Afrika und ihrer Heimat Amerika dargestellt wird.			
erklärst, wie die Annäherung zwischen Beatrice Umbo und Howie Kantner verläuft. erläuterst, durch welche sprachlichen Mittel (z. B. Wortwahl, Satzbau und Wiederholungen) dies deutlich gemacht wird.			
nimmst Stellung zu der Frage, ob eine Wissenschaftlerin überlegter handeln würde, indem du • deine Position benennst, • deine Position begründest, • dich auf den Text beziehst.			
2. Darstellungsleistung			
Anforderungen Du …			
formulierst einen in sich geschlossenen, gedanklich klaren Text.			
beachtest die sprachlichen Besonderheiten eines inneren Monologs.			
formulierst die Sätze richtig und verständlich.			
drückst dich präzise und abwechslungsreich aus.			
schreibst sprachlich richtig (Rechtschreibung, Zeichensetzung, Grammatik).			
Einschätzung gesamt			

→ Kapitel 9
Seite 112–119

Alte und neue Wege | Beispielprüfung 1

→ Literarische
Texte produk-
tiv erschließen
Seite 10

1 Lies zunächst die Aufgabenstellung und den Text aufmerksam durch.

2 Verfasse zu der Erzählung „Mein erster Achttausender" von Malin Schwerdtfeger einen inneren Monolog.
- Formuliere aus der Sicht der Ich-Erzählerin.
- Gehe vom Schluss der Erzählung aus und beziehe dich auf die vergangenen Geschehnisse und die gegenwärtige Situation. Formuliere auch Wünsche für die Zukunft.
- Beachte, dass sich die Gedankengänge des inneren Monologs auf Textstellen beziehen und mit diesen inhaltlich übereinstimmen.
- Erstelle einen Schreibplan, in dem du den Hauptgedankengang und den Aufbau deines inneren Monologs planst.
- Schreibe in der Ich-Form und verwende das Präsens. Achte darauf, eine der Erzählerin angemessene Sprache zu verwenden.

3 Reflektiere anschließend deinen inneren Monolog.
- Begründe, wie du beim Schreiben vorgegangen bist.
- Beziehe dich dabei auf wichtige Textstellen und Besonderheiten der Erzählung.
- Kommentiere, worauf du beim Bearbeiten der Aufgabe geachtet hast und inwieweit dir dies gelungen ist.

→ Wenn dir die Aufgabenstellungen unklar sind, bearbeite die Aufgaben auf
Seite 102 bis 107.

Malin Schwerdtfeger

Mein erster Achttausender

Wieder einmal kam Mama nachts zurück. Sie beugte sich über mich, küsste mich zwischen die Augen, und mir wurde schlecht von ihrem Geruch nach ranziger Yakbutter, nach Qualm und verdorbenem Magen. Noch halb im Schlaf tippte ich auf Tibet oder Nepal. So widerlich konnte nur jemand riechen, der geradewegs aus Zentralasien
5 kam.
Am nächsten Morgen saß sie am großen Tisch im Esszimmer und rührte Gerstenmehl in ihren Tee.
„Morgen, Schätzchen", sagte sie, als ich hereinkam, „ist es nicht längst Zeit für die Schule?"
10 „Wir haben Ferien", sagte ich. Ich begann im Esszimmer herumzulaufen und ihre Sachen aufzusammeln, die sie in der Nacht überall hingeschmissen hatte. Matsch-verkrustete Goretex-Klamotten, Alutöpfe mit angetrockneten Gerstenbreiresten, ein Spezialkocher, die Fotoausrüstung und ihre stinkenden Bergschuhe waren über das ganze Zimmer verteilt. Immerhin hatte sie es noch geschafft, ihren Schlafsack draußen über
15 das Verandageländer zu hängen. Er war bestimmt voller Läuse.
Ich schleppte alles hinaus auf die Veranda. Nur mit dem Kochgeschirr lief ich ins Badezimmer. Ich stellte es in die Wanne und ließ heißes Wasser darüber laufen.
„Setz dich hin", sagte Mama, als ich zurück ins Esszimmer kam. Sie zeigte auf den Stuhl neben sich. „Hast du irgendetwas mitgebracht, wovon ich wissen sollte?", fragte
20 ich und setzte mich ans entgegengesetzte Ende des Tisches. „Läuse, Krätze, Ruhr, Dengue-Fieber?"

„Ich glaube nicht", sagte Mama. „Nur Blasen an den Füßen."

Ich rückte ein paar Stühle weiter vor.

Ich trank meinen Kakao und sah weiter zu, wie sie ihren Tee schlürfte. Sie hatte einen

25 Klumpen Yakbutter in einer schmierigen Plastiktüte vor sich liegen. Davon drehte sie mit den Fingern kleine Stückchen ab, warf sie in den Tee und rührte um, bevor sie den Tee trank.

„Mama", sagte ich schließlich, „wir müssen dir die Haare waschen!"

Während ich fast eine ganze Flasche Pfirsichöl-Pflegespülung in ihre verfilzte Matte

30 einmassierte, erzählte Mama ungefragt von Steinschlägen am Annapurna, Überschwemmungen im Rowalingtal und Schneestürmen in Solo Khumbu. […]

Zwei Stunden später hatte ich den letzten Knoten aus ihren Haaren gekämmt und alle Blasen an ihren Füßen aufgestochen und desinfiziert. Dann war Mama wieder so müde, dass sie sich aufs Sofa legte und sofort einschlief. Das Telefon klingelte. Es war

35 Arne von Trekking Guides.

„Hallo", sagte Arne, „ist sie da?"

„Sie schläft", sagte ich, „und will nicht gestört werden. Schon gar nicht von euch."

„Sie soll nicht so viel schlafen, lieber schreiben", sagte Arne.

Ich legte einfach auf.

40 Ich kochte Kaffee für Papa. Dann brachte ich Papa den Kaffee, eine Schüssel Cornflakes und seine Thrombosespritze auf einem Tablett ans Bett.

Im Schlafzimmer war es kühl und dunkel. Aber Papa war schon wach. Sein Laptop warf einen grünlichen Schimmer über die zerwühlte Bettdecke. Papa nannte das, was er machte, Telearbeit, das heißt, er hatte einen Internetanschluss und einen E-Mail-

45 Account und brauchte nie aufzustehen. Ich stellte das Frühstück neben den Laptop auf sein Bett.

„Sie ist wieder da", sagte ich.

„Hab's gehört", sagte Papa.

„Willst du wissen, wo sie war?", fragte ich.

50 „Es stinkt nach ranzigem Fett. Grönland?", riet Papa.

„Nepal", sagte ich. „Und Tibet. Tibet ohne Einreiseerlaubnis." […]

Ich nahm die Thrombosespritze, zog die Schutzkappe von der Nadel, schlug die Decke zurück, drückte etwas von Papas Bauchfett mit den Fingern zusammen und gab ihm eine Injektion in die Fettrolle.

→

55 „Das ist lieb!", sagte Papa, „Bringst du mir das Bildtelefon?"
Mit der Telearbeit hatte Papa angefangen, als Mama für Trekking Guides zu arbeiten
begann. […]
Am Nachmittag suchte ich Mama im ganzen Haus. Ich fand sie in der Dunkelkammer.
Ich riss die Tür auf und ruinierte einen Abzug: „Mach die Tür hinter dir zu", sagte
60 Mama. „Hat Arne angerufen?"
Ich gab keine Antwort. Arne von Trekking Guides war der Mensch, den Papa und ich
von allen Menschen auf der Welt am meisten hassten.
Mama machte das Licht am Vergrößerungsapparat an und wieder aus. Sie nahm das
belichtete Papier und legte es in die Wanne mit der Entwicklerflüssigkeit. Nach und
65 nach erschien ein Gesicht auf dem Papier. Mama stupste es mit der Zange nach unten,
als wolle sie es ertränken. Dann kam es in den Stopper und zum Schluss in Fixierbad.
Ich stellte mich neben Mama. Das Gesicht auf dem Foto war dunkel und glänzte fettig.
„Das ist Lopsang", sagte Mama. […]
Wie immer am ersten Tag nach Mamas Rückkehr lief ich ununterbrochen zwischen
70 meinen Eltern hin und her. Wie immer verbrachte Mama diesen Tag in der Dunkelkammer und den Abend telefonierend in der Badewanne. Und wie immer lag Papa im
Bett und hackte wie verrückt auf seinen Laptop ein.
Als ich die Zinksalbe aus dem Bad holen wollte, um Papas offene Stellen damit einzu-
schmieren, lag Mama in der Wanne und telefonierte mit Arne. Ich setzte mich leise
75 auf den Wäschepuff und hörte zu. Ich schaute mir ihren Körper an: Er war sehr dünn,
muskulös, übersät mit blauen Flecken und Insektenstichen, und an vielen Stellen
konnte man die Adern sehen. Jeden Tag saß ich auf meinem Hometrainer, damit ich
auch solche Muskeln bekäme wie sie.
„Neue Steigeisen und einen Daunenanzug von Mountain Equipment", sagte Mama
80 zu Arne, „ein Dreimannzelt von Wild East, Eisschrauben und 1 000 Meter Seil. Mein
Eispickel muss nur geschärft werden, aber ich brauche noch zwei dazu. Und dreißig
Flaschen Sauerstoff."
„Wo willst du hin, Mama?", fragte ich.
„Moment mal", sagte Mama zu Arne. Dann hielt sie die Sprechmuschel zu und sagte
85 zu mir: „Mit Lopsang auf den Everest." […]
Eines Nachts wachte ich auf, weil mir einfiel, dass Papa seine Einschlafmilch nicht be-
kommen hatte. Vielleicht weckte mich aber auch das kratzende, schabende Geräusch,

das aus der Küche kam. Von Zeit zu Zeit gab es ein Quietschen, wie von einem Messer, das von einem Teller abrutscht. Ich lief über den dunklen Flur. Hinter Papas Tür

90 brannte noch Licht. Wahrscheinlich konnte er nicht einschlafen ohne seine Milch. In der Küche sah ich Mama sitzen und ihren Eispickel schleifen, sie saß da in voller Goretex-Montur, drehte mit einer Hand den Schleifstein und hielt mit der anderen die Spitze des Pickels dagegen. Es kratzte und schabte, und Funken sprühten. An ihrem Stuhl lehnte der fertig gepackte Rucksack mit dem baumelnden Kochgeschirr daran.

95 Als Mama mich sah, hörte sie auf zu schleifen.

„Was machst du denn hier?", fragte sie, „warum bist du nicht im Bett?"

„Ich hole nur Papas Milch."

Der Schleifstein drehte sich weiter. „Arne holt mich in einer Viertelstunde ab und bringt mich zum Flughafen", sagte Mama.

100 „Gut", sagte ich. Dann lief ich zurück in mein Zimmer. Ich holte meinen Rucksack unter dem Bett hervor, riss den Schrank auf, stopfte Pullover, Hosen, Unterwäsche, den Skioverall und meine Schneebrille in den Rucksack. Ich zog das Nachthemd aus und einen Trainingsanzug an, darüber die Daunenjacke. Mit dem Rucksack auf dem Rücken lief ich über den Flur. Hinter Papas Tür hörte ich es schnaufen.

105 „Liebes", rief Papa, „bist du's? Hast du meine Milch vergessen?"

Ich rannte in die Küche, holte die Milchtüte aus dem Kühlschrank, ein Glas aus der Anrichte und goss so hastig ein, dass etwas auf den Boden kleckerte. Als ich die Tabletten aus der Packung in die Milch drückte, vergaß ich mitzuzählen. Mama sah mir zu. Mit dem Glas in der Hand lief ich ins Schlafzimmer. „Hier ist deine Milch, Papa", sagte

110 ich. Papa hing schief in den Kissen, und sein Schlafanzug war falsch zugeknöpft. Es sah unbequem aus.

„Wo willst du hin mit dem Rucksack?", fragte Papa, und das hatte mich noch niemand gefragt.

„Meinen ersten Achttausender besteigen", sagte ich.

115 Als wir im Trekking Guider-Jeep saßen und die Straße hinunterfuhren, schaute ich noch einmal zurück. Ich hatte das Licht in der Küche nicht ausgeschaltet. Und gerade, als ich zurückschaute, schob sich ein Schatten vor das erleuchtete Küchenfenster. Der Schatten füllte das erleuchtete Fensterviereck ganz aus. Es war ein sehr großer, sehr breiter, ein riesiger Schatten. Es war wie eine totale Sonnenfinsternis. Papa war aufge-

120 standen.

⤳ Überprüfe deinen inneren Monolog und deine Reflexion mithilfe des Beurteilungsbogens auf Seiten 107.

Alte und neue Wege | Schritt für Schritt

Schritt 1: Den Text und die Aufgaben verstehen

1 Lies die Erzählung „Mein erster Achttausender" auf Seite 98 bis 101.
- Achte besonders auf das Verhalten der Ich-Erzählerin und mache dir ihre Situation bewusst.
- Kläre unbekannte Begriffe aus dem Textzusammenhang oder nutze ein Wörterbuch.

→ Übersicht Operatoren Seite 120/121

2 Lies die Aufgabe 2 auf Seite 98. Formuliere die Teilaufgaben jeweils in eigenen Worten.

_____

_____

_____

_____

_____

_____

_____

_____

_____

_____

_____

_____

_____

3 Kreise ein, welche Kriterien zu einem inneren Monolog passen.

Wiederholungen, Gedanken kommen mehrfach auf ein Problem zurück

Ich-Form und im Präsens

rhetorische Fragen, Fragen an die eigene Person

kurzer, reihender Satzbau

Gedankensprünge, abbrechen von Gedanken

viele Fremdwörter

unvollständige Sätze

sachliche Aussagen

nur komplexe Sätze

keine Gefühle oder Empfindungen

Er-Form

4 Lies den Text auf Seite 98 bis 101 ein weiteres Mal. Bestimme die Handlungsschritte der Erzählung. Teile dazu den Text in Sinnabschnitte ein und notiere in kurzen Sätzen, worum es jeweils geht.

Abschnitt 1 (Zeile 1 bis ____): *Mutter kommt nachts von Asienreise zurück.*

_____

_____

_____

_____

_____

_____

5 Markiere wichtige Textstellen zu den drei Figuren. Verwende für jede Figur eine andere Farbe.

6 Überprüfe, ob du den Text verstanden hast. Beantworte dazu in Stichpunkten die folgenden Fragen.

🔆 Lies nochmal die entsprechenden Textstellen.

• Wie ist die Beziehung der Eltern? _____

_____

_____

• Wie ist das Verhältnis zwischen Vater und Tochter? _____

_____

_____

• Wie ist das Verhältnis zwischen Mutter und Tochter? _____

_____

_____

• Welche Bedeutung hat die Reisetätigkeit für die Mutter? _____

_____

_____

• Wie lebt der Vater? _____

_____

_____

• Was führt zur Entscheidung der Tochter, mit der Mutter mitzufahren? Was könnte dies für den Vater bedeuten?

_____

_____

_____

Schritt 2: Den inneren Monolog planen

1 Überlege, wie du deinen inneren Monolog gestalten möchtest. Unterscheide Anfang, Mittelteil und Schluss des inneren Monologs. Ergänze dazu den folgenden Schreibplan.

Schreibplan für den inneren Monolog

	Situation: Was passiert?	Gefühle und Gedanken
Hauptgedanken-gang	Die Ich-Erzählerin entscheidet sich spontan … Darin sieht sie eine Chance für … Gleichzeitig hofft sie auf …	Anfangs ist die Ich-Erzählerin sehr unsicher und … Widersprüchliche Gedanken … Schließlich steht sie aber hinter ihrer Entscheidung und …
Situation am Anfang • Warum verlässt die Ich-Erzählerin den Vater? • Warum fährt sie mit der Mutter?	Die Ich-Erzählerin verlässt …	Sie fühlt sich sehr unsicher, aber zugleich …
Situation im Mittelteil • Welche Vorkommnisse in der Vergangenheit beeinflussen Denken und Handeln der Ich-Erzählerin?	Die Ich-Erzählerin denkt an die Vorkommnisse der Vergangenheit, besonders an …	Ihre Gedanken sind widersprüchlich, weil sie … Sie empfindet ihrer Mutter gegenüber … Die Gedanken an ihren Vater sind bestimmt von … Sie denkt über ihren Alltag nach und möchte …
Situation am Ende • Wie sieht die Ich-Erzählerin die Zukunft ihres Vaters? • Wie sieht sie ihre eigene Zukunft?	Die Ich-Erzählerin steht zu ihrer Entscheidung, denn … Sie blickt in die Zukunft und …	Sie denkt, dass es so nicht weitergehen kann …

Schritt 3: Den inneren Monolog schreiben

 1 Verfasse mithilfe deines Schreibplans auf Seite 104 den inneren Monolog.
- Achte darauf, dass das Handeln der Ich-Erzählerin nachvollziehbar ist.
- Entwickle deine Gedanken folgerichtig und berücksichtige den Hauptgedankengang des Textes.
- Greife Textstellen auf, um deine Gedankengänge zu stützen.
- Achte darauf, dass deine Gedankengänge mit der Erzählung übereinstimmen und zu der Ich-Erzählerin passen.
- Stelle die Ängste und Hoffnungen der Ich-Erzählerin dar.
- Führe die Gedankengänge der Ich-Erzählerin zu einer wirklichen Entscheidung.

2 Überprüfe deinen inneren Monolog nun mithilfe der Checkliste. Überarbeite ihn gegebenenfalls.

Checkliste für innere Monologe	✓
Textbezug/Inhalt	
• Die Figur ist gut wiederzuerkennen.	
• Das Problem wird benannt.	
• Die Gefühle und Gedanken der Figur werden deutlich.	
• Der Textinhalt wird aufgegriffen.	
Aufbau	
• Die Ausgangssituation, in der sich die Figur befindet, wird genannt.	
• Im Mittelteil stehen widersprüchliche Gedanken und Gefühle im Vordergrund.	
• Am Ende wird eine abschließende Haltung der Figur verdeutlicht.	
• Eine klare Struktur ist erkennbar.	
Sprache/Form	
• Das Präsens wird verwendet, wenn nicht über Vergangenes erzählt wird.	
• Die Ich-Form wird eingehalten.	
• Eine der Figur angemessene Sprache wird verwendet.	

Schritt 4: Den inneren Monolog reflektieren

 Bei der Reflexion eines Schreibproduktes formuliert man wie bei einer Analyse eine Einleitung, einen Hauptteil und einen Schluss:
- In der Einleitung fasst man das Thema und den Inhalt des Textes kurz zusammen.
- Im Hauptteil kommentiert man den eigenen Text mit Bezug auf die Hauptaussagen der Erzählung. Zudem erklärt man, wie man den Text sprachlich gestaltet hat.
- Am Schluss beurteilt man, was im eigenen Text gut gelungen ist und was noch verbessert werden kann.

1 Sieh dir die folgende Tabelle an. Notiere für deine Reflexion Stichpunkte zur Einleitung, zum Hauptteil und zum Schluss.

Eine Reflexion verfassen

Abschnitt	Formulierungshilfen	Meine Stichpunkte
Einleitung	In meinem inneren Monolog geht es um … Es wird dargestellt, dass …	
Hauptteil Kommentieren des eigenen Textes mit Bezug auf die Hauptaussagen der Erzählung	In der Erzählung äußert sich die Ich-Erzählerin, dass … Dies wird in meinem Text dadurch deutlich, dass … In meinem inneren Monolog denkt die Ich-Erzählerin, dass …	
Begründung der Sprache und formalen Gestaltung	Der Sprachstil der Erzählung kann als … bezeichnet werden. Im inneren Monolog habe ich daher …	
Schluss/Fazit	Eine Schwierigkeit beim Schreiben bestand darin, dass … Insgesamt lässt sich sagen, dass …	

2 Formuliere nun mithilfe deiner Stichpunkte aus Aufgabe 1 eine Reflexion zu deinem inneren Monolog.

Schritt 5: Das eigene Schreibprodukt überarbeiten

1 Überprüfe deinen Text mithilfe des Lösungsheftes und des Beurteilungsbogens. Überarbeite ihn gegebenenfalls.

Du kannst deinen Text auch von einer Mitschülerin oder einem Mitschüler überprüfen lassen.

Beurteilungsbogen			
1. Inhaltliche Leistung			
Anforderungen Du …	☺	☹	**Wiederholung**
erstellst einen Schreibplan, in dem du das Konzept (Hauptgedankengang) und den Aufbau (Situation zu Beginn, im Mittelteil, am Ende) festhältst.			Schritt 2, S. 104, Aufg. 1
beachtest die sprachlichen Besonderheiten des inneren Monologs.			Schritt 1, S. 103, Aufg. 4–6
reflektierst die Situation der Vergangenheit. *Wichtig ist, dass der innere Monolog widersprüchliche Überlegungen einbezieht.*			Schritt 1, S. 103, Aufg. 6; Schritt 2, S. 104, Aufg. 1
formulierst nur Gedankengänge, die mit der Erzählung übereinstimmen.			Schritt 3, S. 105, Aufg. 1
formulierst so, dass die Gedankengänge der Ich-Erzählerin entsprechen, und ihre Entscheidungen für den Leser nachvollziehbar sind.			Schritt 3, S. 105, Aufg. 1
formulierst Gedankengänge, die sowohl die aktuelle als auch die zukünftige Situation beschreiben.			Schritt 3, S. 105, Aufg. 1
reflektierst dein eigenes Schreibprodukt, indem du: • begründest, wie du beim Schreiben vorgegangen bist. • belegst deine Aussage durch richtige und angemessene Textzitate. • kommentierst, worauf du beim Bearbeiten der Aufgabe besonders geachtet hast und inwieweit dir dies gelungen ist.			Schritt 4, S. 106, Aufg. 1–2
2. Darstellungsleistung			
Anforderungen Du …			
formulierst einen in sich geschlossenen, gedanklich klaren Text.			Kap. 9, S. 105
belegst deine Aussagen durch angemessene und richtige Textzitate.			Schritt 3, S. 105, Aufg. 1
formulierst die Sätze richtig und verständlich.			Kap. 9, S. 115
drückst dich präzise und abwechslungsreich aus.			Kap. 9, S. 116
schreibst sprachlich richtig (Rechtschreibung, Zeichensetzung, Grammatik).			Kap. 9, S. 116–117
Einschätzung gesamt			

2 Bearbeite die Beispielprüfung 2 auf Seite 108 bis 111. Achte dabei besonders auf die Schritte, die dir bislang noch nicht so gut gelungen sind.

1 Lies zunächst die Aufgabenstellung und den Text aufmerksam durch.

 2 Verfasse zu der Erzählung „Einhundertsiebenundachtzig Stufen" von Renate Welsh einen inneren Monolog.
- Formuliere aus der Sicht der Hauptfigur.
- Gehe vom Schluss der Erzählung aus und beziehe dich auf die vergangenen Geschehnisse. Die Hauptfigur steht nun oben an der Treppe, denkt über das Erlebte nach und stellt sich die Zukunft vor.
- Beachte, dass sich die Gedankengänge des inneren Monologs auf Textstellen beziehen und mit diesen inhaltlich übereinstimmen.
- Erstelle einen Schreibplan, in dem du den Hauptgedankengang und den Aufbau deines inneren Monologs planst.
- Schreibe in der Ich-Form und verwende das Präsens. Achte darauf, eine dem Erzähler angemessene Sprache zu verwenden.

 3 Reflektiere anschließend deinen inneren Monolog.
- Begründe, wie du beim Schreiben vorgegangen bist.
- Beziehe dich dabei auf wichtige Textstellen und Besonderheiten der Erzählung.
- Kommentiere, worauf du beim Bearbeiten der Aufgabe geachtet hast und inwieweit dir dies gelungen ist.

Renate Welsh

Einhundertsiebenundachtzig Stufen (Textauszug)

Die vierundneunzigste Stufe. Er hielt sich am Geländer fest und führte die Uhr nah an die Augen. Siebenundzwanzig Minuten hatte er gebraucht. Das war gar nicht schlecht. Gestern waren es zweiunddreißig gewesen. Er war auch nicht so sehr außer Atem wie sonst.

5 Er drehte sich um, lehnte sich an die Betonsäule und nahm die Brille ab. Die Gläser waren angelaufen.

Das Licht blendete ihn, obwohl die Sonne hinter einer Wolkenbank stand. Er schloss die Augen und versuchte, sich in Erinnerung zu rufen, wie der Hügel von hier abfiel bis hinunter zur Hauptstraße, wie die Bäume, die Sträucher, die Häuser aussahen.

10 Es gelang ihm nicht mehr ganz. Manche Einzelheiten waren verloren. Hatten die Balkone an dem großen gelben Haus unten schmiedeeiserne Gitter oder eine gemauerte Brüstung? Er setzte die Brille wieder auf und starrte angestrengt – mit gerunzelter Stirn – hinunter. Das Haus blieb ein gelber Fleck. Ein gelber Fleck neben einem grauen Fleck, mit unregelmäßigen grünen Flecken davor.

15 Er wusste, dass die grünen Flecke Bäume waren. Er wusste, dass der graue Fleck das Haus war, das gebaut worden war, als er zum ersten Mal im Krankenhaus lag. Damals hatte er den grauen Kran noch sehen können, mit allen Verstrebungen.

Plötzlich sah er einen blauen Schmetterling. Sah die vier Flügel, sah die zitternden Fühler.

20 Hin und wieder kam es immer noch vor, dass er etwas klar und deutlich erkannte. Wie früher. Nein, viel schärfer als früher, kupferstichgenau vor verschwommenem Hintergrund. Er wusste nur nicht, ob ihn die Erinnerung narrte; ob er sah – mit den Augen sah – oder ob sein Gehirn aus einem Farbschatten ein Bild machte. Es war

1 Blindenschrift

25 nicht überprüfbar. Er hatte lange nichts gesehen, das er nicht schon früher gesehen hatte, hunderte Male gesehen hatte, in der Zeit vor der Krankheit.
Er machte sich wieder auf den Weg.
Rechtes Bein, linkes Bein nachziehen, Atemholen. Weiter. Rechtes Bein, linkes Bein nachziehen, Atemholen.

30 Bei jeder dritten oder vierten Stufe musste er nachhelfen, den Oberschenkel mit den Händen fassen, das Bein hochheben. Er schwitzte, vor allem am Brillenrand und auf der Oberlippe. Seine Tasche schnitt von Stufe zu Stufe mehr in seine Schulter ein. Der Kassettenrecorder war eben doch schwer.
Hoffentlich waren die Bänder überhaupt zu brauchen.

35 Er musste den Recorder immer in die Bank stellen. Der Direktor hatte gesagt, er verstehe zwar die Schwierigkeit seiner Lage, aber es sei nun einmal nicht erlaubt, die Schulstunden auf Band mitzuschneiden.
Trotzdem tat er es. Wie sollte er sonst lernen?
Der Direktor hatte leicht reden. Wenn der ein Buch öffnete, sah er eine bedruckte
40 Seite vor sich, mit sinnvollen Zeichen. Die Mutter meinte, er solle Braille[1] lernen.
Sicher hatte sie recht. Aber er konnte sich nicht dazu entschließen, Blindenschrift zu lernen. An guten Tagen konnte er seine Notizen lesen, mit rotem Filzstift auf große Blätter geschrieben. Und wer sagte denn, dass die Krankheit ihm nicht auch bald das Gefühl in den Fingerspitzen nehmen würde? So wie sie ihm die Kraft in den Beinen
45 genommen hatte. Und den Dingen die Schärfe?
Die Ärzte behaupteten zwar, das sei nicht wahrscheinlich. Aber die Ärzte hatten schon viel behauptet, vor allem am Anfang. Bevor alles so endgültig wurde.
Es tue ihm leid, hatte der Direktor gesagt. Aufrichtig leid. Aber wenn man einmal eine Ausnahme mache, dann sei kein Ende abzusehen.
50 Er hörte Schritte hinter sich. Ein Mädchen ging vorbei. Ihr grüner Rock flatterte, streifte ihn fast. Ein ganz leichter Sandelholzduft traf ihn. Als er ihn einatmen wollte, war er schon verweht. Ein paar Stufen höher zögerte das Mädchen, dann lief es weiter. Klapperte einen Rhythmus auf die Stufen. Er war froh, dass sie weiterging. Auf diese mitleidigen Blicke konnte er verzichten. Aus diesem Grund wartete er oft zwei
55 Straßenbahnen ab. Er wollte nicht, dass ihm jemand zuschaute, wenn er mühselig einstieg. Und die Leute, die ihm zu helfen versuchten, machten es oft noch schwieriger.
Das Mädchen war nur mehr ein grüner Schatten, verhallende Tritte. Regelmäßig wie Trommelschläge. Jetzt bog sie in den Kiesweg ein, der zur Straße hinaufführte. Der →

60 Kies knirschte anders als unter seinen eigenen Schritten. Fröhlicher. *Knirschen* und *fröhlich* passte eigentlich gar nicht zusammen.

Aber wie sollte man das sonst bezeichnen, dieses leichte Abrollen, diese Geräusch von Kiesel, der auf Kiesel traf?

Es war im letzten Jahr für ihn immer wichtiger geworden, Dinge, Stimmungen, Erfah-
65 rungen zu benennen. Möglichst genau festzuhalten. Je enger der Kreis wurde, in dem er sich bewegen konnte, um so stärker wurde dieses Bedürfnis. Gleichzeitig wurde es immer schwieriger, gerade weil in dieser Enge auch die kleinsten Unterschiede ihre Bedeutung hatten.

Es kam ihm vor, als lebe er in einem Wassertropfen und betrachte diesen Wassertrop-
70 fen gleichzeitig durch ein starkes Mikroskop. Er wusste, dass die Enge von heute noch nicht die endgültige war, dass seine Welt immer weiter schrumpfen würde.

Er stieg weiter.

Eine Stufe, nächste Stufe. Plötzlich ging es nicht mehr. Er packte den linken Oberschenkel und hob das Bein mit großer Anstrengung hoch, verlor das Gleichgewicht
75 und musste sich am Geländer festhalten. Durchatmen, tief durchatmen, bis die Bauchdecke zittert. Nochmals durchatmen.

Vor zwei Monaten hatte er zum letzten Mal versucht, sich die Pulsadern durchzu-
schneiden. Er verzog den Mund. Die Haut hatte er geritzt! Zugesehen hatte er, wie das Blut tropfte. Bis seine Mutter hereingekommen war. Sie hatte nicht geschrien, sie
80 hatte nicht gefragt: „Wie kannst du mir das antun?" Sie hatte nicht einmal geweint. Er war ihr dankbar dafür. Andere Mütter taten das. Er hatte es selbst gehört, als er nach dem ersten Versuch in der psychiatrischen Klinik lag. Die Mutter hatte ihm die Hand verbunden und den Arzt gerufen, der verstand, dass er nicht in die Klinik wollte. Den, der ihm nie Märchen erzählt hatte. Als die Wunden abheilten, juckten sie
85 sehr.

Schon fast drei Uhr. Er hatte Hunger. Die zweite Hälfte der langen Treppe war immer die schwierigere. Trotzdem war er froh, dass die Eltern den Plan aufgegeben hatten, seinetwegen nach unten zu ziehen. Seine ersten Erinnerungen hingen mit dieser Treppe zusammen.

90 Seinen Großvater, der ihn an der Hand führte, sah er überhaupt nur auf dieser Treppe, hoch über sich. Er hatte den Kopf in den Nacken legen müssen, um Großvaters Gesicht zu sehen. Er hörte die tiefe Stimme, die ihm – eins, zwei, eins, zwei – die Stufen erklettern half. Die Geduld, die der Großvater für ihn aufgebracht hatte!

Er sah sich und seinen Freund Hannes von diesen Stufen herunterspringen. Hannes
95 hatte sechs geschafft, er selbst hatte es nur bis zu fünf gebracht. Auf dieser Treppe war Jerusalem erobert worden. Und Fort Washington.

Er konnte sich noch genau erinnern, wie er hinaufgerannt war, in vollem Kriegs-
schmuck.

Heute war eigentlich ein guter Tag. Nicht nur, weil er den blauen Schmetterling gese-
100 hen hatte.

Konrad hatte gesagt: „Sei nicht so blöd."

Komisch, dass das als Lichtblick zählte.

Oder doch nicht komisch.

Es zeigte an, dass Konrad aufgehört hatte, ihn mit dieser ausgesuchten Rücksicht-
105 nahme zu behandeln, die vor Mitleid triefte. Er hasste Mitleid. Es nahm ihm den letz-
ten Rest von Selbstachtung. Dieses Mitleid, dass ihm immer zu sagen schien: „Herr, ich danke dir, dass ich nicht so bin wie jener."

Pharisäermitleid[2].

Eine von den vielen Möglichkeiten, die die anderen hatten, sich die Krankheit, die
110 Angst, die Verzweiflung vom Leib zu halten.

Die Feuerzange, mit der sie ihn anfassten.

2 hier: hochmutige, heuchlerische Person

Als ob er nicht schon eingemauert wäre durch seine Krankheit! Mussten sie mit ihrem Mitleid eine weitere Mauer rund um ihn bauen, noch eine Trennwand zwischen sich und ihn?

115 Aber es gab ja gar keinen Anlass, wütend zu werden. Keinen Grund für Knoten im Hals. Konrad hatte gesagt: „Sei nicht so blöd." Genau wie er es zu allen anderen sagte, wenn er sich ärgerte.

Er stieg ein paar Stufen fast ohne Schwierigkeiten hoch, musste nur kurz Luft schnappen, wenn er das zweite Bein nachgezogen hatte.

120 Ein leichter Wind wehte vom Hügel herunter, gesättigt mit dem Duft von frisch geschnittenem Gras.

4 Überarbeite deinen Text mithilfe des Beurteilungsbogens.

Beurteilungsbogen

1. Inhaltliche Leistung

Anforderungen Du …	☺	☹	Anmerkungen
erstellst einen Schreibplan, in dem du das Konzept (Hauptgedankengang) und den Aufbau (Situation zu Beginn, im Mittelteil, am Ende) festhältst.			
beachtest die sprachlichen Besonderheiten des inneren Monologs.			
reflektierst die Situation der Vergangenheit. *Wichtig ist, dass der innere Monolog widersprüchliche Überlegungen einbezieht.*			
formulierst nur Gedankengänge, die mit der Erzählung übereinstimmen.			
formulierst so, dass die Gedankengänge der Hauptfigur entsprechen, und ihre Entscheidungen für den Leser nachvollziehbar sind.			
formulierst Gedankengänge, die sowohl die aktuelle als auch die zukünftige Situation beschreiben.			
reflektierst dein eigenes Schreibprodukt, indem du: • begründest, wie du beim Schreiben vorgegangen bist. • belegst deine Aussagen durch richtige und angemessene Textzitate. • kommentierst, worauf du beim Bearbeiten der Aufgabe besonders geachtet hast und inwieweit dir dies gelungen ist.			

2. Darstellungsleistung

Anforderungen Du …			
formulierst einen in sich geschlossenen, gedanklich klaren Text.			
belegst deine Aussagen durch angemessene und richtige Textzitate.			
formulierst die Sätze richtig und verständlich.			
drückst dich präzise und abwechslungsreich aus.			
schreibst sprachlich richtig (Rechtschreibung, Zeichensetzung, Grammatik).			
Einschätzung gesamt			

→ Kapitel 9
Seite 112–119

Richtig! | Fehler erkennen und verbessern

Korrekturzeichen richtig verwenden

Mithilfe einer Überarbeitung kannst du Fehler verbessern und einem möglichen Punktverlust vorbeugen. Bei der Korrektur von Klassenarbeiten oder Abschlussarbeiten verwendet man die folgenden Korrekturzeichen.

Zeichen	Bedeutung	Beispiel
A	Ausdruck	Die Hauptfigur des Romans ist absolute Bombe.
Gr	Grammatikfehler	In dem Textausschnitt beschreibt der Ich-Erzähler ein Konflikt zwischen seinen Eltern.
R	Rechtschreibfehler	Der Erzähler stellt den Handlungsablauf chronologisch da.
Sb	Satzbaufehler	Dieses Argument wird von Experten der Universität Trier, die mit tausend Personen eine Umfrage durchführten, maßgeblich.
St	falsche Satzstellung	Dürfen Schülerinnen und Schüler ihr Handy im Unterricht benutzen, lernen sie einen Umgang mit den neuen Medien sinnvoll.
T	Tempus	Bevor die Tür schloss, verließ er den Raum.
W	Wortwahl, Wiederholung	Das Beispiel unterstreicht das Argument und veranschaulicht das Argument.
Z	Zeichensetzung	Ich bin der Ansicht dass dieses Argument sehr gewichtig ist.

1 Ordne den Kriterien aus dem folgenden Beurteilungsbogen das passende Korrekturzeichen zu.

Du ...	Korrekturkürzel
formulierst die Sätze richtig und verständlich.	A
drückst dich präzise und abwechslungsreich aus.	
schreibst sprachlich richtig.	

Jedes Korrekturzeichen muss einmal – nur „R" zweimal – verwendet werden.

2 In dem folgenden Schülertext wurden die Fehler schon gekennzeichnet. Schreibe in die Randspalte das entsprechende Korrekturzeichen.

Schon seid einiger Zeit wird an Schulen über die Einführung einer Kleiderordnung gesprochen. Dabei spricht man nicht mehr über die klassische Schuluniform, die durch die Schulwelt „geisterte" noch vor Jahren. Vielmehr ging es um Kleiderregeln wie das Verbot von Jogginghosen oder Bauchnabel-freien Oberteilen. Viele wünschen sich das die Schülerinnen und Schüler picobello gekleidet zur Schule kommen. Doch andere, dass jeder frei entscheiden kann, was man trägt.

3 Schreibe den Text aus Aufgabe 2 noch einmal verbessert auf.

_____

_____

_____

_____

_____

_____

_____

_____

_____

_____

_____

_____

_____

_____

_____

_____

Einen Text sprachlich und stilistisch überarbeiten

 Texte sind nie auf Anhieb perfekt. Sie sollten überarbeitet werden, wenn die Zeit dafür reicht. Das ESAU-Verfahren eignet sich für die Korrektur von Sätzen und den sprachlichen Ausdruck.

E Ergänzen (erweitern, hinzufügen)	**S** Streichen (weglassen)	**A** Austauschen (an die Stelle etwas anderes setzen)	**U** Umstellen (verschieben, vertauschen)
• fehlende Wörter (Sb) • Satzglieder (Sb) • Nebensätze und Sätze (Sb)	• überflüssige Wörter (A) • Satzglieder (Sb) • Nebensätze (Sb)	• nicht passende Wörter (A/W) • Satzglieder (Sb) • Nebensätze (Sb)	• unstimmige Reihenfolge der Wörter (St) • Satzglieder (Sb) • Nebensätze (Sb)

Beispiel:
Experten behaupten,
ₗ_die_ₗ
dass ̶s̶i̶n̶n̶v̶o̶l̶l̶e̶ ̶A̶n̶-
wendung von PCs im
Unterricht zu einer
gezielteren Nutzung
im privaten Bereich
führt.
	Beispiel:
	Die Hauptfigur im Ro-
	man hat keine richtigen
	_F̶r̶e̶u̶n̶d̶e̶,̶ ̶s̶i̶e̶ ̶h̶a̶t̶ ̶n̶u̶r̶_
	ihren Hund, dem sie viel
	Zeit widmet.
		Beispiel:
		Nachdem der Prota-
		gonist in dem ersten
		_̶K̶a̶p̶i̶t̶e̶l̶ ̶s̶e̶i̶n̶e̶r̶ ̶M̶u̶t̶t̶e̶r̶_
		alles erzählt,
		teilt
		̶e̶r̶z̶ä̶h̶l̶t̶ diese am
		ₗ_das Geschehene mit_ₗ
		Abend dem Vater.
			Beispiel:
			   1
			Mit der Metapher
			  3 2
			die Situation wird
			   4
			verdeutlicht.

1 Sieh dir eine deiner Prüfungen aus diesem Arbeitsheft an. Wie musst du die Fehler verbessern? Suche dir jeweils ein Beispiel für jedes Verfahren heraus und notiere es, z. B.:

Streichen: *Zuerst kommt die Hauptfigur in den Raum und dann ~~kommt~~ seine Mutter.*

Ergänzen: _____

_____

Streichen: _____

_____

Austauschen: _____

_____

Umstellen: _____

_____

 Bei der Korrektur eines Textes nimmt man sich für jeden Korrekturdurchgang eine bestimmte Fehlerquelle vor. Eine Möglichkeit ist die Korrektur in drei Schritten:
- Schritt 1: Sätze richtig und verständlich formulieren
- Schritt 2: Sich präzise und abwechslungsreich ausdrücken
- Schritt 3: Sprachlich richtig schreiben

2 Verbessere nun die folgenden Beispielsätze mithilfe des ESAU-Verfahrens.

Fehlerhafter Satz	ESAU	Korrektur
Die Hauptfigur des Romans ist absolute Bombe.	A	Die Hauptfigur des Romans ist sehr sympathisch.
Dieses Argument wird von Experten der Universität Trier, die mit tausend Personen eine Umfrage durchführten, maßgeblich.		
Dürfen Schülerinnen und Schüler ihr Handy im Rahmen des Unterrichtes benutzen, lernen sie einen Umgang mit den neuen Medien sinnvoll.		
Das Beispiel unterstreicht das Argument und veranschaulicht das Argument.		

Sätze richtig und verständlich formulieren

 Schreibe in deinen Texten kurze Sätze. Wechsele zwischen Hauptsätzen und übersichtlichen Satzgefügen. Vermeide es, immer den gleichen Satzbau zu verwenden.

Achte bei der Korrektur auch auf zu lange Sätze und versuche sie zu kürzen.

1 Verbessere nun den folgenden Text. Markiere die Fehler. Schreibe das Korrekturzeichen an den Rand. Wende das ESAU-Verfahren an. Schreibe die Sätze verbessert auf die Schreibzeile darunter.

Fehlertext	Anmerkungen
¹ ³ ² ⁴ Bei einer Untersuchung 12- bis 19-Jähriger zum Medienverhalten fragte nach ihren _Bei einer Untersuchung zum Medienverhalten 12- bis 19-Jähriger fragte man 1204_ ⁷ ⁵ ⁶ Lieblingssendungen man 1204 weibliche und männliche Jugendliche. _weibliche und männliche Jugendliche nach ihren Lieblingssendungen._	St → Umstellen

Die Befragten durften dabei drei Angaben machen aus vorgegeben Sendeformaten

_____

machen. Vorgegebene Sendeformate z. B. Comics/Zeichentrick, Krimis, Daily Soaps

_____

usw., eigene konnten die Teilnehmer der Studie nicht machen. Die am meist-

_____

genannten Sendeformate waren Comics/Zeichentrickserien, Krimis/Mystery,

_____

Daily Soaps, Info/Nachrichten, Sitcom/Comedy und Serien, waren die, die am

_____

meisten genannt wurden. Das Ergebnis zeigte große Unterschiede in den

_____

geschlechterspezifischen Fernsehgewohnheiten, 63 % der männlichen Befragten

_____

gaben an, am liebsten Comics/Zeichentrickserien zu schauen, Rang zwei in

_____

der Lieblingsskala nahmen Sitcoms und Comedys ein, während die weiblichen

_____

Fernsehschauer das Gerät eher einschalten, um Daily Soaps (64 %) zu schauen

_____

oder auch Krimis und Mystery (41 %).

_____

Sich präzise und abwechslungsreich ausdrücken

 Wortwiederholungen, Umgangssprache sowie unpassende Wörter und Ausdrücke sollten vermieden werden. Lies jeden Satz in der Verbindung zu seinen Nachbarsätzen und achte auf unterschiedliche Satzanfänge, Satzbau und Wortwiederholungen. Prüfe, ob der Text verständlich ist und das ausdrückt, was gemeint ist.

1 Verbessere den folgenden Fehlertext im Hinblick auf seinen sprachlichen Ausdruck.

Fehlertext	Anmerkungen
Die Kurzgeschichte „Der Ernst des Lebens" von Peter	
Weiss thematisiert einen alltäglichen Konflikt zwischen	
einem Jugendlichen und seinen Eltern. Die Eltern	
nerven ihren Sohn nahezu täglich mit den Forderungen	
nach mehr Einsatz in der Schule und konkreten Plänen	
für seine berufliche Zukunft. Doch sie erreichen das	
genaue Gegenteil, denn der Jugendliche reagiert	
genervt. Die Wünsche des Jungen kennen die Eltern	
nicht, denn er wird nicht gefragt.	

Sprachlich richtig schreiben

 Um Fehler in der Grammatik (Gr), Rechtschreibung (R) und Zeichensetzung (Z) zu erkennen, solltest du Wortgruppen und Wörter einzeln betrachten.

1 Verbessere im folgenden Text die Zeichensetzungs-, Grammatik- und Rechtschreibfehler.
- Beachte dazu die Regeln in der Randspalte.
- Verwende die Korrekturzeichen von Seite 112 und schreibe die richtige Variante in die Zeile darunter.

Fehlertext	Anmerkungen	Regeln
Die Termine für Abschlussprüfungen stehen		
schon sehr früh fest und man kann sich		Satzverbindungen in Satzreihen oder Satzgefügen werden durch ein Komma voneinander getrennt.
langfristi<u>k</u> darauf vorbereiten. Um die Zeit *langfristig*	R	
gut zu nutzen ist es empfehlenswert sich		
einen Lernplan zu machen. Die prüfung für		Verben und Adjektive können zu Nomen/Substantiven werden. Man erkennt sie an den Nomensignalen.
das Fach Deutsch, ist ganz durch strukturiert		
denn für jeden Prüfungsteil gibt es genaue		
Vorgaben. Schreibe Probearbeiten und über-		
prüfe, ob die zur verfügung stehenden Zeiten		Die Konjunktion „dass" steht nach Verben des Meinens, Sagens, Denkens und Wahrnehmens.
ausreichen. Denke daran, das du dir aus-		
reichend Zeit lässt, um deinen Text zu über-		
arbeiten! Endscheide, wo du Zeit einspahren		
musst damit dein Zeitmanagement in der		Wörter mit den Suffixen -heit, -keit, -nis, -ung, -tum und -schaft werden groß geschrieben.
Abschlussprüfung passt. Wenn man gut vor-		
bereitet ist, ist das wichtigste, das man die		
Ruhe bewahrt. Im Fach Deutsch, dass meist		
als erstes geprüft wird wird dir so nichts		Das Relativpronomen „das" kann durch „dieses", „jenes" oder „welches" ersetzt werden
passieren.		

Individuelle Fehlerarten erkennen

 Es gibt Fehlerarten, die man häufiger macht. Wenn du diese Fehlerquelle kennst, kannst du deine Texte speziell auf diese hin überarbeiten. Die Konzentration darauf bewirkt, dass du die Fehler schneller entdeckt.

1 Untersuche deine letzte Klassenarbeit oder eine Prüfung aus diesem Heft.
- Notiere, wie häufig die in der Tabelle genannten Fehlerarten vorkommen.
- Markiere anschließend deine häufigste Fehlerart und achte bei kommenden Prüfungen besonders darauf.

Fehlerart	Tipps	Häufigkeit
Groß- und Kleinschreibung	• auf die Nomensignale achten • auf die Nachsilben achten	
Fremdwörter	• im Wörterbuch nachschlagen	
Getrennt- und Zusammenschreibung	• die beteiligten Wortarten und die entsprechenden Regeln nachschauen • im Wörterbuch nachschlagen	
Gleich und ähnlich klingende Laute (d/t, g/k, v/f, ä/e, äu/eu)	• verlängern (d/t, g/k) • ableiten (e/ä, eu/äu) • Wortverwandtschaft mit „Ende" (ent-/end-) • merken: Vorsilbe „ver-" (v/f), (end-/ent-), (wieder/wider) • im Wörterbuch nachschlagen	
s-Laute	• kurze Vokale beachten (ss) • langen Vokal/Diphtong beachten (ß) • stimmhafte Aussprache beachten (s)/ am Wortende verlängern	
das – dass	• durch „welches, dieses, jenes" ersetzen (das) • steht nach Verben des Meinens, Sagens, Denkens, Wahrnehmens (dass)	
Kommasetzung	• Konjunktion beachten (Satzreihe) • Konjunktionen und Verbstellung beachten (Satzgefüge) • „um/anstatt zu + Infinitiv" beachten (Infinitivsatz)	

Die Korrekturschritte anwenden

1 Überarbeite den folgenden Text mithilfe der auf Seite 112 bis 118 erlernten Schritte.

Fehlertext	Anmerkungen
Liebe Mittschülerinnen und Mittschüler, an unserer Schule sind Handys verboten und so steht es in unserer Schulordnung. Einfach das zu schlucken war das für viele von uns nicht und oftmals wurde die Benutzung von Handys zum Punching-ball zwischen der Schüler- und der Lehrerschaft. Jetzt aber wird eben diese Schul-ordnung überarbeitet und damit ein Anlass geboten über das strikte Handy-Verbot an unserer Schule nochmals nachzudenken. Ich bin der Ansicht, das dass gene-relle Verbieten der Handynutzung auf dem ganzen Schulgelände so nicht zu hal-ten ist. Ich bin der Ansicht, dass man stattdessen über praktikablere und hippere Regelung nachdenken sollte. Eine eingeschrenkte Nutzung des Handys hätte den Vorteil, dass es disbezüglich weniger zu Problemen zwischen Schülern und Lehrern kommt, da der Reitz des verbotenen wegfiele. Wer von uns freut sich nicht, wenn es ihm wieder mal gelungen ist, das Handy so gut zu verstecken und versteckt zu bedienen, es der jeweilige Lehrer dass nicht mitbekommt. Was ver-boten, möchte man ja unbedingt checken, wenn es nicht so etwas Besonderes wäre wäre es ja nicht verboten. Private Kommunikation muss im laufenden Unter-richt aber natürlich verboten bleiben.	

Übersicht Operatoren

Operatoren	Definitionen	AFB[1]
analysieren/ untersuchen	formale und inhaltliche Aspekte eines Textganzen oder eines Zusammenhangs unter aspektgeleiteten Fragestellungen herausarbeiten und die jeweiligen Wechselbeziehungen strukturiert und systematisiert darstellen	◖
anwenden	einen bekannten Sachverhalt oder eine bekannte Methode auf eine neue Problemstellung beziehen und zu deren Lösung nutzen	◖
auswerten	Informationen aus vorgegebenen Materialien gewinnen und zielgerichtet verarbeiten	◖
begründen	Positionen, Auffassungen, Urteile usw. bestimmen, argumentativ herleiten und durch Argumente stützen	◖
(be-) nennen	Gegenständen oder Sachverhalten Bezeichnungen zuordnen; Begriffe und Sachverhalte aufzählen	○
beschreiben	Personen, Situationen, Vorgänge, Sachverhalte oder Zusammenhänge (strukturiert, nicht wertend) mit eigenen Worten darstellen	○
bestimmen	Sachverhalte und Inhalte prägnant und nach festgelegten Kriterien feststellen	○
beurteilen/bewerten	Textinhalte und Textgestaltungen, Sachverhalte, Aussagen, Maßnahmen, Lösungen, usw. reflektieren und prüfen und unter Verwendung von Wissen, Methoden und Maßstäben eine eigene begründete Position vertreten	●
darstellen/darlegen	Zusammenhänge, Probleme usw. unter einer bestimmten Fragestellung strukturiert, sachbezogen und neutral wiedergeben	○ ◖
diskutieren	sich argumentativ mit einem Thema, einer Frage, einem Problem auseinandersetzen	●
einordnen	einen Sachverhalt oder eine Aussage in einen Gesamtzusammenhang stellen	◖
entnehmen	Informationen aus einem Text herausziehen	○
erkennen	durch Nachdenken und Untersuchen Voraussetzungen, Zusammenhänge, Bedeutungen usw. erfassen und einordnen	●
erklären	einen Sachverhalt in einen Begründungszusammenhang stellen	◖
erläutern	einen Sachverhalt veranschaulichen, verdeutlichen; etwas verständlich machen	◖
formulieren	ein Ergebnis, einen Standpunkt, einen Eindruck knapp und präzise zum Ausdruck bringen	○
gestalten	Ergebnisse, Medien- und Textprodukte oder szenisches Spiel eigenständig-kreativ inhaltlich und sprachlich erarbeiten	◖ ●
gliedern	ein vorgegebenes Ganzes unter bestimmten Aspekten strukturieren und systematisierend, gleichgeordnet und/oder abstufend in seinen Teilen darstellen	◖
klären	Verhaltensweisen, Positionen, Situationen usw. differenziert betrachten, ergründen, verdeutlichen; gegebenenfalls Lösungen erarbeiten	◖
kommentieren	einen Sachverhalt kritisch erläutern und bewerten	●
nutzen	Informationen aus unterschiedlichen Quellen/Texten zielgerichtet verwenden	○
planen	einen Arbeitsprozess vorausschauend und ergebnisorientiert in einzelne, klar umrissene und funktionale Handlungsschritte zerlegen	◖
präsentieren	vorbereitete Informationen zu einem Thema strukturiert, mediengestützt und adressatengerecht vortragen	◖
prüfen	Aussagen, Behauptungen usw. auf ihre Schlüssigkeit, Gültigkeit und Berechtigung hin betrachten und bewerten	●

1 Anforderungsbereiche

Operatoren	Definitionen	AFB[1]
reflektieren	Sachverhalte, Argumente und Positionen anhand eigener oder vorgegebener Kriterien prüfen und abwägen	●
überarbeiten	ein eigenes oder fremdes Produkt analysieren bzw. diskutieren und mit Qualitätsgewinn weiterentwickeln	●
unterscheiden	Unterschiede, Ähnlichkeiten und Gemeinsamkeiten ermitteln	◐
vergleichen	Gemeinsames und Unterschiedliches herausarbeiten und gegenüberstellen; gewichtend ein Ergebnis formulieren	◐
visualisieren	inhaltliche Zusammenhänge und Gliederungen in Bildern und Strukturen sichtbar machen	◐
wiedergeben	wesentliche Informationen oder einen Argumentationsgang strukturiert zusammenfassen	○
zeigen/aufzeigen	Sachverhalte, Textinhalte und/oder Textformen sachbezogen, teils beschreibend, teils analysierend darlegen	○
zusammenfassen	Inhalte und Zusammenhänge von Quellen (Texte, Medien) sachbezogen, strukturiert, verdichtet und auf das Wesentliche ausgerichtet wiedergeben	○

Übersicht Textsorten

Epische Textsorten		
Textsorte	**Beschreibung**	**Beispiel**
Fabel	Kurze Geschichte, in der meist Tiere auftreten, die wie Menschen handeln und sprechen. Die Tiere verkörpern typische menschliche Eigenschaften und Verhaltensweisen. Sie stehen sich meist als Spieler und Gegenspieler gegenüber. Fabeln wollen an Tierbeispielen belehren und manchmal menschliche Schwächen bloßstellen. Typischer Aufbau: Ausgangssituation, Handlung, Gegenhandlung, Lösung, Moral.	*Der Fuchs und der Rabe (nach Äsop)*
Heldensage	Erzählt bedeutende Ereignisse aus der frühen Geschichte der Völker (z. B. griech., german., kelt.); erst mündlich oder in Liedern überliefert, später als umfangreiche Epen aufgeschrieben; Sagen von gleichen Figuren oder Ereignissen bilden Sagenkreise (z. B. Ilias, Odysseus, Artus, …)	*Sigfrid und Kriemhild*
Kurzgeschichte	Kurze Erzählung; Handlung ist ein Ausschnitt eines Geschehens mit unmittelbarem Anfang und offenem Ende. Eigenschaften der Kurzgeschichte: • Alltagspersonen und Alltagssituationen • nur wesentliche Handlungsschritte werden dargestellt • unerwartete Wendung • offener Beginn und offener Schluss • Hauptperson wird mit krisenhafter Situation konfrontiert • Sprachliche Besonderheiten: kurze, unvollständige Sätze, Wiederholungen und Umgangssprache	W. Borchert: *Nachts schlafen die Ratten doch.*
Märchen	Mündlich überlieferte volkstümliche Erzählung, die durch die Aufhebung der Realität gekennzeichnet ist. Im Mittelpunkt steht der Kampf zwischen einem positiven Helden, der gegenüber dem Bösen zunächst benachteiligt ist, dann jedoch den Kampf gegen den Bösen gewinnt und schließlich belohnt wird. Oft werden formelhafte Sprüche und symbolträchtige Zahlen im Text verwendet.	Gebrüder Grimm: *Hänsel und Gretel*

Epische Textsorten

Textsorte	Beschreibung	Beispiel
Novelle	Form der Erzählung, die durch den straffen, auf ein Ereignis hinzielenden Aufbau und die Verwendung dramatischer Elemente gekennzeichnet ist. Eine längere Erzählung, bei der ein neues, unerwartetes Ereignis im Mittelpunkt steht; meist mit nur einem Handlungsstrang sowie mit Höhe- und Wendepunkt.	G. Hauptmann: *Bahnwärter Thiel*
Parabel	Kurze, lehrhafte Erzählung, die vom Leser auf eine andere Bedeutungsebene übertragen werden muss.	G. E. Lessing: *Ringparabel*
Roman	Komplexer, aus mehreren Erzählsträngen bestehender, epischer Text.	J. Gaarder: *Das Orangenmädchen*
Satire	Text, der in Absicht der Verspottung einer Person, Institution oder einer Sache geschrieben worden ist. Die Satire macht den Gegensatz von Ideal und Wirklichkeit deutlich. Um dies zu erreichen, nutzt sie Übertreibungen und Verzerrungen, die wiederum zum Nachdenken anregen und ein Überdenken der Handlungsweise anregen sollen. Eigenschaften der Satire: • Ironie • Übertreibungen • Verspottungen • Wortspiele	K. Tucholsky: *Herr Wendriner erzieht seine Kinder*

Dramatische Textsorten

Textsorte	Beschreibung	Beispiel
Komödie	Lustspiel, in dem menschliche Schwächen dargestellt werden und das mit einem Happy End abschließt.	H. von Kleist: *Der zerbrochene Krug*
Tragödie	Form des Dramas, in der ein Konflikt dargestellt wird, der schließlich zu einer Katastrophe und zum Untergang des Helden führt. Der dramatische Konflikt erwächst entweder aus unterschiedlichen Absichten der Figuren oder aus inneren Konfliktsituationen einer Figur; traditionelle Dramen beginnen mit der Entstehung des dramatischen Konflikts bzw. mit seiner Vorgeschichte; der dramatische Konflikt bestimmt die Handlung; die Handlung führt über den Höhepunkt/Wendepunkt am Ende zur Auflösung des Konflikts. • offene Form: Lehnt die Reglementierung der geschlossenen Form des Dramas ab. Es gibt eine Vielzahl an Schauplätzen, Zeitpunkten, Figuren und Redestilen • geschlossene Form: Anlehnung eines Dramas an das sog. Regeldrama (= 5 Akte) **Traditioneller Aufbau der Tragödie:** 1. Akt: **Exposition** – Einführung in Schauplatz, Zeit, Hauptfiguren, Ausgangssituation 2. Akt: **steigende Handlung** – Steigerung des dramatischen Konflikts 3. Akt: **Höhepunkt** – Umschlagen der Handlung hin zum Ende (Katastrophe, Peripetie) 4. Akt: **fallende Handlung** – Verzögerung des Ausgangs der Handlung (retardierendes Moment) 5. Akt: **Schluss** – Lösung des dramatischen Konflikts durch Katastrophe	F. Schiller: *Kabale und Liebe*
Tragische Komödie	Form des Dramas, bei dem die Merkmale von Tragödie und Komödie vermischt sind	F. Dürrenmatt: *Der Besuch der alten Dame*

Lyrische Textsorten

Textsorte	Beschreibung	Beispiel
Ballade	Längeres Gedicht, das eine Geschichte erzählt und lyrische, epische und dramatische Elemente enthält. Im Mittelpunkt steht häufig ein Held, der sich in einem tragischen Ereignis bewährt.	J. W. von Goethe: *Der Zauberlehrling*
Elegie	Gedicht, das traurige, klagende Themen zum Inhalt hat. Darin überwiegt eine sehnsüchtige, schwermütige Grundstimmung.	F. Schiller: *Der Spaziergang*
Elfchen	Ein kurzes Gedicht, das aus elf Wörtern besteht, die auf fünf Zeilen verteilt sind.	*Unheimlich* *die Hexen* *sie reiten nachts* *ich sehe Zauberstäbe* *zur Walpurgisnacht.*
Haiku	Japanisches Kurzgedicht, das aus drei Versen zu je 5–7–5 Silben besteht. Meist wird ein konkretes Bild aus der Natur als einmaliges Ereignis dargestellt, das einen Bezug zur Jahreszeit hat.	*Die alte Hexe* *Reitet auf ihrem Besen* *schnell durch die Wolken.*
Ode	Gedichtform, die besonders das Erhabene hervortreten lässt	J. W. von Goethe: *Das Göttliche*
Sonett	Kunstvolle Gedichtform aus Zwei Quartetten und zwei Terzetten mit meist fester Reimfolge.	A. W. Schlegel: *Das Sonett*

Sachtextsorten

Informierende Texte

Bericht	Straffe, geraffte Darstellung des Geschehens (der Handlung) in zeitlicher Abfolge.
Biografie	Beschreibung der Lebensgeschichte eines Menschen, vor allem seiner Entwicklung, seiner Leistung und seiner Wirkung auf die Umwelt.
Fachtext	Sachliche und fachsprachliche Darstellung von spezifischen Sachverhalten.
Interview	Schriftliche Dokumentation eines Gespräches zwischen einem Journalisten und einer Person (meist aufgrund öffentlichem Interesse).
Meldung	Eine Notiz zu einem Geschehen, die in knapper Form die wichtigsten Informationen übermittelt.
Nachricht	Knappe, übersichtliche Antworten auf die wesentlichen W-Fragen.
Reportage	Ergebnis von gründlichen Nachforschungen. Die Reportage will informieren und den Leser auch ansprechen, weshalb neben einem kurzen Vorspann die Überschriften ansprechend formuliert werden, um das Interesse des Lesers zu wecken. Sachlich-informierende Stellen wechseln mit emotional-persönlichen Schilderungen. Bilder veranschaulichen die Aussage des Textes.

Appellative Texte

Kommentar	Eingreifen des Erzählers mit Bemerkungen, Urteilen, Überlegungen, Leseransprache. Der Aufbau von Kommentaren ist gleich: Zunächst übermittelt der Autor die wichtigsten Informationen, im Anschluss legt der Autor seine Meinung dar und als Abschluss wird ein Wunsch oder ein Ausblick formuliert.
Leserbrief	Ein Leser äußert seine Meinung zu einem Artikel oder einem Sachverhalt in einer Zeitung/Zeitschrift.
Rede	An eine Zuhörergruppe gerichteter Text
Werbetext	Text zu einem Werbefilm oder einer -anzeige

Regulierende Texte

Gebrauchsanweisung	dem Leser wird aufgezeigt, wie etwas zu nutzen ist
Gesetzestext	Text, in dem allgemein verbindliche „Rechtsnormen" festgehalten werden, die in einem förmlichen Verfahren vom Gesetzgeber erlassen worden sind.
Vertragstext	Text, der Vereinbarungen zwischen Vertragspartnern festlegt.

Sachtextsorten	
Diskontinuierliche Texte	
Diagramme	Anschauliche zeichnerische Darstellung errechneter Werte in einem Koordinatensystem (Säulen-, Balken-, Kreis-, Flussdiagramm)
Karikatur	Zeichnung, die ein Ereignis überzieht und in einer Pointe zuspitzt.
Karten	Abbildung geografischer Räume
Schaubilder	Grafische Darstellung von Zusammenhängen
Tabellen	Listenförmige Zusammenstellung von Informationen

Übersicht Sprachliche Mittel

Begriff	Erklärung	Beispiel
Akkumulation	Häufung von Begriffen	*Nenn's Glück! Herz! Liebe! Gott!*
Akronym	Aus den Anfangsbuchstaben mehrerer Wörter zusammengesetztes neues Wort	*AIDS = acquired immune deficiency syndrome*
Alliteration	Reihung von Wörtern mit gleichen Anfangsbuchstaben	*Haus und Hof; in mildem Lichte leuchtet der Lenz*
Anapher	Wiederholung desselben Wortes oder einer Wortgruppe am Anfang von aufeinanderfolgenden Versen oder Sätzen	*Stilles Land. Stille Heimat. Stille Natur.*
Antithese	Entgegenstellung von Begriffen und Gedanken	*Stilles Land, lauter Bach.*
Antonym	Wörter, mit denen Gegensätze ausgedrückt werden	*hell – dunkel*
Apostrophe	Anrede an das Publikum, auch direkte Anrede von Dingen	*Ihr Brüder*
Chiasmus	Nach der Form des griechischen Buchstabens „X" (= Chi): Überkreuzstellung von Sinneinheiten	*von Berg zu Tal, von Tal zu Berg*
Ellipse	Ein unvollständiger, verkürzter Satz	*[Ich hätte gerne] eine Cola bitte.*
Emphase	Nachdrückliche Hervorhebung einer Aussage durch Betonung oder syntaktische Mittel	*Mein Gott!*
Enjambement	Zeilensprung; Satz überspringt das Versende	*Jeder weiß, was so ein Maikäfer für ein Vogel sei.* Wilhelm Busch: Max und Moritz
Epipher	Wiederholung eines Satzteils am Ende eines Ausdrucks	*Doch alle Lust will Ewigkeit, will tiefe, tiefe Ewigkeit!*
Euphemismus	Beschönigende Beschreibung	*entschlafen für sterben*
Hyperbel	Starke Unter- oder Übertreibung	*Sie weinte ein Meer aus Tränen.*
Inversion	Umkehrung der üblichen Wortstellung im Satz	*Zu wandern auf schmalen Steigen bereitet den Naturfreunden Freude.*
Ironie	Verdeckter Spott, indem man z. B. das Gegenteil von dem sagt, was man meint	*Das hast du ja super hinbekommen.*
Katachrese	Bildbruch: zwei sprachliche Bilder passen nicht zueinander	*Das schlägt dem Fass die Krone ins Gesicht.*
Klimax	Steigerung	*Ich warte einen Tag, einen Monat und auch ein Jahr.*
Litotes	Untertreibung	*Die Blumen waren nicht gerade frisch.*
lyrischer Sprecher	die Stimme eines Gedichtes	*lyrisches Ich*
Metapher	eine bildliche Vorstellung wird auf einen anderen Bedeutungsbereich übertragen	*Wüstenschiff, Warteschlange*
Neologismus	Wortneuschöpfung	*posten*

Onomatopoesie	Lautmalerei	*Das Wasser rauscht und schäumt und spritzt.*
Oxymoron	Verbindung von zwei gegensätzlichen Begriffen	*beredtes Schweigen*
Paradox	Zusammenstellung von Wörtern, die sich eigentlich widersprechen	*milde Säure*
Parallelismus	Wiederholung gleicher Satzbaumuster	*Das erste Treffen bereitete große Freude. Das letzte Treffen rief Trauer hervor.*
Parenthese	Dazwischengeschobener Satz oder Gedanke	*Kannst du – du stehst schon vor dem Schrank – mir eine Tasse geben?*
Pleonasmus	Verwendung bedeutungsgleicher Inhalte	*kaltes Eis*
Rhetorische Frage	Scheinbare Frage. Der Sprecher ist sich der Zustimmung des Gegenübers bewusst	*Wer kennt das nicht?*
Tautologie	Wiederholung von bereits Gesagtem	*voll und ganz*
Wortspiel	Rhetorische Figur, die hauptsächlich auf der Mehrdeutigkeit, Verdrehung, Umdrehung oder auf sonstigen Wortänderungen beruht, und dem Verfasser humorvoll/geistreich erscheint, z. B. Nutzung klanglicher Ähnlichkeit	*Fairsicherung*
Zeugma	Das Verb wird für eine Satzverbindung nur einmal gesetzt.	*Ich heiße Max und auch Sie herzlich willkommen.*

Übersicht Fachbegriffe

Begriff	Erklärung	Beispiel
Adjektiv, das	Eigenschaftswort, Wiewort	klein, groß, dick
Adverbialbestimmung, die auch: Adverbial, das	Satzglied, z. B. des Ortes, der Zeit, der Art und Weise oder des Grundes, antwortet auf die Fragen „Wo?, Wohin?, Wie lange?, Wie?, Auf welche Art und Weise?, Warum?"	Er kam *dahin*. (Ort) Sie treffen sich *um 9 Uhr*. (Zeit) Es regnete *ununterbrochen*. (Art und Weise)
Adverb, das	unveränderliche Wortart, kann an den Anfang eines Satzes gestellt und durch W-Fragen erfragt werden	heute, immer, dort, oben, einmal
Aktiv, das	Gibt an, dass jemand etwas tut. Die handelnde Person steht im Vordergrund.	Tom trinkt Milch.
Antagonist, der	häufig negativ dargestellter Gegenspieler im Drama	Machthaber, Naturgewalt, …
Attribut, das	Beifügung, nähere Bestimmung eines Bezugswortes; kein selbstständiges Satzglied; Attribute antworten auf die Fragen: Was für ein? Wessen? Attribute können die Form eines Nebensatzes haben.	Das war ein *interessanter* Film. Der Frosch, *der auf dem Baum sitzt*, gehört zu den giftigen Baumsteigerfröschen.
Aufforderungssatz, der	Satz, der verwendet wird, wenn man um etwas bittet oder wenn man jemanden zu etwas auffordert; steht mit Ausrufezeichen oder Punkt am Ende	Gib den Ball ab! Lies den Text.
Aussagesatz, der	Satz, der verwendet wird, um etwas mitzuteilen	Sarah geht ins Kino.
Deklination, die	Beugung eines Nomens	der Hund (Nominativ), des Hundes (Genitiv), den Hunden (Dativ Plural)
direkte Rede, die	wörtliche Rede	Ferhat sagt: *„Ich fahre mit dem Rad zur Schule."*
Erzählform, die	Ich-Erzähler Er/Sie-Erzähler	Ich wollte weg. Er/Sie wollte weg.
Erzählhaltung, die	Einstellung des Erzählers zu den Figuren	Ironisch, kritisch, neutral, …

Erzählperspektive, die	Außensicht Innensicht	Er lehnte am Zaun. Sie fühlte sich schlecht.
Erzählverhalten, das	auktorial (allwissend) personal (aus Sicht einer Figur) neutral (Erzähler wird nicht wahrgenommen)	
feminin	weiblich	*die* Vase, *die* Frau
Fragesatz, der	Satz, der verwendet wird, wenn man etwas wissen will, vgl. W-Frage	Kommst du aus Frankreich? Wie komme ich zum Bahnhof?
Futur, das	Zeitform des Verbs zum Ausdrücken der Zukunft	ich *werde gehen*
Genus, das	grammatisches Geschlecht	der Baum, die Mütze, das Haus
Hauptsatz, der	selbstständiger Satz, kann für sich allein stehen	Das Haus dort drüben ist rot.
Hilfsverb, das	Verb, das auch zur Bildung von Zeitformen verwendet wird	haben, sein, werden
Imperativ	Befehlsform des Verbs	Komm mit! Geht langsam!
Indikativ, der	Wirklichkeitsform	Sie *geht* gern ins Kino.
indirekte Rede, die	nicht wörtliche Rede	*Ferhat sagte, er käme mit dem Rad zur Schule.*
Infinitiv, der	Grundform des Verbs, ungebeugte Form des Verbs	gehen, schwimmen, spielen
Kasus, der	Fall	das Haus, des Hauses, dem Haus, das Haus
Kompositum, das (Plural: Komposita)	zusammengesetztes Wort, das aus einem Bestimmungswort und einem Grundwort besteht	Hochhaus, Backstube, Schirmmütze
Konjugation, die	Beugung des Verbs, vgl. konjugieren	
Konjunktion, die	Verbindungswort, verbindet Satzteile oder Teilsätze miteinander	und, oder, aber, sondern, denn, als, bis, weil, wenn, obwohl, dass
Konjunktiv, der	Möglichkeitsform	Häuser *könnten* aus Bäumen *entstehen.*
Komparativ, der	Höherstufe des Adjektivs	schöner, besser
maskulin	männlich	*der* Hund, *der* Kuchen
Metrum, das	Versmaß eines Gedichtes	Jambus, Trochäus, Daktylus, Anapäst
Modalverb, das	Verben, die sagen, auf welche Art und Weise etwas geschieht	dürfen, können, müssen, mögen, sollen, wollen
Modus, der	Aussageweise des Verbs	Indikativ, Konjunktiv, Imperativ
Nebensatz, der	unselbstständiger Satz, kann nicht für sich allein stehen	Ich esse die Suppe, *die ich gekocht habe.*
neutral	sächlich	*das* Kind, *das* Haus
Nomen, das	Substantiv, Dingwort, Hauptwort	Ankunft, Tisch
Nominalisierung, die	Bildung eines Nomens aus einer anderen Wortart, z. B. aus Verben oder Adjektiven	Die Schüler *beobachteten* (Verb) im Chemieunterricht ein Experiment. Das *Beobachten* (Nomen) des Experiments bereitete ihnen viel Spaß.
Numerus, der	Anzahl (Singular oder Plural)	das Kind, die Kinder
Objekt, das	Satzergänzung, Satzglied, vgl. Akkusativobjekt, Dativobjekt	Sie zeigen *uns den Weg.*
Partizip II, das	Partizip Perfekt; Mittelwort der Vergangenheit, gebildet aus der Vorsilbe ge-+Verbstamm+ -(e)t oder -en	genannt, geredet, geschrieben
Passiv, das	Im Passiv wird die Handlung betont. Eine Person muss nicht genannt werden.	Der Kuchen wurde besorgt.
Perfekt, das	Zeitform des Verbs zum Ausdrücken der Vergangenheit (mündlich)	Gestern *bin* ich ins Schwimmbad *gegangen.*
Personalform des Verbs, die	gebeugtes Verb	Ich *ging.* Du *schwimmst.*

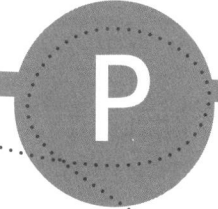

deutsch.punkt

Lösungen zum Prüfungstraining

 Lies dir die Lösungen genau durch. Überprüfe, ob sie mit deinen Ergebnissen übereinstimmen. Beachte bei Beispiellösungen, dass du diese nicht wörtlich nehmen musst. Du kannst z. B. wichtige Informationen oder Formulierungen markieren und dann vergleichen, ob du diese in deinen Lösungen so oder ähnlich wiederfindest.

Kapitel 2

Seite 12–13

Aufgabe 1
Du hast den Text genau gelesen. Das heißt, du hast wichtige Textstellen markiert, Randnotizen verfasst, unbekannte Wörter geklärt, ...

Aufgabe 2
Die Einblendung „Internet-Video" (Z. 12) soll dem Zuschauer zeigen, dass das Video ... – d) von unbekannten Personen ohne Auftrag gedreht wurde.
Mit der Bezeichnung „professionelle Bilder" (Z. 14) ist gemeint, dass die Aufnahmen ... – d)   von Journalisten stammen.

Seite 14–15

Aufgabe 2 (Fortsetzung)
Für Ralf Zimmermann von Siefart sind die Internetvideos „Segen und Fluch zugleich" (Z. 22). Der Grund ist ... – a) Journalisten erhalten dadurch mehr Informationen, aber sie müssen diese Informationen auf ihre Richtigkeit hin prüfen.
Mit dem sprachlichen Bild „Mauern der Diktatur" (Z. 23) meint Ralf Zimmermann von Siefart, dass ... – d) zu manchen Krisengebieten der Zugang verwehrt ist.
Michael Wegener bezeichnet seine Arbeit als „Indizienprozess" (Z. 25), weil ... – b) die Videos aufwendig nach Hinweisen auf ihre Echtheit geprüft werden müssen.

Aufgabe 3
3 Herkunft diskutieren; 1 Video ansehen; 2 Herkunft herausfinden;4 Video durch andere Kontakte prüfen

Aufgabe 4
„Je vernetzter die Redaktion ist, desto einfacher wird die Arbeit." (Z. 36–37) Dies bedeutet im Textzusammenhang, dass es einfacher wird, die Echtheit von Internetvideos zu überprüfen, weil ... – d) unterschiedliche Personen befragt werden können.
Mit der Formulierung „Zwei-Quellen-Prinzip" (Z. 47) ist im Textzusammenhang gemeint, dass die Echtheit der Information durch zwei ... – d) voneinander unabhängigen Quellen abgesichert wird.
Mithilfe von sozialen Netzwerken können Fernsehredaktionen die Echtheit von Videos überprüfen (Abschnitt E), da in diesen Netzwerken ... – b) echte Videos häufig von verschiedenen Usern hochgeladen werden.

Aufgabe 5
Beispiellösung: Fernsehredaktionen ziehen bei der Recherche externe Experten aus unterschiedlichen Fachgebieten zu Rate. Für die richtigen Ergebnisse werden nicht die Experten verantwortlich gemacht, sondern die Redaktion.

Aufgabe 6
d) die Echtheit der Quelle unsicher ist.

Seite 16–17

Aufgabe 7
Beispiellösung: Das Bild sagt aus, dass Nachrichtensendungen trotz Zeitdruck auf die Qualität der Informationen achten müssen, da sie der journalistischen Sorgfalt verpflichtet sind. Sollte die Echtheit nicht eindeutig sein, muss der Zuschauer darauf hingeweisen werden. Es liegt

in der Verantwortung der Redaktion herauszufinden, ob Internet-Videos aktuelle und richtige Informationen wiedergeben. Die Überprüfung geschieht „mehrere Male, bevor es in den Nachrichten gezeigt wird" (Z. 33/34). Diese Arbeit muss dabei häufig in einem knappen Zeitrahmen bewältigt werden: „Täglich werden bis zu 80 Videos nach einem Vier-Punkte-Check überprüft." (Z. 29/30)

Aufgabe 8
Beispiellösung:
Gegen das Zeigen von Internet-Videos: Auch nach einer mehrfachen und genauen Prüfung kann nicht immer sichergestellt werden, dass es sich um ein echtes Video handelt oder ob es vielleicht gestellt ist (Z. 62–66). Zudem müssen Redakteure häufig zahlreiche Videos prüfen, dies könnte zu Fehlern führen (Z. 29/30).
Für das Zeigen von Internet-Videos: Die Echtheit wird sehr aufwendig und verantwortungsvoll geprüft, so dass sich der Zuschauer darauf verlassen kann (Z. 29–34). Sollten Zweifel an der Echtheit eines Videos bestehen, wird Zuschauer darüber informiert (Z. 63/64).

Schritt 1: Den Ausgangstext erschließen

Aufgabe 1
Beispiellösungen: **Abschnitt A:** Internet-Videos in Fernsehnachrichten; **Abschnitt B:** Internet-Videos als „Segen und Fluch", **Abschnitt C:** ARD Content Center, **Abschnitt D:** Die Arbeit des ARD Content Center im Einzelnen, **Abschnitt E:** Das Zwei-Quellen-Prinzip, **Abschnitt F:** Verantwortung der Redaktion beim ZDF, **Abschnitt G:** Hinweis auf unsichere Herkunft der Quelle

Aufgabe 2
Die Überschrift verweist auf das Thema des Textes, nämlich den Umgang mit Internetquellen in seriösen Nachrichtensendungen.

Seite 18–19

Schritt 2: Ankreuz- und Zuordnungsaufgaben

Aufgabe 1
Zeile 4

Aufgabe 2
Beispiellösung: Das Video, das wahrscheinlich mit einem Handy aufgenommen wurde, ist nicht scharf und wackelt. Es dauert neun Sekunden. Das Video wurde in den Nachrichten (Tagesschau) gezeigt und von einem Unbekannten aufgenommen. Deshalb steht beim Video der Hinweis, dass es aus dem Internet stammt und nicht von einem professionellen Journalisten aufgenommen wurde. Neben Videos von Journalisten werden immer häufiger auch Videos aus dem Internet gezeigt.

Aufgabe 3
Internet-Videos werden häufiger genutzt, z.B. weil „Journalisten keinen Zugang mehr zu Ländern wie Syrien haben"(Z. 14/15) oder „Kamerateams noch auf dem Weg zu einem Unglücksort oder Konfliktherd sind." (Z. 15/16).

Aufgabe 4
Beispiellösung: Die „professionellen Bilder" stehen im Gegensatz zu den „Videos aus dem Netz", d.h. professionelle Bilder sind Bilder von Journalisten. Die „Videos aus dem Netz" sind „unprofessionelle" Bilder, die von Menschen ohne journalistischen Auftrag gemacht werden.

Aufgabe 5
a) Falsch, weil von besonderen Datenbanken im Text nicht die Rede ist.
b) Falsch, weil von spezieller Auftragsarbeit im Text ebenfalls nicht die Rede ist.
c) Falsch, weil das Gegenteil ausgesagt wird, vgl. „doch aufgenommen hat es kein Journalist."

Aufgabe 6
vgl. Lösungen der Aufgaben 2, 3 und 5 auf Seite 13–15

Aufgabe 7
„Wir sichten <u>Videos</u>, recherchieren, <u>diskutieren</u>, schicken die Links zu unseren <u>Kontakten</u> und überprüfen es mehrere Male, bevor es in den Nachrichten gezeigt wird." (Z. 32–34)

Aufgabe 8
Umschreibung in der Aufgabenstellung: Herkunft herausfinden, Video ansehen
Begriff im Text: Herkunft recherchieren, Video sichten

Aufgabe 9
vgl. Lösungen der Aufgaben 4 und 6 auf Seite 14/15

Seite 20–21

Schritt 3: Erläuterungs- und Begründungsaufgaben

Aufgabe 1

Information im Zitat	Bezüge im Textumfeld
Fachwissen wird abgerufen, wo es liegt	• nicht eine gesonderte Redaktion prüft • Redakteure holen sich Hilfe von Newsdesks und Spezialisten
Verantwortung bleibt in der Redaktion	• zuständiger Redakteur überprüft • Verantwortung solle nicht abgegeben werden, erklärt Zimmermann von Siefart

Aufgabe 2
Beispiellösung: Das Bild sagt aus, dass Nachrichtensendungen trotz Zeitdruck auf die Qualität der Informationen achten müssen, da sie der journalistischen Sorgfalt verpflichtet sind. Sollte die Echtheit nicht eindeutig sein, muss der Zuschauer darauf hingewiesen werden. Es liegt in der Verantwortung der Redaktion herauszufinden, ob Internet-Videos der Qualität entsprechen, also aktuelle und richtige Informationen wiedergeben. Die Überprüfung geschieht „mehrere Male, bevor es in den Nachrichten gezeigt wird" (Z. 33/34). Diese Arbeit muss dabei häufig in einem knappen Zeitrahmen bewältigt werden: „Täglich werden bis zu 80 Videos nach einem Vier-Punkte-Check überprüft." (Z. 29/30)

Aufgabe 3
Zeitdruck: die im Text beschriebenen Prüfungen (vgl. Abschnitt 3) benötigen Zeit
Qualität: Redaktion trägt die Verantwortung für die Richtigkeit der Recherche (vgl. Abschnitt 6)

Aufgabe 4
Beispiellösung: Meinst du, dass nur echte Internet-Videos in den Nachrichten gezeigt werden sollten? Nenne Argumente und Beispiele für deine Position.

Aufgabe 5
1. Das Argument für einen Verzicht ist abgeleitet, denn von Zeitdruck ist im Text nicht die Rede.
2. Aus den Textinformationen ergibt sich, dass eine Prüfung aufwendig ist und von den Redaktionen mit großer Sorgfalt durchgeführt wird: „Wir sichten Videos, recherchieren, diskutieren, schicken die Links zu unseren Kontakten und überprüfen es mehrere Male, bevor es in den Nachrichten gezeigt wird." (Z. 32–34)

Seite 22

Aufgabe 6

Pro-Argumente	Kontra-Argumente
• Amateur-Videos oft einzige Möglichkeit, hinter die „Mauern der Diktatur" zu schauen • Redaktionen haben im Laufe der Jahre viel Erfahrung gesammelt und sich einen Stamm an Quellen und Informanten aufgebaut • Amateur-Videos werden nach dem Zwei-Quellen-Prinzip ausgewählt	• Amateur-Videos häufig von schlechter Qualität • Auswahl der Videos gleicht einem ein „Indi-zienprozess" • oft können nicht einmal Experten die Echtheit garantieren

Aufgabe 7
Beispiellösung: Meiner Meinung nach sollten Videos aus dem Internet in den Nachrichten gezeigt werden, wenn

sie eine entsprechende Kennzeichnung tragen. Schließlich achten die Redaktionen auf eine genaue Prüfung des Materials. Ohne diese Amateur-Bilder wäre ein Blick in bestimmte Länder oft nicht möglich.

Schritt 4: Arbeitsergebnisse überprüfen

Aufgabe 1 und Aufgabe 2
Individuelle Lösungen

Seite 23

Aufgabe 1
Du hast den Text gelesen. Das heißt, du hast wichtige Textstellen markiert, Randnotizen verfasst, unbekannte Wörter geklärt, …
Du hast den Text gehört. Das heißt, du hast wichtige Informationen aufgeschrieben …

Seite 24–25

Aufgabe 2
Die „Zehneurokarte" (Z. 6) ist eine … – a) Handy-Wertkarte. Madalyn möchte einen „winzigen Rest übrig […] haben" (Z. 8) von … – c) ihrer Handy-Wertkarte am Monatsende. Madalyn „wurde kaum mehr angerufen" (Z. 15/16), … – d) sie selbst nur sehr selten und nur kurz telefonierte.

Aufgabe 3
a) und c)

Aufgabe 4
b) und c)

Aufgabe 5
Beispiellösung: Madalyn befürchtet, dass ihre Mitschülerinnen hinter den Anrufen stecken könnten, um sich bei einem Rückruf von ihr über sie lustig zu machen.

Aufgabe 6
3 Taschengeld vertelefoniert; **2** Wertkarte durchtelefoniert; **1** mit der Wertkarte telefoniert; **4** ohne Geld in der Wohnung herumgetappt und auf Anrufe gewartet

Seite 26–27

Aufgabe 7
Madalyn hat zu ihren Eltern kein besonders gutes Verhältnis, z.B. zeigt die Textstelle „Sie war oft allein gewesen, und ihre Eltern hatten ihr ein Nokia gekauft …" (Z. 33/34), dass die Eltern ein Handy für einen angemessenen Trost für ihre eigene Abwesenheit hielten.

Aufgabe 8
Das Diagramm zeigt, wie Jugendliche (Teenager zwischen 10 und 18) ihre Handys nutzen. Dabei wird deut-

lich, dass die beliebteste Funktionen das Telefonieren ist (bei 97 % der Befragten am beliebtesten), erst danach folgt das Versenden von SMS (89 %). Auch für Madalyn und ihr Umfeld ist das Telefonieren die wichtigste Handyfunktion.

Aufgabe 9
Beispiellösung: Die Aussage wird dadurch bestätigt, dass Madalyn bei den Anrufen nicht sofort an einem

Freund denkt, vgl. „Und erst jetzt habe sie gedacht, was sie sofort hätte denken sollen: Das kann nur er sein." (Z. 57/58), sondern zunächst an ihre mobbenden Mitschülerinnen. Die Aussage kann ebenso dadurch widerlegt werden, dass Madalyn es geschafft hat, ihre Handysucht zu bewältigen.

Aufgabe 10
Individuelle Lösung

Kapitel 3

Seite 28–30

Aufgabe 1
Du hast den Text genau gelesen. Das heißt, du hast wichtige Textstellen markiert, Randnotizen verfasst, unbekannte Wörter geklärt, …

Aufgabe 2
Beispiellösung

Frankfurt, 04.12.2016

Sehr geehrter Herr Petersen,
lange haben wir im Rahmen einer Sitzung der Schülervertretung über die auch in der Lehrer- und Elternschaft geführte Diskussion, ob Tablet-PCs im Unterricht eingesetzt werden sollen, gesprochen. Als Schulgemeinschaft ist es uns wichtig, dass Sie auch unsere Position zu diesem Thema kennen. Ich als Schülersprecher habe die Aufgabe übernommen, Ihnen unsere Meinung darzustellen.
Wir sind der Ansicht, dass Tablet-PCs nicht nur in unserer privaten Welt ein Dasein haben sollten, sondern auch Bestandteil des Unterrichtes sein müssen. Daher möchten wir ausdrücklich darum bitten, dass auch an unserer Schule diese Modernisierung Einzug hält.
Der Einsatz digitaler Medien im Unterricht wirkt sich positiv auf die Lernleistungen aus. So zeigte eine Studie der Humboldt-Universität in Berlin positive Ergebnisse im Hinblick auf die Deutschleistungen und die Computerkompetenzen der Schülerinnen und Schüler, die vermehrt einen Einsatz von modernen Medien im Unterricht erfahren haben.
Darüber hinaus werden Aktivitäten wie Recherchieren, Präsentieren und Videos drehen im Rahmen des Unterrichts einfacher. Das heißt, man könnte z. B. mit der integrierten Kamera Versuche in Physik oder Rollenspiele in Englisch filmen. Ein anderes Beispiel ist das Fach Mathematik, in dem man Geometrieprogramme und Onlineportale mit Übungsaufgaben nutzen könnte. Es wäre einfach, Ihnen für jedes Fach unserer Schule ein weiteres Beispiel zu nennen, bei dem der Einsatz eines Tablet-PCs sinnvoll wäre.
Vor allen Dingen aber wäre durch diese Technik eine bessere Vorbereitung auf die Berufswelt möglich, denn das Lernen wie vor 20 Jahren baut eine Mauer zwischen

Schul- und Berufswelt sowie dem Alltag der Schülerinnen und Schüler auf. Die Schülerschaft von heute wird in Zukunft in fast allen Berufsfeldern mit digitalen Medien konfrontiert. Sicherlich wird auch heute noch einiges durch Briefe oder am Telefon erledigt, aber der Kontakt durch E-Mails hat in vielen Geschäftsbereichen schon lange Einzug gefunden. Dieses beginnt schon mit dem Bewerbungsverfahren für einen Arbeitsplatz, denn immer mehr Firmen möchten eine Online-Bewerbung. Die derzeitige Ausstattung der Schule lässt das Trainieren dieser Form der Bewerbung kaum zu.
Häufig werden Bedenken genannt, dass Tablets-PCs im Unterricht viel zu sehr ablenken, weil Spiele, Facebook, YouTube und Co die Aufmerksamkeit auf sich ziehen. Natürlich sind diese Befürchtungen nicht unbegründet. Jedoch haben Untersuchungen der „University of London" gezeigt, dass bei vielen Schülerinnen und Schülern die Lernbereitschaft durch den Einsatz der Tablet-PCs, z. B. bei den Hausaufgaben, steigt. Und eine motivierte Schülerschaft lässt sich auch nicht so leicht ablenken. Letztendlich ist es die Aufgabe der Schule, uns auf die Zukunft vorzubereiten, und uns eine gute Ausbildung zu ermöglichen. Dabei darf die Schule nicht die modernen Errungenschaften wie Tablet-PCs ausschließen, sondern muss sie sinnvoll einbinden. Die Möglichkeit dazu bietet jedes Unterrichtsfach. Die Schule sollte den Umgang mit neuen Techniken lehren und sie motivierend einsetzen, um uns gute Chancen für unsere berufliche Zukunft zu bieten. Unserer Ansicht nach kann das nur bedeuten, dass man auf jeden Fall Tablet-PCs im Unterricht einsetzen sollte. Ich hoffe, ich konnte Sie im Namen der ganzen Schülerschaft auch davon überzeugen. Gerne stelle ich unsere Meinung auch noch einmal bei der Eltern- und Lehrerschaft dar.
Mit freundlichen Grüßen
Sinem Netega

Schritt 1: Die Aufgabenstellung erschließen

Aufgabe 1
- Beschreibe das Thema kurz mit eigenen Worten. –
  Die Argumentation soll sich mit der Anschaffung von
  Tablet-PCs für Schülerinnen und Schüler in der eigenen
  Schule beschäftigen.
- Aus welcher Position verfasst du deinen Text? – Ich
  schreibe den Text aus der Ich-Perspektive des Schüler-
  sprechers.
- Welche Textsorte wird verlangt? – Es wird ein argu-
  mentativer Text in Form eines Briefes verlangt.
- Ordne die Begriffe für die einzelnen Textbausteine der
  Vorlage zu.

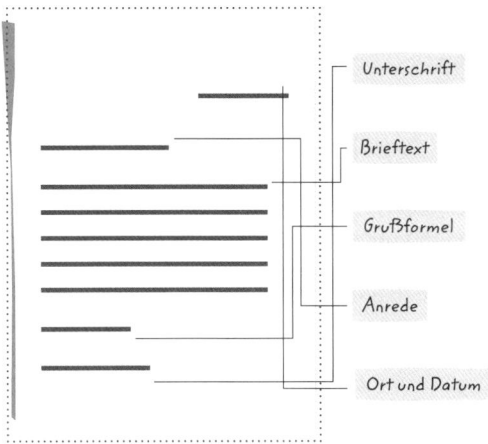

- An wen ist der Text adressiert und was musst du deshalb beim Verfassen berücksichtigen? – Der Brief richtet sich an den Schulleiter meiner Schule. Daher muss
  ich darauf achten, dass ich nicht umgangssprachlich
  schreibe, die entsprechenden Anrede- und Grußfor-
  meln verwende, die Anredepronomen in der 3. Person
  Singular benutze und diese groß schreibe.

Aufgabe 2
1. Text lesen, 2. Argumente markieren, 3. stichwortartige
Planung erstellen, 4. Einleitung formulieren, 5. drei Argumente mit Beispielen/Erläuterungen formulieren, 6. ggf.
Gegenargument entkräften, 7. für die Position werben

Schritt 2: Sich den Text erschließen

Aufgabe 1
Beispiellösung: In dem Text geht um die Frage, ob Tablet-
PCs im Unterricht genutzt werden sollen und welche Vor-
bzw. Nachteile dies hat.

Aufgabe 2 bis 4
(Aufgabe 2 hier als Zeilenangabe genannt)

Pro		Kontra	
Bessere Vorbereitung auf die Berufswelt (Z. 15 f.)	1	Die Ablenkung ist sehr groß (Z. 67 ff.)	4
Vereinfachung von Aktivitäten wie recherchieren, präsentieren und Videos drehen (Z. 24 ff.)	2	Das Schreiben per Hand hilft beim Einprägen, Stichwort: „Digitale Demenz" (Z. 33 ff.)	2
Der Einsatz von digitalen Medien wirkt sich positiv aus (Z. 44 ff.)	3	Es gibt keine repräsentative Studie, die belegt, dass man mit digitalen Medien besser lernt (Z. 40 ff.)	5
Die Lernbereitschaft von Schülern steigt (Z. 46 ff.)	4	Probleme mit der Technik stören den eigentlichen Unterricht (Z. 60 ff.)	6
Tablet-Nutzer haben Vorteilen bei Intenetrecherchen und Präsentation (Z. 55 ff.)	5	Die Handschrift als Kulturgut und Ausdruck der Persönlichkeit wird an den Rand gedrängt (Z. 30 ff.)	1
Ermöglicht einen stärkeren Austausch mit Lehrern und Mitschülern über das Internet (Z. 55 ff.)	6	Die Anschaffung der PCs ist für die Eltern sehr teuer (soziale Gerechtigkeit) (Z. 74 ff.)	3

Schritt 3: Die Argumentation stichwortartig planen

Aufgabe 1
Beispiellösung: lange gesprochen bei Sitzung der Schü-
lervertretung über die lange geführte Diskussion, ob
Tablet-PCs im Unterricht eingesetzt werden sollen
Unsere Ansicht: Tablet-PCs sollten nicht nur Teil der priva-
ten Welt sein, sondern auch Bestandteil des Unterrichtes

Aufgabe 2
Beispiellösung
1. Argument: der Einsatz digitaler Medien im Unterricht
wirkt sich positiv aus
Beispiel/Erläuterung: so zeigte eine Studie der Hum-
boldt-Universität in Berlin positive Ergebnisse im Hinblick
auf die Deutschleistungen und die Computerkompeten-
zen der Probanden
2. Argument: Darüber hinaus werden Aktivitäten und
Interaktionen wie Recherchieren, Präsentieren und
Videos drehen einfacher,
Beispiel/Erläuterung: z. B. könnte man mit integrierter
Kamera filmen – Physik: Versuche; Englisch: Rollenspiele;
Internetnutzung – Mathematik: Geometrieprogramme,
Onlineportale mit Übungsaufgaben

3. Argument: Vor allen Dingen aber wäre eine bessere Vorbereitung auf die Berufswelt möglich
Beispiel/Erläuterung: denn das Lernen wie vor 20 Jahren baut eine Mauer zwischen Schul- und Berufswelt sowie dem Alltag der Schülerinnen und Schüler

Aufgabe 3
Beispiellösung: Häufig werden Bedenken geäußert, dass Tablets im Unterricht die Schülerinnen und Schüler viel zu sehr ablenken, weil Spiele, Facebook, YouTube und Co die Aufmerksamkeit auf sich ziehen. Natürlich sind die Bedenken berechtigt und nachvollziehbar, jedoch hat eine Studie der „University of London" Hinweise auf eine steigende Lernbereitschaft von Schülern gegeben.

Seite 34–35

Aufgabe 4
Beispiellösung: Aufgabe von Schule: auf die Zukunft vorzubereiten, gute Ausbildung zu ermöglichen; keine Angst vor digitalen Medien wie Tablet-PCs, sondern sinnvoll integrieren; Umgang damit lehren; motivierend einsetzen; kann bedeuten, dass Möglichkeit Tablet-PCs im Unterricht einzusetzen

Schritt 4: Die Argumentation schreiben

Aufgabe 1
Beispiellösung

Schülertext	Anmerkungen	Verbesserung
Lieber Herr Petersen, schon wieder diskutieren sie, ob an unserer Schule mehr Tablet-PCs im Unterricht zum Einsatz kommen sollen. Da diese Thematik nicht nur sie als Lehrer, sondern besonders auch uns als Schülerinnen und Schüler betrifft, haben wir in der letzten SV Sitzung extrem lange darüber gesprochen …	unpassend Unhöflich/ Sie Unhöflich/ Sie Umgangssprache	Sehr geehrter Herr Petersen, die Lehrerinnen und Lehrer an unserer Schule sprechen bereits einige Zeit davon, im Unterricht häufiger Tablet-PCs zu nutzen. Gerne würden wir Ihnen unsere Position zu diesem Thema darlegen, da dies unserer Meinung nach nicht nur die Lehrer betrifft, sondern auch uns Schülerinnen und Schüler …

Aufgabe 2
Beispiellösung

Frankfurt, 04.12.2016
*S*ehr geehrter Herr Petersen,
lange haben wir im Rahmen einer Sitzung der Schülervertretung über die auch in der Lehrer- und Elternschaft geführte Diskussion, ob Tablet-PCs im Unterricht eingesetzt werden sollen, gesprochen. Als Schulgemeinschaft ist es uns wichtig, dass Sie auch unsere Position zu diesem Thema kennen. Ich als Schülersprecher habe die Aufgabe übernommen, Ihnen unsere Meinung darzustellen.

Aufgabe 3
Beispiellösung: Wir sind der Ansicht, dass Tablet-PCs nicht nur in unserer privaten Welt ein Dasein haben sollten, sondern auch Bestandteil des Unterrichtes sein müssen. Daher möchten wir ausdrücklich darum bitten, dass auch an unserer Schule diese Modernisierung Einzug hält.
Der Einsatz digitaler Medien im Unterricht wirkt sich positiv auf die Lernleistungen aus. So zeigte eine Studie der Humboldt-Universität in Berlin positive Ergebnisse im Hinblick auf die Deutschleistungen und die Computerkompetenzen der Schülerinnen und Schüler, die vermehrt einen Einsatz von modernen Medien im Unterricht erfahren haben.
Darüber hinaus werden Aktivitäten wie Recherchieren, Präsentieren und Videos drehen im Rahmen des Unterrichts einfacher. Das heißt, man könnte z. B. mit der integrierten Kamera Versuche in Physik oder Rollenspiele in Englisch filmen. Ein anderes Beispiel ist das Fach Mathematik, in dem man Geometrieprogramme und Onlineportale mit Übungsaufgaben nutzen könnte. Es wäre einfach, Ihnen für jedes Fach unserer Schule ein weiteres Beispiel zu nennen, bei dem der Einsatz eines Tablet-PCs sinnvoll wäre.
Vor allen Dingen aber wäre durch diese Technik eine bessere Vorbereitung auf die Berufswelt möglich, denn das Lernen wie vor 20 Jahren baut eine Mauer zwischen Schul- und Berufswelt sowie dem Alltag der Schülerinnen und Schüler auf. Die Schülerschaft von heute wird in Zukunft in fast allen Berufsfeldern mit digitalen Medien konfrontiert. Sicherlich wird auch heute noch einiges durch Briefe oder am Telefon erledigt, aber der Kontakt durch E-Mails hat in vielen Geschäftsbereichen schon lange Einzug gefunden. Dieses beginnt schon mit dem Bewerbungsverfahren für einen Arbeitsplatz, denn immer mehr Firmen möchten eine Online-Bewerbung. Die derzeitige Ausstattung der Schule lässt das Trainieren dieser Form der Bewerbung kaum zu.

Aufgabe 4
[…] jedoch haben Untersuchungen gezeigt […]
Begründung: Da Gegenargument wird entkräftet, indem ein Argument genannt wird, das das Gegenargument widerlegt.

Aufgabe 5
Beispiellösung: Häufig werden Bedenken genannt, dass Tablet-PCs im Unterricht viel zu sehr ablenken, weil Spiele, Facebook, YouTube und Co die Aufmerksamkeit auf sich ziehen. Natürlich sind diese Befürchtungen nicht unbegründet. Jedoch haben Untersuchungen der „University of London" gezeigt, dass bei vielen Schülerinnen und Schülern die Lernbereitschaft durch den Einsatz der Tablet-PCs, z. B. bei den Hausaufgaben, steigt. Und eine

motivierte Schülerschaft lässt sich auch nicht so leicht ablenken.

Aufgabe 6
Beispiellösung:
Letztendlich ist es die Aufgabe der Schule, uns auf die Zukunft vorzubereiten und uns eine gute Ausbildung zu ermöglichen. Dabei darf die Schule nicht die modernen Errungenschaften wie Tablet-PCs ausschließen, sondern muss sie sinnvoll einbinden. Die Möglichkeit dazu bietet jedes Unterrichtsfach. Die Schule sollte den Umgang damit lehren und sie motivierend einsetzen, um uns gute Chancen für unsere berufliche Zukunft zu bieten.
Unserer Ansicht nach kann das nur bedeuten, dass man auf jeden Fall Tablet-PCs im Unterricht einsetzen sollte. Ich hoffe, ich konnte Sie im Namen der ganzen Schülerschaft auch davon überzeugen. Gerne stelle ich unsere Meinung auch noch einmal bei der Eltern- und Lehrerschaft dar.
Mit freundlichen Grüßen
Sinem Netega

Seite 36

Schritt 5: Die Argumentation überarbeiten

Aufgabe 1 und Aufgabe 2
Individuelle Lösungen

Seite 37–39

Aufgabe 1
Du hast den Text genau gelesen. Das heißt, du hast wichtige Textstellen markiert, Randnotizen verfasst, unbekannte Wörter geklärt, …

Aufgabe 2
Beispiellösung:

Dortmund, 04.12.2016

Liebe Mitschülerinnen und Mitschüler,
an unserer Schule sind Handys verboten. So steht es in unserer Schulordnung. Für viele von uns war das nicht einfach zu akzeptieren. Oft wurde die Benutzung von Handys zum Streitpunkt zwischen uns Schülern und den Lehrern. Jetzt aber wird diese Schulordnung überarbeitet und damit ein Anlass geboten, über das strikte Handy-Verbot an unserer Schule noch einmal nachzudenken.
Ich bin der Ansicht, dass das generelle Verbieten der Handynutzung auf dem ganzen Schulgelände so nicht zu halten ist. Stattdessen sollte über eine praktikablere und modernere Regelung nachgedacht werden.
Eine eingeschränkte Nutzung des Handys hätte den Vorteil, dass es viel weniger zu Problemen zwischen Schülern und Lehrern kommt, da der Reiz des Verbote-

nen wegfiele. Private Kommunikation muss im laufenden Unterricht aber natürlich verboten bleiben.
Für unsere Schule wäre die Erlaubnis, das Handy zu nutzen, eine große Chance für einen modernen Unterricht, da wir nur für ein Zehntel der gesamten Schülerschaft Arbeitsplätze an einem PC oder Notebook haben. Eine Studie ergab, dass die Situation an anderen Schulen vergleichbar ist. Ein deutsches Gymnasium hat für 907 Schülerinnen und Schüler gerade mal 45 PCs und 23 Notebooks. 90 Prozent der Schülerinnen und Schüler besitzen aber ein internetfähiges Handy mit einer entsprechenden Flatrate, welches man im Unterricht nutzen könnte.
In Zukunft werden wir an fast jedem Arbeitsplatz mit der modernen Technik konfrontiert. Die Schule darf uns den Zugang dazu nicht verwehren, vielmehr muss es ihre Aufgabe sein, uns einen sinnvollen Umgang damit zu lehren. So könnten Handys im Unterricht z. B. als Recherchewerkzeug eingesetzt werden. Das Handy kann als Wörterbuch oder als Kommunikationsmittel genutzt werden. So lernen wir einen sinnvollen Umgang mit dem Internet.
Viele werden jetzt argumentieren, dass Jugendliche heutzutage sowieso schon zu viel Zeit vor dem PC und mit dem Handy verbringen und sich dabei in eine virtuelle Welt flüchten. Das wird sich aber nicht verhindern lassen, indem man den Umgang mit dem Handy in der Schule verbietet. Hier genau greifen die genannten Argumente: Der häufig bedenkliche Umgang mit dem Handy und dem Internet von Jugendlichen kann nur dann verbessert werden, wenn ein vernünftiger Umgang im Unterricht gezeigt wird.
Da Schulen oft nicht über eine Ausstattung verfügen, die erlaubt, spontan ins Internet zu gehen, wir aber unsere Handys dafür nutzen könnten, ist es nur sinnvoll, das auch zu tun. Unser Unverständnis über diese Handy-Verbots-Regelung und die damit verbundenen Konflikte sind durch unsere Schulordnung hausgemacht. Eine Änderung dieser Regelung in einer neuen Schulordnung wäre daher wünschenswert.
Ich hoffe, ich konnte euch überzeugen, dass eine Änderung vorgenommen werden muss. Das grundsätzliche Handyverbot an unserer Schule gehört abgeschafft.
Ich freue mich, wenn ihr mir eure Meinung zurückmeldet. Außerdem werde ich eine Unterschriftenliste anlegen, auf der ihr unterzeichnen könnt, wenn ihr meiner Meinung zustimmt und mich bei der Durchsetzung einer Neuregelung der Handynutzung an unserer Schule unterstützen möchtet.
Viele Grüße von eurem Schulsprecher
Jens Müller-Schulze

Aufgabe 3
Individuelle Lösung

Kapitel 4

Aufgabe 1
Du hast den Text genau gelesen. Das heißt, du hast wichtige Textstellen markiert, Randnotizen verfasst, unbekannte Wörter geklärt, …

Aufgabe 2
Beispiellösung
Geschichte von unten: Der Schriftsteller Klaus Kordon liest aus seinen Werken
Am 1. Juli kommt der Schriftsteller Klaus Kordon in unsere Schule und liest aus seinen Büchern. Damit ihr ihm nach der Lesung Fragen stellen könnt, möchte ich euch über den Schriftsteller informieren.
Der Schriftsteller Klaus Kordon wurde im Jahr 1943 in Berlin geboren und lebt dort noch heute. Nach dem Abitur studierte er Volkswirtschaft, verdiente sein Geld aber zunächst mit verschiedenen Berufen wie Lagerarbeiter oder Exportkaufmann. Heute ist Klaus Kordon ein erfolgreicher Schriftsteller, der sich mit seinen Büchern besonders an Jugendliche wendet.
Kordons Geburtsstadt Berlin ist auch der Schauplatz vieler seiner Romane. Laut dem Autor ist der Grund dafür, dass man an der Hauptstadt die verschiedenen Epochen der deutschen Geschichte besonders gut zeigen kann. Klaus Kordon beschäftig sich mit Geschichte, weil er es reizvoll findet, geschichtliche Fakten mit seinen erfundenen Personen und Handlungen zu verbinden. Zugleich sollen Jugendliche dadurch etwas lernen.
Aber sie sollen nicht das lernen, was in herkömmlichen Geschichtsbüchern steht, nämlich etwas über die Taten großer Herrscher, Entdecker und Erfinder. Kordon möchte seinen Lesern einen anderen Blick auf die Geschichte ermöglichen. Es sind die „kleinen Leute", die im Mittelpunkt seiner Romane stehen. Anschaulichkeit und Spannung – um das zu erreichen bringt Klaus Kordon viele eigene Lebenserfahrungen in seine Bücher ein. Er könne nur etwas „wahrheitsgemäß beschreiben", wenn er es selbst erfahren habe, z.B. dass er sich an den Schauplätzen selbst auskenne. So spielt die „Trilogie der Wendepunkte" in einer Gegend Berlins, wo der Schriftsteller selbst aufgewachsen ist. Klaus Kordon bringt vieles tatsächlich Erlebte in seinen Geschichten ein. Die Geschichten sind aber keine Dokumentationen, sondern Romane, in denen zu den Tatsachen reichlich Erfundenes dazukommt, z.B. Figuren, Gebäude oder Handlungen, die es so nicht gegeben hat. Wichtig für Klaus Kordon ist aber, dass die Fakten stimmen und alles glaubwürdig bleibt. Sein eigenes Leben setzte Klaus Kordon in dem Roman „Krokodil im Nacken" um.
Weil seine Romane spannend und lebensnah sind, werden sie von Jugendlichen gerne gelesen. Diese Lesergruppe ist Klaus Kordon besonders wichtig. Er ist der Meinung, dass Bücher Jugendliche formen. Wenn ein Heranwachsender etwas Lehrreiches liest, erweitert er sein Wissen und verändert sich dadurch. Damit die Jugendlichen aber lesen, muss der Roman ansprechend sein und die Lebenswelt der Jugendlichen aufgreifen. Für Klaus Kordon ist das durch seine „Geschichte von unten" möglich. Darin werden Alltagsprobleme der Jugendlichen in den verschiedenen Epochen der Geschichte thematisiert. Im Mittelpunkt der Romane stehen deshalb das Leben in der Gesellschaft und die unmittelbare Betroffenheit durch wirtschaftliche, soziale und politische Vorgänge. Es sind die „kleinen Leute", für die Kordons in seinen Romanen eine Bühne geschaffen hat. Dass es ihm gelingt, auf diese Weise Jugendliche zu erreichen, zeigen die positiven Reaktionen seiner Leser.
Verwendete Materialien B, C, D, E, F G

Schritt 1: Die Aufgaben verstehen

Aufgabe 1
informierender Text: Text vermittelt Informationen, dient der Wissensgewinnung
Materialsichtung: Material im Hinblick auf das Schreibziel auswerten
Materialauswahl: Zusammenstellung von Texten, Schaubildern, Fotos zu einem Thema
sprachliche Gestaltung des Textes: Es muss deutlich werden, wen man mit dem Text ansprechen möchte und welche Sprache für den Empfänger geeignet ist (einfach, komplex, sachlich, argumentativ, …)

Aufgabe 2
Beispiellösung: Mögliches Vorgehen: Aufgabenstellung klarmachen, Schreibziel festlegen, Materialien lesen, auswerten und prüfen, welche wofür benötigt werden

Aufgabe 3
- Was sind Anlass und Ziele deines Textes? – Der Schriftsteller Klaus Kordon kommt in die Schule. Der Text dient zur Vorbereitung der Besucher auf diese Veranstaltung.
- Wie lautet das Thema deines Textes? – Der Schriftsteller Klaus Kordon, sein Leben und Werk
- Welche Textsorte wird verlangt? – Sachtext, informierender Text
- Für welche Personengruppe sollst du deinen Text verfassen? – Schülerinnen und Schüler

Aufgabe 4
a) falsch, b) richtig, c) richtig, d) falsch, e) falsch, f) richtig

Schritt 2: Materialien verstehen und auswerten

Aufgabe 1
Notizen zu Material A: Tabelle zum Lebensdaten
Notizen zu Material B: Portraitaufnahme Klaus Kordon; Namen, Schauplätze und Themen der Romane, seine Art Geschichte darzustellen, Bedeutung Berlins für die Romane, Lebensgeschichte, neuer Roman
Notizen zu Material C: Was Klaus Kordon in seinen Romanen zu geschichtlichen Fakten hinzu erfindet
Notizen zu Material D: Bedeutung Berlins für den Autor; Gründe, die Romane in Berlin spielen zu lassen
Notizen zu Material E: Klärung des Begriffes „Geschichte von unten", Kordons Sicht auf die Geschichte
Notizen zu Material F: Positive Reaktionen der Leser

Aufgabe 2
Operatoren: Formuliere, Schreibe, Nenne, Stelle dar, Erkläre, Beziehe, Schlussfolgere, Erkläre, Notiere
wichtige Begriffe: passende Überschrift, Einleitung, Autor Klaus Kordon, Geburtsjahr, Geburtsort, ausgeübten Berufe, aktuellen Wohnort, Zielgruppe, Thema „Deutsche Geschichte", Berlin der Schauplatz, eigenen Lebenserfahrungen, für Kinder und Jugendliche, Begriff „Geschichte von unten", genutzten Materialien

Aufgabe 3
Beispiellösung: **Material A:** (2.) und (3.): Einleitung, Lebensdaten, Berlin als Schauplatz; **Material B:** (3.), (4.) und (5.): Hauptteil, Namen, Schauplätze und Themen der Romane, Darstellung der Ge-schichte, Bedeutung Berlins, eigene Lebensgeschichte; **Material C:** 4: Geschichtliche Fakten und Erfundenes; **Material D:** (3.) und (5.): Bedeutung Berlins, Gründe für Schauplatz Berlin, Kordons Sicht der Geschichte; **Material E:** (5.): Begriff „Geschichte von unten"; **Material F:** (5.): Reaktion der Leser

Schritt 3: Den informierenden Text planen und schreiben

Aufgabe 1
Beispiellösung: 1. Überschrift, 2. Einleitung, 3. Thema „Deutsche Geschichte", 4. Berlin als Schauplatz der Romane, 5. Verknüpfung von eigenen Lebenserfahrungen und der Romanwelt, 6. Erfindungen, 7. Zielgruppe Kinder und Jugendliche, 8. Begriff „Geschichte von unten", 9. Fazit/Schluss, 10. Materialien notieren

Aufgabe 2
Individuelle Lösung: passend sind a) bis e)

Aufgabe 3
Überschrift: Am 1. Juli kommt der Schriftsteller Klaus Kordon in unsere Schule und liest aus seinen Büchern

Damit ihr ihm nach der Lesung Fragen stellen könnt, möchte ich euch über den Schriftsteller informieren. Der Schriftsteller Klaus Kordon wurde im Jahr 1943 in Berlin geboren und lebt dort noch heute. Nach dem Abitur studierte er Volkswirtschaft, verdiente sein Geld aber zunächst mit verschiedenen Berufen wie Lagerarbeiter oder Exportkaufmann. Heute ist Klaus Kordon ein erfolgreicher Schriftsteller, der sich mit seinen Büchern besonders an Jugendliche wendet.

Aufgabe 4
Individuelle Lösung grün: Perspektive, gelb: Synonyme; blau: Umschreibungen; orange: Übernahme von Begriffen; rosa: Umschreibung

Aufgabe 5
Beispiellösung: Berlin bietet sich für eine Darstellung geschichtlicher Ereignisse besonders an. Von dieser Stadt gingen viele Wendepunkte aus. Berlin war Schauplatz der Revolution von 1848 und im Jahr 1918 wurde dort die Republik ausgerufen, in Berlin kam Hitler an die Macht und dort verlief nach dem Zweiten Weltkrieg die deutsch-deutsche Grenze. Im Jahr 1989 wurde in Berlin zuerst die Grenzen geöffnet. In dieser Stadt, in der Klaus Kordon geboren wurde, lässt der preisgekrönte Autor auch die Geschichte „Krokodil im Nacken" spielen.

Aufgabe 6
„Deutsche Geschichte" – Materialien C und E
Mögliche Notizen: Geschichte selbst erlebt, herkömmliche Geschichtsbücher oft langweilig, historische Ereignisse, Geschichte kann spannend sein
„Berlin als Schauplatz" – Materialien C und E
Mögliche Notizen: Berlin als deutsche Hauptstadt geeignet für die Darstellung geschichtlicher Ereignisse; Kordon kennt sich in Berlin bestens aus (dort geboren und aufgewachsen, lebt heute wieder dort).

Aufgabe 7
„Verknüpfung eigener Erfahrungen mit literarischen Figuren" – Materialien C und D
Mögliche Notizen: eigene Kindheitserinnerungen, eigene Lebenserfahrungen, Roman macht Geschichte lebendig, vieles ist erfunden (Figuren, Häuser, Handlungen), die Fakten stimmen aber.
Kordon „erfindet" – Materialien C und D
Mögliche Notizen: Roman macht Geschichte lebendig, vieles ist erfunden (Figuren, Häuser, Handlungen), die Fakten stimmen aber; die Verbindung von Fakten und Erfundenem macht Spaß und macht Geschichte lebendig.

Aufgabe 8
„Kinder und Jugendliche" – Materialien C, E, F und G; Mögliche Notizen: Romane sprechen Jugendlichen an (spannend und lebensnah); Zielgruppe wichtig für Klaus Kordon; Bücher formen Jugendliche; eigene Lebenswelt

„Geschichte von unten" – Materialien C, F und G
Mögliche Notizen: Alltagsprobleme der Jugendlichen thematisiert (gesellschaftliche, wirtschaftliche, soziale und politische Vorgänge); „kleine Leute" im Mittelpunkt; erreicht Jugendliche damit.

Aufgabe 9
Beispiellösung: siehe S. 8/9 (Lösung Seite 40–43, Aufg. 2)

Schritt 4: Einen informierenden Text überarbeiten

Aufgabe 1 und Aufgabe 2
Individuelle Lösung

Aufgabe 1
Du hast den Text genau gelesen. Das heißt, du hast wichtige Textstellen markiert, Randnotizen verfasst, unbekannte Wörter geklärt, ...

Aufgabe 2
Beispiellösung:
Serien sind der Renner
Serien stehen hoch auf der Beliebtheitsskala vieler Jugendlicher. Die Zuschauer mögen diese regelmäßigen Folgen mit einer verbindenden, übergeordneten Handlung und den Charakteren und Orten, die ihnen im Laufe der Zeit immer vertrauter werden. Die Serien-Fans freuen sich wöchentlich auf die Stammcharaktere und die für „ihre" Serie typischen Merkmale. Dieser Verlässlichkeit ist kennzeichnend für Serien und das Erfolgsrezept für das 1946 in den USA erfundene Format. Inhaltlich gab es im Laufe der Zeit verschiedene Ausprägungen: In den 1960er-Jahren gab es hauptsächlich Tierserien wie „Flipper" und Krimiserien. Ende der 1980er-Jahre kam mit der Erfolgsserie „Dallas" ein Format auf, das nichts mit der vormals heilen Serienwelt zu tun hatte. Nun gab es auch Intrigen und Machtkämpfe. Zehn Jahre später waren Serien mit unwirklichen und grotesken Elementen beliebt, z. B. die Serie „Twin Peaks". In den 1990er-Jahren kamen die Jugendserien dazu. Das Serienspektrum erweiterte sich in den letzten 15 Jahren gewaltig: Anwälte, Ärzte, spezielle Ermittler-Teams, Mystery-Formate – der Serienvielfalt sind heute kaum noch Grenzen gesetzt.

Erfolgreich sind und waren dabei besonders die amerikanischen Serien. Ein Geheimnis dieser Erfolge sind die finanziellen Möglichkeiten, die Serienproduzenten in den USA im Gegensatz zu unseren haben. Es ist aber nicht nur das Geld, es sind auch die hervorgerufenen Emotionen, die die Serien so erfolgreich machen.
Diese Emotionalität ist eines von mehreren Merkmalen der Serien. Man fühlt mit den Protagonisten, vergleicht ihre emotionalen Reaktionen mit den eigenen. Das funktioniert, weil in Serien Charaktere auftreten, die die Zuschauer „fesseln" können. Ihre Besonderheit schafft Bindung. Aber zu viel Entwicklung des Charakters darf es auch nicht sein. Auch wenn er immer etwas dazulernt, „Dr. House" ist immer der Zyniker und brillante Arzt, der scheinbar unlösbare Fälle klärt und damit Leben rettet, das bleibt vom Start der Serie bis zu ihrem Ende erhalten. Diese Verlässlichkeit ist ein weiteres typisches Merkmal von Serien.
Diese immer gleiche idealisierte Serienwelt bringt aber auch ein Problem mit sich. Besonders junge Zuschauer können sich mit ihren Serienstars derart identifizieren, dass sich dies auf die Berufswünsche auswirkt. Leider bekommen die Zuschauer ein nicht der Wirklichkeit entsprechendes Bild von der Berufswelt vermittelt. Der auf einen Serienvorbild zurückgehende Berufswunsch passt häufig nicht zu den Fähigkeiten und eigentlichen Interessen der Zuschauer.
Die Faszination der Serien liegt insgesamt in ihrer Überschaubarkeit, ihrer Bindungsfähigkeit und ihrer Emotionalität. Wenn man sich einmal auf eine Serie eingelassen hat, lebt man mit den Protagonisten, versetzt sich in ihre Welt und kann so der eigenen Welt für eine Zeit lang entfliehen. Wenn Serien gut gemacht sind, will man wissen wie es weitergeht. Die Serienzuschauer erwarten Spannung und Unterhaltung – und sie wollen eine aufwändige und anspruchsvolle Produktion. Liefert eine Serie alles dies mit den passenden Schauspielern/Charakteren, ist ein Erfolg meist garantiert.
Verwendete Materialien A, B, C, D, E

Aufgabe 3
Individuelle Lösung

Kapitel 5

Aufgabe 1
Du hast den Text genau gelesen. Das heißt, du hast wichtige Textstellen markiert, Randnotizen verfasst, unbekannte Wörter geklärt, ...
Aufgabe 2

Beispiellösung: In dem Gedicht „Meeresstrand" von Theodor Storm geht es um die Atmosphäre am Strand eines Meeres während der Abenddämmerung. Es thematisiert die geheimnisvoll wirkenden akustischen und visuellen Eindrücke der Naturerscheinungen zu diesem Zeitpunkt. Zunächst werden die visuellen Eindrücke des lyrischen Ichs thematisiert: In der ersten Strophe wird die Stimmung am Strand angesichts der hereinbrechenden Dämmerung beschrieben. Die zweite Strophe stellt durch die Beschreibung des Nebels und der vorbeifliegenden Vögel die geheimnisvolle Atmosphäre am Wasser dar. Die zweite Hälfte des Gedichtes thematisiert die akustischen Eindrücke des lyrischen Ichs: In der dritten Strophe werden die Geräusche des gluckernden Sandes und der rufenden Vögel dargestellt. In der vierten Strophe kommt die Natur schließlich zur Ruhe. Tagsüber Verborgendes kommt nun zum Vorschein. Im Folgenden sollen diese Eindrücke und die dadurch erzeugte Stimmung genauer untersucht werden.

Das Gedicht besteht aus vier Strophen mit jeweils vier Versen. Das Reimschema ist regelmäßig (abcb). Das Metrum besteht vorwiegend aus Jamben, die aber durch Daktylen aufgelockert werden. Das erzeugt eine harmonische und ruhige Stimmung.

Die erste Strophe beschreibt zunächst, was das lyrische Ich sieht: Am Meer beginnt es zu dämmern, eine Möwe kehrt zurück ins flache Ufergewässer, die untergehende Sonne glitzert in den feuchten Stellen am Ufer. Die Atmosphäre wirkt harmonisch. Das Zurückkehren der Möwe vermittelt den Eindruck, dass mit dem Ende des Tages die Nacht nun Sicherheit und Geborgenheit bietet. Mit der Formulierung „Abendschein" (V. 4) für die untergehende Sonne wird ebenfalls eine positive Grundstimmung erzeugt. Lediglich das Verb „spiegelt" (V. 4) deutet die unwirkliche Atmosphäre an, die sich in den folgenden Strophen verstärken wird.

Bereits in der zweiten Strophe wird deutlich, dass die Wahrnehmung angesichts der Dämmerung weniger wird: Die Vögel, die über das Wasser fliegen, werden als „Graues Geflügel" (V. 5) bezeichnet, sind nicht wahrzunehmen und wirken durch die Bezeichnung als „Geflügel" etwas befremdlich. Diese Atmosphäre wird auch durch das Verb „huschet" (V. 5) verstärkt: Das Vorüberfliegen der Vögel bekommt dadurch etwas Flüchtiges und damit Unwirkliches. In Vers 7 werden die Inseln, die weiter draußen im Meer durch den Nebel nur schwach zu sehen sind, mit Träumen verglichen. In diesem Vergleich zeigt sich, wie unzuverlässig die visuelle Wahrnehmung des lyrischen Ichs zu sein scheint. Die Dämmerung sorgt dafür, dass Dinge, die während des Tages klar zu erkennen sind, plötzlich geheimnisvoll und unwirklich erscheinen.

In der dritten Strophe wechselt die Darstellung zur akustischen Wahrnehmung – dies wird in der vierten Strophe fortgeführt. Das lyrische Ich hört Geräusche, die in der Dämmerung zum Teil schwer einzuordnen sind, z. B. das Glucksen des feuchten Sandes am Ufer (vgl. V. 9/10), das Rufen der Vögel (vgl. V. 11) oder Stimmen aus den Tiefen des Meeres (vgl. V. 15/16). Die geheimnisvolle Atmosphäre wird dadurch noch verstärkt und sogar wörtlich als solche benannt („des gärenden Schlammes/Geheimnisvollen Ton", V. 10). Auch die Personifikation des Windes (vgl. V. 13/14: Der Wind „schauert" und „schweiget") trägt zur geheimnisvollen Grundstimmung des Gedichtes bei. Der Wind wirkt dadurch wie ein handelndes Wesen. Dies soll andeuten, dass die Natur belebt ist und eine Art eigenen Willen hat. Es wird zusätzlich eine Alliteration

verwendet („schauert", „schweiget"). Dies unterstreicht den Klang des Windes. Rätselhaft wirkt der Schluss des Gedichtes, in dem von „Stimmen, die über der Tiefe sind" (V. 15/16) die Rede ist. Dabei könnte es sich um Stimmen handeln, die von Dingen erzählen, die in der Tiefe im Verborgenen liegen. Während des Tages sind diese nicht zu hören, aber in der Dämmerung werden sie für das lyrische Ich hörbar.

Insgesamt empfindet das lyrische Ich die Stimmung als geheimnisvoll (vgl. V. 10) und fühlt sich wie im Traum (vgl. V. 7). Es ist fasziniert von der Atmosphäre am Meer in der Dämmerung. Das Motiv der Dämmerung spielt in dem Gedicht insgesamt eine zentrale Rolle. Es taucht an mehreren Stellen auf (z. B. „Dämmerung bricht herein", Vers 2; „Wie Träume liegen die Inseln/Im Nebel auf dem Meer", V. 7/8). Der Übergang vom Tag zur Nacht wird dabei als eine Situation voller Spannung und Geheimnisse beschrieben, die Dinge ins Bewusstsein ruft, die tagsüber verborgen bleiben.

Auch das Motiv der Vögel passt zu den bereits beschriebenen Eindrücken, z. B. so taucht direkt im ersten Vers eine „Möwe" auf, später ist von „Grauem Geflügel" (V. 5) und „einsamen Vogelrufen" (V. 11) die Rede. Die Vögel können als eine Art Boten der Dämmerung bezeichnet werden. Sie bringen optische und akustische Signale und wirken dabei wie ein Symbol für den Wandel.

Hervorzuheben ist, dass trotz der unheimlichen Stimmung in dem Gedicht nicht die Furcht überwiegt, vielmehr scheint das lyrische Ich diese Situation spannend und schön zu finden. Dies wird untermauert durch die Verwendung positiver Begriffe in der ersten Strophe und die Bemerkung in Vers 12, „So war es immer schon". Dies wirkt beruhigend und ordnet die Vogelrufe als selbstverständliche Naturerscheinung ein.

Paula deutet das Gedicht in ihrer Aussage so, dass die Atmosphäre der Dämmerung in dem lyrischen Ich ein Gefühl der Unsicherheit auslöst. Dieser Deutung kann ich zum Teil zustimmen, möchte aber in einigen Punkten widersprechen.

Wie bereits in der Analyse gezeigt, erhält die Natur in der Wahrnehmung des lyrischen Ichs durch die Dämmerung etwas Geheimnisvolles. Dies kommt aber eher durch die veränderte Wahrnehmung zustande. Es sind also nicht unbedingt die Naturerscheinungen selbst, die unheimlich sind, sondern diese wirken nur so, weil das lyrische Ich die Welt durch die Dämmerung verändert wahrnimmt. In den Versen 5 und 6 findet sich zunächst ein Beleg für Paulas Deutung, denn die Bezeichnung der Vögel als „Graues Geflügel", das „neben dem Wasser herhuscht", zeigt, dass gewohnte Dinge in der Dämmerung plötzlich fremd erscheinen. Auch die Verse 9 und 10 sprechen für Paulas Deutung, denn der Sand des Wattenmeers wird als „gärender Schlamm" bezeichnet, der einen „geheimnisvollen Ton" erzeugt. Auch hier wirkt Gewohntes durch die Dämmerung fremd und unheimlich. Vers 4 hingegen spricht zumindest teilweise gegen Paulas Deutung. Zwar erhält die Atmosphäre durch die Spiegelung etwas Geheimnisvolles, dies wird aber letztlich als schön und harmonisch beschrieben.

In Vers 12 („So war es immer schon") wirkt schließlich eher beruhigend. Wenn am Schluss des Gedichtes Ruhe einkehrt (der Wind „schweiget", Vers 14) und die Stimmen aus der Tiefe zu hören sind, wirkt dies nicht beängstigend und verunsichernd, man könnte sich vorstellen, dass das lyrische Ich sich zum Lauschen angeregt fühlt. Dies passt auch zur Einleitung des Gedichtes.

Zusammenfassend lässt sich sagen, dass die Natur in dem Gedicht als etwas erscheint, das Geheimnisse birgt, die nur in der Dämmerung zum Vorschein kommen, wenn die Wahrnehmung des Menschen durch die beginnende Dunkelheit zugleich schärfer und brüchiger wird. Diese Geheimnisse wirken zwar verunsichernd, müssen aber nicht nur negativ und beängstigend sein, sondern zeigen ein erweitertes Bewusstsein.

Seite 57

Schritt 1: Die Aufgabenstellung erschließen

Aufgabe 1
Analysiere, Verfasse, Formuliere, nennst, Gib … wieder, Untersuche, Benenne, Erläutere, Belege, Nimm Stellung, Begründe, beziehe … auf

Aufgabe 2
benennen – passende Fachbegriffe angeben; **formulieren** – etwas sprachlich richtig aufschreiben; **untersuchen** – den Text unter den angegebenen Aspekten erarbeiten und im Hinblick auf die Fragestellung durchgehen; **erläutern** – genau darlegen und erklären; **belegen** – begründen, Beweise für Deutungen erbringen; **analysieren** – deuten, wie ein Text in seiner Gesamtheit aus Inhalt, Sprache und Form zu verstehen ist; **Stellung nehmen** – die eigene Einschätzung nach kritischer Prüfung begründet darlegen; **sich auf den Text beziehen** – Textstellen anführen, aus dem Text zitieren

Schritt 2: Sich das Gedicht inhaltlich erschließen

Aufgabe 1
• Wo befindet sich das lyrische Ich? – am Strand eines Meeres, drei, „feuchten Watten", beschrieben wird, wie eine Möwe „Haff" (V. 1) fliegt, und dass das lyrische Ich in der Ferne Inseln erblickt (vgl. V. 7/8). Auch die Überschrift deutet darauf hin.
• Zu welcher Tageszeit spielt das Gedicht? – abends, Vers 2, es zu dämmern beginnt

Seite 58–59

Aufgabe 2
Beispiellösung: 1. Die Abendsonne lässt durch ihren Schein das Wattmeer, das von der Flut noch feucht ist, glitzern. 2. Vögel, die in der Abenddämmerung grau und ein wenig unwirklich erscheinen, fliegen dicht über dem Wasser. 3. Durch die geheimnisvolle Stimmung in der Abenddämmerung können Geräusche nicht mehr eindeutig zugeordnet werden. Am feuchten Strand hört man ein unwirkliches Glucksen. 4. Zunächst weht am Meer noch ein Wind, der als ein leises Geräusch zu hören ist. Dann ist es windstill und ruhig.

Aufgabe 3
Beispiellösung: 1. Strophe – Beschreibung der Stimmung am Strand angesichts der hereinbrechenden Dämmerung; 2. Strophe – Darstellung der geheimnisvollen Atmosphäre im und über dem Wasser; 3. Strophe – Beschreibung der akustischen Eindrücke; 4. Strophe – Darstellung des Zur-Ruhe-Kommens der Natur, Verborgenes kommt zum Vorschein

Aufgabe 4
Die Überschrift des Gedichtes lautet „Meeresstrand". Dadurch erfährt der Leser, welchen Ort das lyrische Ich in dem Gedicht beschreibt.

Schritt 3: Das Gedicht analysieren und deuten

Aufgabe 1
Folgende Textstellen müssen blau unterstrichen werden: Ans Haff nun fliegt die Möwe, Dämmerung bricht herein, Über die feuchten Watten/Spiegelt der Abendschein, Graues Geflügel huschet/Neben dem Wasser her, liegen die Inseln/Im Nebel auf dem Meer.

Aufgabe 2
Beispiellösung: Das lyrische Ich sieht, wie es am Meer zu dämmern beginnt. Die untergehende Sonne glitzert in den feuchten Stellen am Ufer. Über dem Wasser sind Vögel zu sehen, weiter draußen im Meer erkennt das lyrische Ich Inseln im Nebel.

Aufgabe 3
Folgende Textstellen müssen rot unterstrichen werden: des gärenden Schlammes/Geheimnisvollen Ton, Vogelrufen, schauert leise der Wind, die Stimmen/Die über der Tiefe sind.

Aufgabe 4
Beispiellösung: Das lyrische Ich hört Geräusche, die in der Dämmerung z. T. schwer einzuordnen sind: das Glucksen des feuchten Sandes am Ufer, das Rufen der Vögel, das Rauschen des Windes und nicht näher bestimmbare Stimmen aus den Tiefen des Meeres.

Seite 60–61
Aufgabe 5
Beispiellösung: Es könnte sich um Stimmen handeln, die von Dingen erzählen, die in der Tiefe im Verborgenen liegen. Während des Tages sind diese nicht zu hören, aber in der Dämmerung mit ihrer geheimnisvollen Stimmung werden sie für das lyrische Ich hörbar.

deutsch.punkt – Prüfungstraining – Lösungen – 978-3-12-313835-5

Aufgabe 6
Gelb markiert werden müssen folgende Textstellen:
wie Träume (V. 7), Geheimnisvollen (V. 10)

Aufgabe 7
Beispiellösung: Das lyrische Ich empfindet die Stimmung als geheimnisvoll und fühlt sich wie in einem Traum. Es ist fasziniert von der Atmosphäre am Meer in der Dämmerung und empfindet diese auch als schön. Es empfindet auch ein wenig Furcht, die aber nicht überwiegt.

Aufgabe 8
Vers 10 belegt meine Vermutung, weil das lyrische Ich die Geräusche am Strand als „Geheimnisvoll" beschreibt. Dies macht das Gefühl der Spannung deutlich.
Vers 12 belegt meine Vermutung, weil das lyrische Ich aber auch sagt, dass es „immer schon" so war. Dies wirkt beruhigend und nicht ängstlich.

Aufgabe 9
Folgende Motive müssen angekreuzt werden:
• **Dämmerung/Übergangssituationen**
  Textbeispiele: „Dämmerung bricht herein" (V. 2), „Abendschein" (V. 4), „Wie Träume liegen die Inseln/Im Nebel auf dem Meer" (V. 7/8)
  Bedeutung: Der Übergang vom Tag zur Nacht wird als eine Situation voller Spannung und Geheimnisse beschrieben, die Dinge ins Bewusstsein ruft, die tagsüber verborgen bleiben.
• **Vögel**
  Textbeispiele: „Möwe" (V. 1), „Graues Geflügel huschet"(V. 5), „Einsames Vogelrufen" (V. 11)
  Bedeutung: Das lyrische Ich sieht und hört die Vögel in der Dämmerung. Sie bringen optische und akustische Signale für die Dämmerung und wirken wie ein Symbol für den Wandel, den die Dämmerung mit sich bringt.

Aufgabe 10
• Welche Eigenschaften haben Träume? Notiere deine ersten Gedanken dazu. – Träume sind unwirklich, sie sind nur vorgestellt. Sie können aber dennoch Ereignisse enthalten, die wirklich passiert sind, und damit auf die Wirklichkeit verweisen.
• Welche Eigenschaften werden den Inseln im Gedicht zugeschrieben? Warum werden sie mit Träumen verglichen? – Es wird beschrieben, dass die Inseln ruhig im Nebel auf dem Meer liegen. Sie werden mit Träumen verglichen, weil sie durch den Nebel ebenso unwirklich erscheinen wie Träume. Der Vergleich mit Träumen passt auch, weil es sich ja um eine abendliche Tageszeit handelt und der Tag langsam in die Nacht übergeht.
• Formuliere ein Fazit. Was bewirkt der Vergleich der Inseln mit Träumen? Warum wird er an dieser Stelle verwendet? – Der Vergleich mit den Inseln unterstreicht die geheimnisvolle und unwirkliche Atmosphäre der Dämmerung als Übergang vom Tag zur Nacht.

Aufgabe 11
Personifikation

Seite 62–63
Aufgabe 12
personifiziert, zuerst noch leise „schauert" und dann „schweigt", wie ein handelndes Wesen, die Natur belebt ist und eine Art eigenen Willen hat, geheimnisvollen

Aufgabe 13
Enjambement, miteinander verbunden, ruhigen, harmonischen, Vers 11, der Leser an dieser Stelle eine kleine Pause macht, hält kurz inne und kann das Vogelrufen so vielleicht sogar in Gedanken hören, bis dann im nächsten Vers die Einordnung kommt: „So war es immer schon" Vers 13 u. 14, Alliteration, Windes, „Tiefe", dass die Welt mehrere Ebenen hat und eine häufig verborgene Tiefe besitzt, geheimnisvolle

Schritt 4: Das Gedicht formal erschließen

Aufgabe 1
Das Gedicht besteht aus vier Strophen mit jeweils vier Versen.

Aufgabe 2
herein – Abendschein

Aufgabe 3
abcb

Aufgabe 4
Das Reimschema das Gedichtes ist regelmäßig.

Aufgabe 5

Graues Geflügel huschet

Neben dem Wasser her;

Wie Träume liegen die Inseln

Im Nebel auf dem Meer.

Ich höre des gärenden Schlammes

Geheimnisvollen Ton,

Einsames Vogelrufen –

So war es immer schon.

Noch immer schauert leise

Und schweiget dann der Wind;

Vernehmlich werden die Stimmen,

Die über der Tiefe sind.

Aufgabe 6

Das Metrum des Gedichtes ist regelmäßig. Es besteht überwiegend aus Jamben. Diese werden an einigen Stellen, z.B. in den Versen drei, vier, fünf und sechs durch Daktylen aufgelockert.

Aufgabe 7

unheimlich, ruhig, harmonisch

Seite 64–65

Aufgabe 8

harmonische, aber auch ein wenig unheimliche; Jamben und Daktylen; unruhig und gruselig; ruhig.

Schritt 5: Die Analyseergebnisse zusammenfassen und deuten

Aufgabe 1

1. Dieser Satz trifft nicht zu.
Begründung: Das lyrische Ich empfindet zwar eine gewisse Spannung, aber keine wirkliche Angst. So beschreibt es die Atmosphäre als geheimnisvoll, aber schön und positiv (vgl. V. 3/4). Auch über die Vogelrufe sagt es beruhigend: „So war es immer schon" (V. 12).
2. Dieser Satz trifft zu.
Begründung: Das lyrische Ich beschreibt sowohl das, was es sieht (z.B. die Inseln im Nebel, V. 7/8), als auch das, was es hört (z.B. den „gärenden" Schlamm, V. 9) als geheimnisvoll. Diese Wahrnehmungen werden erst durch die Dämmerung ausgelöst. Und erst dann werden die Stimmen aus der Tiefe hörbar (V. 15/16).
3. Dieser Satz trifft zu.
Begründung: Für diese Deutung spricht das Metrum, das eine harmonische und ruhige Grundstimmung erzeugt. Auch die Wortwahl spricht dafür, denn die verwendeten Begriffe sind großenteils positiv belegt. Das Unheimliche ist zwar im Gedicht durchaus präsent, wird aber nur angedeutet.

Schritt 6: Die Gedichtanalyse schreiben

Aufgabe 1

1. Diese Einleitung ist nicht gelungen.
Begründung: Es handelt sich um ein Gedicht, nicht um eine Geschichte. Außerdem geht es nicht um einen Tag, sondern um die Abenddämmerung. Es ist nicht Theodor Storm, der berichtet, sondern das lyrische Ich. Der Autor stellt dar, wie das lyrische Ich die Atmosphäre am Meer in der Abenddämmerung wahrnimmt.
2. Diese Einleitung ist gelungen.
Begründung: Das Thema des Gedichtes ist richtig getroffen. Die Einleitung gibt außerdem direkt einige wichtige Aspekte für die Untersuchung vor (akustische und visuelle Eindrücke, die geheimnisvolle Wirkung…).
3. Diese Einleitung ist teilweise gelungen.
Begründung: Das Thema ist zwar z.T. richtig erfasst (Atmosphäre in der Abenddämmerung am Meer), es

wird im Gedicht aber nichts darüber ausgesagt, was das lyrische Ich am Meer macht, d.h. ob es dort wirklich spazieren geht. Dies steht auch nicht im Vordergrund, sondern die Wahrnehmungen angesichts der Dämmerung und deren Wirkung.

Aufgabe 2

Beispiellösung: In dem Gedicht „Meeresstrand" von Theodor Storm geht es um die Atmosphäre am Strand eines Meeres während der Abenddämmerung. Es thematisiert die teilweise geheimnisvoll wirkenden akustischen und visuellen Eindrücke der Naturerscheinungen zu diesem Zeitpunkt.

Seite 66–67

Aufgabe 3

Beispiellösung: Zunächst werden die visuellen Eindrücke des lyrischen Ichs thematisiert: In der ersten Strophe wird die Stimmung am Strand angesichts der hereinbrechenden Dämmerung beschrieben. Die zweite Strophe stellt durch die Beschreibung des Nebels und der vorbeifliegenden Vögel die geheimnisvolle Atmosphäre am Wasser dar. Die zweite Hälfte des Gedichtes thematisiert die akustischen Eindrücke des lyrischen Ichs: In der dritten Strophe werden die Geräusche des gluckernden Sandes und der rufenden Vögel dargestellt. In der vierten Strophe kommt die Natur schließlich zur Ruhe. Tagsüber Verborgenes kommt nun zum Vorschein.
Im Folgenden sollen diese Eindrücke und die dadurch erzeugte Stimmung genauer untersucht werden.
Das Gedicht besteht aus vier Strophen mit jeweils vier Versen. Das Reimschema ist regelmäßig (abcb). Das Metrum besteht vorwiegend aus Jamben, die aber durch Daktylen aufgelockert werden. Das erzeugt eine harmonische und ruhige Stimmung.
Die erste Strophe beschreibt zunächst, was das lyrische Ich sieht: Am Meer beginnt es zu dämmern, eine Möwe kehrt zurück ins flache Ufergewässer, die untergehende Sonne glitzert in den feuchten Stellen am Ufer. Die Atmosphäre wirkt harmonisch. Gerade das Zurückkehren der Möwe vermittelt den Eindruck, dass mit dem Ende des Tages die Nacht nun Sicherheit und Geborgenheit bietet. Mit der Formulierung „Abendschein" (V. 4) für die untergehende Sonne wird ebenfalls eine positive Grundstimmung erzeugt. Lediglich das Verb „spiegelt" (V. 4) deutet die unwirkliche Atmosphäre an, die sich in den folgenden Strophen verstärken wird.
Bereits in der zweiten Strophe wird deutlich, dass die Wahrnehmung angesichts der Dämmerung weniger wird: Die Vögel, die über das Wasser fliegen, werden als „Graues Geflügel" (V. 5) bezeichnet, sind nicht wahrzunehmen und wirken durch die Bezeichnung als „Geflügel" etwas befremdlich. Diese Atmosphäre wird auch durch das Verb „huschet" (V. 5) verstärkt: Das Vorüberfliegen der Vögel bekommt dadurch etwas Flüchtiges und damit Unwirkliches. In Vers 7 werden die Inseln, die weiter draußen im Meer durch den Nebel nur schwach zu sehen sind, mit

Träumen verglichen. In diesem Vergleich zeigt sich, wie unzuverlässig die visuelle Wahrnehmung des lyrischen Ichs zu sein scheint. Die Dämmerung sorgt dafür, dass Dinge, die während des Tages klar zu erkennen sind, plötzlich geheimnisvoll und unwirklich erscheinen.

In der dritten Strophe wechselt die Darstellung zur akustischen Wahrnehmung – dies wird in der vierten Strophe fortgeführt. Das lyrische Ich hört Geräusche, die in der Dämmerung zum Teil schwer einzuordnen sind, z. B. das Glucksen des feuchten Sandes am Ufer (vgl. V. 9/10), das Rufen der Vögel (vgl. V. 11) oder Stimmen aus den Tiefen des Meeres (vgl. V. 15/16). Die geheimnisvolle Atmosphäre wird dadurch noch verstärkt und sogar wörtlich als solche benannt („des gärenden Schlammes/Geheimnisvollen Ton", V. 10). Auch die Personifikation des Windes (vgl. V. 13/14: Der Wind „schauert" und „schweiget") trägt zur geheimnisvollen Grundstimmung des Gedichtes bei. Der Wind wirkt dadurch wie ein handelndes Wesen. Dies soll andeuten, dass die Natur belebt ist und eine Art eigenen Willen hat. Es wird zusätzlich eine Art Alliteration verwendet („schauert", „schweiget"). Dies unterstreicht den Klang des Windes. Rätselhaft wirkt der Schluss des Gedichtes, in dem von „Stimmen, die über der Tiefe sind" (V. 15/16) die Rede ist. Dabei könnte es sich um Stimmen handeln, die von Dingen erzählen, die in der Tiefe im Verborgenen liegen. Während des Tages sind diese nicht zu hören, aber in der Dämmerung werden sie für das lyrische Ich hörbar.

Insgesamt empfindet das lyrische Ich die Stimmung als geheimnisvoll (vgl. V. 10) und fühlt sich wie im Traum (vgl. V. 7). Es ist fasziniert von der Atmosphäre am Meer in der Dämmerung. Das Motiv der Dämmerung spielt in dem Gedicht insgesamt eine zentrale Rolle. Es taucht an mehreren Stellen auf (z. B. „Dämmerung bricht herein", Vers 2; „Wie Träume liegen die Inseln/Im Nebel auf dem Meer", V. 7/8). Der Übergang vom Tag zur Nacht wird dabei als eine Situation voller Spannung und Geheimnisse beschrieben, die Dinge ins Bewusstsein ruft, die tagsüber verborgen bleiben.

Auch das Motiv der Vögel passt zu den bereits beschriebenen Eindrücken. Es durchzieht den Text, so taucht direkt im ersten Vers eine „Möwe" auf, später ist von „Grauem Geflügel" (V. 5) und „einsamen Vogelrufen" die Rede. Die Vögel können als eine Art Boten der Dämmerung bezeichnet werden. Sie bringen optische und akustische Signale und wirken dabei wie ein Symbol für den Wandel. Hervorzuheben ist, dass trotz der unheimlichen Stimmung in dem Gedicht nicht die Furcht überwiegt, vielmehr scheint das lyrische Ich diese Situation spannend und schön zu finden. Dies wird untermauert durch die Verwendung positiver Begriffe in der ersten Strophe und die Bemerkung in Vers 12, „So war es immer schon". Dies wirkt beruhigend und ordnet die Vogelrufe als selbstverständliche Naturerscheinung ein.

Aufgabe 4

Beispiellösung: Paula deutet das Gedicht so, dass die Atmosphäre der Dämmerung in dem lyrischen Ich ein Gefühl der Unsicherheit auslöst.

Aufgabe 5

Vers fünf spricht für Paulas Deutung, denn die Bezeichnung der Vögel als „graues Geflügel" zeigt, dass gewohnte Dinge in der Dämmerung plötzlich fremd erscheinen. Vers neun/zehn spricht für Paulas Deutung, denn der Sand des Wattmeers wird als „gärender Schlamm" bezeichnet, der einen „geheimnisvollen Ton" erzeugt. Auch hier wirkt Gewohntes durch die Dämmerung fremd und unheimlich.

Vers vier spricht gegen Paulas Deutung, denn das Spiegeln der Abendsonne im feuchten Sand wird als schön und harmonisch beschrieben. Dennoch erhält die Atmosphäre durch die Spiegelung auch etwas Doppelbödiges und Geheimnisvolles.

Vers zwölf spricht gegen Paulas Deutung, denn die Formulierung „So war es immer schon" wirkt eher beruhigend als verunsichert.

Aufgabe 6

Beispiellösung: Paula deutet das Gedicht in ihrer Aussage so, dass die Atmosphäre der Dämmerung in dem lyrischen Ich ein Gefühl der Unsicherheit auslöst. Dieser Deutung kann ich zum Teil zustimmen, möchte aber in einigen Punkten widersprechen.

Wie bereits in der Analyse gezeigt, erhält die Natur in der Wahrnehmung des lyrischen Ichs durch die Dämmerung etwas Geheimnisvolles. Dies kommt aber eher durch die veränderte Wahrnehmung zustande. Es sind also nicht unbedingt die Naturerscheinungen selbst, die unheimlich sind, sondern diese wirken nur so, weil das lyrische Ich die Welt durch die Dämmerung verändert wahrnimmt.

In den Versen 5 und 6 findet sich zunächst ein Beleg für Paulas Deutung, denn die Bezeichnung der Vögel als „Graues Geflügel", das „neben dem Wasser herhuscht", zeigt, dass gewohnte Dinge in der Dämmerung plötzlich fremd erscheinen. Auch die Verse 9 und 10 sprechen für Paulas Deutung, denn der Sand des Wattenmeers wird als „gärender Schlamm" bezeichnet, der einen „geheimnisvollen Ton" erzeugt. Auch hier wirkt Gewohntes durch die Dämmerung fremd und unheimlich.

Vers 4 hingegen spricht zumindest teilweise gegen Paulas Deutung. Zwar erhält die Atmosphäre durch die Spiegelung etwas Geheimnisvolles, dies wird aber letztlich als schön und harmonisch beschrieben.

In Vers 12 („So war es immer schon") wirkt schließlich eher beruhigend. Wenn am Schluss des Gedichtes Ruhe einkehrt (der Wind „schweiget", Vers 14) und die Stimmen aus der Tiefe zu hören sind, wirkt dies nicht beängstigend und verunsichernd, man könnte sich vorstellen, dass das lyrische Ich sich zum Lauschen angeregt fühlt. Dies passt auch zur Einleitung des Gedichtes.

Zusammenfassend lässt sich sagen, dass die Natur in dem Gedicht als etwas erscheint, das Geheimnisse birgt, die nur in der Dämmerung zum Vorschein kommen, wenn die Wahrnehmung des Menschen durch die beginnende Dunkelheit zugleich schärfer und brüchiger wird. Diese Geheimnisse wirken zwar verunsichernd, müssen aber nicht nur negativ und beängstigend sein, sondern zeigen ein erweitertes Bewusstsein.

Schritt 7: Die Gedichtanalyse überarbeiten

Aufgabe 1 und Aufgabe 2
Individuelle Lösung

Seite 68–69

Aufgabe 1
Du hast den Text genau gelesen. Das heißt, du hast wichtige Textstellen markiert, Randnotizen verfasst, unbekannte Wörter geklärt, …

Aufgabe 2
Beispiellösung: Das Gedicht „Manche Nacht" von Richard Dehmel handelt von der veränderten Wahrnehmung einer hereinbrechenden Nacht sowie von der gesteigerten Erkenntnis, die diese mit sich bringt.
Die erste Strophe leitet in die Szenerie ein: In der Natur und über den Feldern wird es langsam Nacht, Sterne werden sichtbar, die eigene Wahrnehmung verändert sich. In der zweiten Strophe werden die Veränderungen durch die hereinbrechende Dunkelheit genauer beschrieben: Die Wahrnehmung wird insgesamt genauer und klarer, das Gewohnte verfremdet sich. In der dritten Strophe folgt eine Ansprache an den Leser: Es wird angekündigt, wie auch er (das „du" des Gedichtes) von den Veränderungen überrascht und „überwältigt" (V. 12) sein wird.
Die äußere Form des Gedichtes ist regelmäßig. Es besteht aus drei Strophen mit jeweils vier Versen, das Reimschema ist ein Kreuzreim (abab). Auch das Metrum ist regelmäßig und besteht aus einem (vierhebigen) Trochäus. Im Folgenden sollen diese Veränderungen auf inhaltlicher Ebene genauer untersucht und mit der sprachlichen Gestaltung des Gedichtes in Bezug gesetzt werden.
In der ersten Strophe beschreibt das lyrische Ich zunächst einen Prozess, der dem Leser bekannt sein dürfte: Es wird dunkel und der Tag geht in die Nacht über. Dabei fallen einige Formulierungen auf, die darauf hindeuten, dass es sich dabei nicht um einen ganz alltäglichen Vorgang handelt, sondern um ein Naturereignis, das nur manchmal zu sehen ist. So fühlt das lyrische Ich angesichts der Verdunklung zunächst, dass das „Auge heller" wird (V. 2). Das hier im Singular angesprochene Auge steht dabei vermutlich für die gesamte Wahrnehmung, die mit verstärkter Dunkelheit aufmerksamer und genauer, d. h. „heller" werden muss. Der in den folgenden Strophen weiter ausgearbeitete Kampf von Tag und Nacht bzw. von Hell und Dunkel wird hier bereits angedeutet, wenn davon die Rede ist, dass ein Stern zu funkeln „versucht" (V. 3). Dies wird auch durch die Personifikation des Sternes zum Ausdruck gebracht, der als handelndes Wesen dargestellt wird. Die Natur erhält dadurch einen belebten Charakter. Auch die Grillen werden personifiziert und „wispern schneller" (V. 4), wie um gegen die Verdunklung der Welt anzukämpfen oder dieser noch schnell etwas entgegenzusetzen.

In Strophe zwei werden diese Prozesse intensiviert. Mit der Anapher „Jeder Laut" (V. 5) und „Jeder Wipfel" (V. 8) wird gezeigt, dass sich die Veränderungen über die gesamte Natur ausbreiten und alle Aspekte der Wahrnehmung betreffen. Die Formulierung „Jeder Laut wird bilderreicher" (V. 5) enthält dabei eine Synästhesie: Akustik und Optik vermischen sich. Dies zeigt, dass die Sinne mit der hereinbrechenden Dunkelheit nicht mehr trennscharf funktionieren und die Wahrnehmung ganzheitlicher wird. Die Verse 7 und 8 enthalten wieder, wie bereits die Verse 1 und 2, ein Paradoxon: Obwohl die Natur sich zunehmend verdunkelt, wird der Himmel hinter dem Wald zunächst „bleicher" (V. 7), der Wald („Wipfel", V. 8) heben sich „klarer" (V. 8) von ihm ab.
Die dritte Strophe beginnt mit der bereits erwähnten Ansprache des Lesers als „du" (V. 9). Es wird verdeutlicht, dass die beschriebenen Prozesse so schleichend geschehen, dass der Leser sie zunächst gar nicht bemerkt (vgl. V. 9), bis sie ihn überwältigen (vgl. V. 12). Auch hier ist wieder eine Personifikation zu finden, denn es wird beschrieben, wie das Licht sich „den Dunkelheit entringt". Der bereits erwähnte Kampf zwischen Dunkelheit und Licht findet hier seine Fortsetzung und zugleich einen Sieger: Letztlich siegt das Licht, das sich „verhundertfältigt" (V. 10). Obwohl es Nacht geworden ist, sorgt das Licht für die Überwältigung des Lesers. Dabei kann das Licht auch als Symbol für die gesteigerte Wahrnehmung und Erkenntnis des Subjekts gedeutet werden.
Auffällig sind im Gedicht die Adjektive, die alle im Komparativ, d. h. in der ersten Steigerungsform stehen. Sie tauchen sechsmal jeweils am Versende auf und nehmen dadurch eine zentrale Stellung ein. Sie tragen dazu bei, dass die Grundstimmung des Gedichtes die des Wandels und der Veränderung ist, und sie stehen für eine gesteigerte Wahrnehmung. Auch viele der anderen verwendeten Begriffe enthalten diesen prozesshaften Grundgedanken: Die Felder „verdunkeln" sich (V. 1), das Licht „verhundertfältigt" sich (V. 10), das Licht „entringt sich den Dunkelheiten" (V. 11). Erst ganz am Schluss kommt es zum Stillstand: „Plötzlich stehst du überwältigt" (V. 12).
Abschließend möchte ich auf die Aussage von Marius zu sprechen kommen. Er bezeichnet die auch in meiner Analyse beschriebene Paradoxie, dass trotz der hereinbrechender Nacht einige Dinge in dem Gedicht heller erscheinen, als verwirrend. Zunächst einmal stimme ich der Aussage zu: Es ist tatsächlich auf den ersten Blick verwirrend, dass in dem Gedicht gleichzeitig von zunehmender Dunkelheit und Helligkeit gesprochen wird. Durch die genaue Analyse des Gedichtes lässt sich dies aber aufklären. Durch die Dämmerung verstärken sich die Konturen, wie z. B. in den Versen 7 und 8 deutlich wird: Dadurch, dass der Wald dunkler wird, erscheint der Himmel „bleicher" (V. 7) und andersherum. Die Kontraste verschärfen sich. Allerdings beschreibt der Autor in seinem Gedicht das Phänomen, dass die Dämmerung zu einer verschärften Wahrnehmung und damit zu einem Erkenntnisgewinn führt. Dafür steht etwa V. 10, in dem beschrieben wird, wie sich das Licht „verhundertfältigt".

Abschließend lässt sich also sagen, dass Dehmels Gedicht auch als eine eine Art Appell gelesen werden kann, sich diesem Prozess zu öffnen und dadurch zu dieser überwältigenden Erfahrung zu gelangen, die sich eben nur in mancher Nacht auftut.

Aufgabe 3
Individuelle Lösung

Kapitel 6

Seite 70–72

Aufgabe 1
Du hast den Text genau gelesen. Das heißt, du hast wichtige Textstellen markiert, Randnotizen verfasst, unbekannte Wörter geklärt, ...

Aufgabe 2
Beispiellösung: Der vorliegenden Ausschnitt aus dem Drama „Wilhelm Tell" von Friedrich Schiller zeigt den Helden Wilhelm Tell als entschlossenen Kämpfer für die Gerechtigkeit.

Der Ausschnitt zeigt zunächst eine friedliche Landschaft am Vierwaldstättersee. Als die Landleute dort gerade nach Hause wollen, kommt der panische Baumgarten hinzu, der rasch über den See gesetzt werden will. Auf die Frage des Fährmanns Ruodi, was geschehen sei, erzählt Baumgarten seine Geschichte: Wolfenschießen, der Burgvogt des Kaisers, habe seiner Frau nachgestellt und „Ungebührliches" (Z. 58) von ihr verlangt. Daraufhin habe er, Wolfenschießen mit seiner Axt erschlagen und werde nun von dessen Leuten verfolgt. Während der Erzählung Baumgartens zieht ein heftiges Gewitter auf, sodass Ruodi sich weigert, Baumgarten über den See zu bringen und ihn damit vor Wolfenschießens Männern zu retten. In dieser Situation tritt Wilhelm Tell auf, der trotz der Gefahr Wolfenschießen rettet, indem er ihn mit dem Boot über den See fährt. Aus Zorn über die geglückte Flucht wollen die Verfolger die Hütten und Herden der Landleute am See zerstören.

Der vorliegende Ausschnitt verdeutlicht mehrere Konflikte: Zunächst bestand ein Konflikt zwischen Baumgarten und Wolfenschießen, der jedoch blutig endete. Nachdem Wolfenschießen Baumgartens Frau belästigte, hat Baumgarten den Burgvogt getötet.

Der Konflikt zwischen Baumgarten und Wolfenschießen symbolisiert den zentralen Konflikt zwischen der Bevölkerung und den ungerechten, willkürlichen Machthabern, die sich gegenüber den einfachen Menschen alles herausnehmen. Baumgartens Geschichte ist demnach kein Einzelfall, sondern charakterisiert das Verhältnis allgemein. Dies wird besonders noch einmal am Ende deutlich, als Wolfenschießens Männer die Häuser und Herden der Landleute in Brand stecken.

Weiter wird deutlich, dass sich Ruodi in einem inneren Konflikt befindet. Dieser besteht darin, dass Ruodi dem verfolgten Baumgarten zwar helfen will, aber Angst vor dem nahenden Unwetter hat. Er ist, wie Baumgarten,

Familienvater und möchte für die Rettung des Verfolgten nicht sein Leben aufs Spiel setzen. Des Weiteren birgt der Textausschnitt noch einen Konflikt zwischen Ruodi und den Landleuten, die den Fährmann überzeugen wollen, Baumgarten trotz des Unwetters überzusetzen. Ruodi ist allerdings in Sorge um sein eigenes Leben, obwohl er Baumgarten im Grunde helfen möchte. Als Tell dazukommt, spitzt sich der Konflikt zu. Auch Tell versucht, Ruodi zur Rettung Baumgartens zu überreden. Tell wird nun in dieser Szene von Anfang als rettender Held beschrieben, der vor allem selbstlos und uneigennützig handelt. Dies zeigt bereits beim ersten Auftritt, bei dem er sich ohne jede Vorrede nach dem Mann erkundigt, „der hier um Hülfe fleht" (Z. 107/108). Zu Ruodi sagt er nicht nur: „Wo's nottut, Fährmann, lässt sich alles wagen." (Zeile 121/122), sondern er rettet trotz der Gefahr Baumgarten auch wirklich selbst. Darüber hinaus wird Tell als gläubig (vgl. „In Gottes Namen denn!", Z. 146), geschickt und zupackend (vgl. „Mit eitler Rede wird hier nichts geschafft", Z. 141) charakterisiert.

Wenn Raza sagt, dass „Die Bedrohlichkeit der Situation sich in der der Gestaltung des Schauplatzes widerspiegelt", erfasst er die Funktion der Szene richtig: Die friedliche Anfangsszenerie (vgl. „im hellen Sonnenschein") wandelt sich und ein kräftiges Gewitter zieht auf (vgl. „Es fängt an zu donnern.", Z. 70, „Heftige Donnerschläge, der See rauscht auf.", Z. 123). Das Erscheinen Baumgartens verwandelt die friedliche in eine bedrohliche Landschaft. In diesem Wechsel zeigt sich die Bedrohung des Landes durch die Machthaber.

Tell tritt nicht zufällig genau in dem Moment auf, in dem ein Gewitter aufzieht. Das Gewitter verhindert nämlich nicht nur, dass Ruodi Baumgarten übersetzt, sondern steht auch für die Bedrohung des ganzen Landes durch seine Unterdrücker. Dadurch dass Tell Baumgarten so zupackend rettet, erscheint er als idealer Retter des ganzen Landes. Wilhelm Tell ist somit die Antwort auf Ruodis Frage: „Gerechtigkeit des Himmels, wann wird der Retter kommen diesem Lande?" (Z. 187–189).

Seite 73

Schritt 1: Die Aufgabenstellung erschließen

Aufgabe 1
... und erkläre die Konflikte: Wichtig ist die Mehrzahl, d.h. es geht offenbar um unterschiedliche Konflikte.

... die Figur des Wilhelm Tell und <u>deute</u> sein Verhalten: Dass der Auftritt gedeutet werden soll, legt nahe, dass er auf verschiedene Weise bewertet werden kann, bzw. der Art des Auftritt eine tiefere Bedeutung zukommt.

... <u>spiegelt</u> sich in der Gestaltung des Schauplatzes <u>wider</u>: Die Gestaltung des Schauplatzes kann das Verständnis des Ausschnitts erleichtern bzw. gibt Hinweise darauf.

Schritt 2: Den Ausgangstext verstehen

Aufgabe 1 und 2

Abschnitt	Inhaltsbezogene Überschrift
Z. 1 bis 34	Baumgartens plötzliches Erscheinen
Z. 35 bis 69	Grund für Baumgartens Flucht
Z. 70 bis 104	Baumgarten kann von Ruodi nicht übergesetzt werde
Z. 105 bis 117	Erscheinen Tells und sein Bedrängen des Fährmanns
Z. 118 bis 161	Tell erklärt sich zur Überfahrt bereit
Z. 162 bis 189	Rache der Landenbergischen Reiter

Seite 74–75

Aufgabe 3

Baumgarten: hat seine Ehre und die seiner Frau verteidigt, will sich nicht unterdrücken lassen, ist auf der Flucht, will sein Leben retten, ist auf Ruodis Hilfe angewiesen

Wolfenschießen und dessen Männer: tyrannisiert das Land, Männer wollen Rache für die Tötung Wolfenschießens nehmen

Ruodi: gehört zu denen, die unter der Herrschaft Wolfenschießens leiden, möchte einerseits Baumgarten helfen, fürchtet sich aber andererseits, in seiner Ängstlichkeit Gegenfigur zu Tell

Tell: gehört zu denen, die unter der Herrschaft Wolfenschießens leiden, tritt als uneigennütziger und mutiger Retter auf

Aufgabe 4

innerer Konflikt Ruodis: besteht darin, dass Ruodi zwar helfen will, aber Angst hat (er ist wie Baumgarten Vater)

Konflikt zwischen Baumgarten und Wolfenschießen: Konflikt zwischen Willkürherrschaft und dem Recht zur Selbstverteidigung im Privaten

Konflikt zwischen Tell und Ruodi: moralische Entscheidung zwischen dem Gebot zur Hilfe gegenüber einem unschuldig Verfolgten und der Sorge für das eigene Leben

Konflikt zwischen der Bevölkerung und den Machthabern: durch ungerechte, willkürliche Machthaber und den Ansprüchen und Rechten des Volkes, dies wird durch die Racheaktion deutlich; so ist der Konflikt zwischen Baumgarten und Wolfenschießen kein privater Einzelfall

Aufgabe 5

Charaktereigenschaften	Textbelege
• wehrhaft • geschickt • mutig, zupackend selbstlos • gläubig • bescheiden	• tritt mit Armbrust auf: „Tell mit der Armbrust" (Z. 107) • ist Jäger, kann eine Fähre steuern: „er führt das Ruder auch" (Z. 118/119) • „Wo's nottut, Fährmann, lässt sich alles wagen." (Z. 121/122)/ „Mit eitler Rede wird hier nichts geschafft" (Z. 141) • „Der brave Mann denkt an sich selbst zuletzt" (Z. 127/128) • „Vertrau auf Gott" (Z. 128)/„In Gottes Namen denn!" (Z. 146)/ „Aus Stur-mes Nöten muss ein andrer helfen." (Z. 154/155) • „Ich will's mit meiner schwachen Kraft versuchen." (Z. 147/148)

Seite 76–77

Aufgabe 6

Auffällig ist, dass sich die friedliche Anfangsszenerie (vgl. „im hellen Sonnenschein") nach und nach verändert, indem ein Gewitter aufzieht, das zunehmend heftiger wird (vgl. Regieanweisungen: „Es fängt an zu donnern.", „Heftige Donnerschläge, der See rauscht auf.").

Schritt 3: Die Ergebnisse zusammenfassen und deuten

Aufgabe 1

Beispiellösung:

Der Textausschnitt zeigt die Figur Wilhelm Tell, der als selbstloser Retter auftritt.

Dieser Satz *trifft zu.*

Das Gewitter symbolisiert die Gefahr, in der sich Baumgarten befindet. Dies wird sichtbar, als Baumgarten auf die Knie fällt. Tell tritt in dieser Situation als Retter in höchster Not auf.

Der Textausschnitt zeigt, dass es keinen Konflikt zwischen der Bevölkerung und den Machthabern gibt.

Dieser Satz *trifft nicht zu.*

Der Textausschnitt zeigt einen deutlichen Konflikt zwischen den Machthabern und der Bevölkerung (z.B. Baumgarten und Ruodi, die unter der Herrschaft und Willkür leiden). So wie Wilhelm Tell Baumgarten hilft, könnte er zu einem späteren Zeitpunkt der ganzen Bevölkerung helfen.

Aufgabe 2

Beispiellösung: Während das aufziehende Gewitter Ruodi ängstigt, scheint es Tell in seiner Entschlossenheit noch zu bestärken.

Schritt 4: Die Dramenanalyse schreiben

Aufgabe 1
Beispiellösung: Im vorliegenden Ausschnitt aus dem Drama „Wilhelm Tell" von Friedrich Schiller zeigt den Helden Wilhelm Tell als entschlossenen Kämpfer für die Gerechtigkeit.

Aufgabe 2
Beispiellösung: Der Ausschnitt zeigt zunächst eine friedliche Landschaft am Vierwaldstättersee. Als die Landleute dort gerade nach Hause wollen, kommt der panische Baumgarten hinzu, der rasch über den See gesetzt werden will. Auf die Frage des Fährmanns Ruodi, was geschehen sei, erzählt Baumgarten seine Geschichte: Wolfenschießen, der Burgvogt des Kaisers, habe seiner Frau nachgestellt und „Ungebührliches" (Z. 58) von ihr verlangt. Daraufhin habe er, Wolfenschießen mit seiner Axt erschlagen und werde nun von dessen Leuten verfolgt. Während der Erzählung Baumgartens zieht ein heftiges Gewitter auf, sodass Ruodi sich weigert, Baumgarten über den See zu bringen und ihn damit vor Wolfenschießens Männern zu retten. In dieser Situation tritt Wilhelm Tell auf, der trotz der Gefahr Wolfenschießen rettet. Aus Zorn über die geglückte Flucht zerstören die Verfolger die Hütten und Herden der Landleute am See.

Aufgabe 3
Beispiellösung: 2. innerer Konflikt Ruodis; 1. Konflikt zwischen Baumgarten und Wolfenschießen; 4. Konflikt zwischen der Bevölkerung und den Machthabern; 3. Konflikt zwischen Tell und Ruodi. **Begründung:** Diese Reihenfolge entspricht der Chronologie der Ereignisse, berücksichtigt auch, dass mit dem Konflikt zwischen der Bevölkerung und den Machthabern der wichtigste Konflikt am Ende dargestellt wird.

Aufgabe 4
Beispiellösung: Ausschnitt zeigt mehrere Konflikte

Aufgabe 5
Beispiellösung: Tell ist selbstlos und uneigennützig. Deutlich wird das an der Stelle, als er trotz der Gefahr Baumgarten rettet: „Der brave Mann denkt an sich selbst zuletzt, [...] und rette den Bedrängten. (Z. 126–129). Unterstützt wird diese Deutung auch durch die Textstelle: „Der See kann sich [...] erbarmen. Versuch es, Fährmann"" (Z. 133/134)

Seite 78–79

Aufgabe 6
Beispiellösung: 1. Dass Tell selbstlos und uneigennützig zeigt sich bereits, als er auftritt. Tell erkundigt sich nämlich gleich und ohne jede Vorrede nach dem Mann, „der hier um Hülfe fleht" (Z. 108/109). 2. Tells Selbstlosigkeit zeigt sich auch, als er sagt: „Wo's nottut, Fährmann, lässt sich alles wagen." (Z. 121/122).

Aufgabe 7
Beispiellösung: Tell erscheint in dieser Szene als selbstlos und uneigennützig. Dies zeigt sich bereits, als er auftritt und sich ohne jede Vorrede nach dem Mann erkundigt, „der hier um Hülfe fleht" (Z. 108/109). Er rettet Ruodi trotz der Gefahr auch wirklich. Dies wird deutlich bei Tells Aussage: „Der brave Mann denkt an sich selbst zuletzt, vertrau auf Gott und rette den Bedrängten. (Z. 126–129). Unterstützt wird diese Deutung auch durch die Textstelle: „Der See kann sich, der Landvogt nicht erbarmen. Versuch es, Fährmann" (Z. 133/134). Darüber hinaus wird Tell als gläubig (vgl. „In Gottes Namen denn!", Z. 146), geschickt und zupackend (vgl. „Mit eitler Rede wird hier nichts geschafft", Z. 141) charakterisiert.

Aufgabe 8
Dass die Situation gefährlich ist, zeigt sich darin, wie die Szenerie und damit der Handlungsort gestaltet sind.

Aufgabe 9
Beispiellösung: Wenn Raza sagt, dass sich die Bedrohlichkeit der Situation in der der Gestaltung des Schauplatzes widerspiegelt, stimme ich zu. **Begründung:** Raza erfasst die Funktion der Szene richtig: Wie sich die friedliche Anfangsszenerie, vgl. „im hellen Sonnenschein" in ein kräftiges Gewitter, vgl. die Regieanweisungen „Es fängt an zu donnern." (Z. 70), „Heftige Donnerschläge, der See rauscht auf." (Z. 123) plötzlich verwandelt, so wird durch das Erscheinen Baumgartens ganz plötzlich die Bedrohung des Landes durch die Herrscher deutlich.

Aufgabe 10
Beispiellösung:

Bedrohliche Situation	Textbelege
Gestaltung des Schauplatzes	friedliche Anfangsszenerie (vgl. *„im hellen Sonnenschein"*) → Gewitter (vgl. Regieanweisungen *„Es fängt an zu donnern."*, *„Heftige Donnerschläge, der See rauscht auf."*)
Verhalten von Baumgarten	appelliert an Ruodi und erinnert dabei an seinen Familienstand, *„umfasst seine Knie"* (also die von Ruodi) und ist dabei selbst *„auf den Knien"*
Verhalten von Ruodi	ist anfänglich bereit, Baumgarten überzusetzen (vgl. *„Ihr habt Zeit,/Bis er den Kahn vom Ufer losgebunden."*), bekundet dann seine Angst zu sterben (vgl. *„Ich hab auch ein Leben zu verlieren,/Hab Weib und Kind daheim, wie er"*)

Aufgabe 11
Beispiellösung: Gewitter steht für die Bedrohung – bedroht sind die Menschen am See (Ruodi will Baumgarten nicht übersetzen), aber auch das ganze Land – Tell erscheint in der als Retter, Frage, ob er auch der Retter des ganzen Landes sein kann.

Aufgabe 12

Beispiellösung: Der vorliegenden Ausschnitt aus dem Drama „Wilhelm Tell" von Friedrich Schiller zeigt den Helden Wilhelm Tell als entschlossenen Kämpfer für die Gerechtigkeit.

Der Ausschnitt zeigt zunächst eine friedliche Landschaft am Vierwaldstättersee. Als die Landleute dort gerade nach Hause wollen, kommt der panische Baumgarten hinzu, der rasch über den See gesetzt werden will. Auf die Frage des Fährmanns Ruodi, was geschehen sei, erzählt Baumgarten seine Geschichte: Wolfenschießen, der Burgvogt des Kaisers, habe seiner Frau nachgestellt und „Ungebührliches" (Z. 58) von ihr verlangt. Daraufhin habe er, Wolfenschießen mit seiner Axt erschlagen und werde nun von dessen Leuten verfolgt. Während der Erzählung Baumgartens zieht ein heftiges Gewitter auf, sodass Ruodi sich weigert, Baumgarten über den See zu bringen und ihn damit vor Wolfenschießens Männern zu retten. In dieser Situation tritt Wilhelm Tell auf, der trotz der Gefahr Wolfenschießen rettet, indem er ihn mit dem Boot über den See fährt. Aus Zorn über die geglückte Flucht wollen die Verfolger die Hütten und Herden der Landleute am See zerstören.

Der vorliegende Ausschnitt verdeutlicht mehrere Konflikte: Zunächst bestand ein Konflikt zwischen Baumgarten und Wolfenschießen, der jedoch blutig endete. Nachdem Wolfenschießen Baumgartens Frau belästigte, hat Baumgarten den Burgvogt getötet.

Der Konflikt zwischen Baumgarten und Wolfenschießen symbolisiert den zentralen Konflikt zwischen der Bevölkerung und den ungerechten, willkürlichen Machthabern, die sich gegenüber den einfachen Menschen alles herausnehmen. Baumgartens Geschichte ist demnach kein Einzelfall, sondern charakterisiert das Verhältnis allgemein. Dies wird besonders noch einmal am Ende deutlich, als Wolfenschießens Männer die Häuser und Herden der Landleute in Brand stecken.

Weiter wird deutlich, dass sich Ruodi in einem inneren Konflikt befindet. Dieser besteht darin, dass Ruodi dem verfolgten Baumgarten zwar helfen will, aber Angst vor dem nahenden Unwetter hat. Er ist, wie Baumgarten, Familienvater und möchte für die Rettung des Verfolgten nicht sein Leben aufs Spiel setzen. Des Weiteren birgt der Textausschnitt noch einen Konflikt zwischen Ruodi und den Landleuten, die den Fährmann überzeugen wollen, Baumgarten trotz des Unwetters überzusetzen. Ruodi ist allerdings in Sorge um sein eigenes Leben, obwohl er Baumgarten im Grunde helfen möchte. Als Tell dazukommt, spitzt sich der Konflikt zu. Auch Tell versucht, Ruodi zur Rettung Baumgartens zu überreden. Tell wird nun in dieser Szene von Anfang als rettender Held beschrieben, der vor allem selbstlos und uneigennützig handelt. Dies zeigt bereits beim ersten Auftritt, bei dem er sich ohne jede Vorrede nach dem Mann erkundigt, „der hier um Hülfe fleht" (Z. 107/108). Zu Ruodi sagt er nicht nur: „Wo's nottut, Fährmann, lässt sich alles wagen." (Z. 121/122), sondern er rettet trotz der Gefahr Baumgarten auch wirklich selbst. Darüber hinaus wird Tell als gläubig (vgl. „In Gottes Namen denn!", Z. 146),

geschickt und zupackend (vgl. „Mit eitler Rede wird hier nichts geschafft", Z. 141) charakterisiert.

Aufgabe 13

Beispiellösung: Wenn Raza sagt, dass „Die Bedrohlichkeit der Situation sich in der der Gestaltung des Schauplatzes widerspiegelt", erfasst er die Funktion der Szene richtig: Die friedliche Anfangsszenerie (vgl. „im hellen Sonnenschein") wandelt sich und ein kräftiges Gewitter zieht auf (vgl. „Es fängt an zu donnern.", Z. 70, „Heftige Donnerschläge, der See rauscht auf.", Z. 123). Das Erscheinen Baumgartens verwandelt die friedliche in eine bedrohliche Landschaft. In diesem Wechsel zeigt sich die Bedrohung des Landes durch die Machthaber.

Tell tritt nicht zufällig genau in dem Moment auf, in dem ein Gewitter aufzieht. Das Gewitter verhindert nämlich nicht nur, dass Ruodi Baumgarten übersetzt, sondern steht auch für die Bedrohung des ganzen Landes durch seine Unterdrücker. Dadurch dass Tell Baumgarten so zupackend rettet, erscheint er als idealer Retter des ganzen Landes. Wilhelm Tell ist somit die Antwort auf Ruodis Frage: „Gerechtigkeit des Himmels, wann wird der Retter kommen diesem Lande?" (Z. 187–189).

Seite 80

Schritt 5: Die Dramenanalyse überarbeiten

Aufgabe 1 und Aufgabe 2
Individuelle Lösung

Seite 81–83

Aufgabe 1
Du hast den Text genau gelesen. Das heißt, du hast wichtige Textstellen markiert, Randnotizen verfasst, unbekannte Wörter geklärt, …

Aufgabe 2
Beispiellösung: In dem vorliegenden Dramentext „Die Physiker" von Friedrich Dürrenmatt geht es um die Machtlosigkeit des Normalen vor dem Verrückten. In dem Textausschnitt wird die Ermittlungsarbeit eines Inspektors in einer „Irrenanstalt" dargestellt. Ein Physiker namens Ernst Heinrich Ernesti, der sich selbst für Einstein hält, hat die Krankenschwester Irene erdrosselt, ist nun aber nicht zu sprechen, weil er zur Beruhigung Geige spielt. Auch die Leiterin der Anstalt, ein „Fräulein Doktor", ist nicht zu sprechen, da sie Einstein begleiten muss. In einem Gespräch zwischen dem Inspektor und der Oberschwester kommt heraus, dass der Mord an Schwester Irene bereits der zweite innerhalb von einem Vierteljahr in dieser Anstalt gewesen ist. Seinerzeit hatte Herbert Georg Beutler, der sich für Newton hält, ebenfalls eine Schwester erdrosselt.

Da in der Anstalt zwei Morde geschehen sind, ist die Konfliktsituation deutlich: Der Inspektor will die Morde aufklären und drängt auf den Einsatz von Pflegern. Oberschwester Martha will dagegen die Kranken, aber auch ihre eigene Welt schützen. In der dargestellten Situation ist besonders die Figurenkonstellation außergewöhnlich: Im normalen Leben könnte der Inspektor dank der Autorität seines Amtes seine Wünsche durchsetzen, in der Anstalt muss er sich dagegen fortlaufend maßregeln lassen. Ihm wird zum Beispiel das Rauchen verboten. Auch seine Aussagen werden immer wieder korrigiert: „**Inspektor:** Der Kerl hat schließlich eine Krankenschwester erdrosselt! **Oberschwester:** Herr Inspektor, es handelt sich nicht um einen Kerl, […]" (Z. 77–80).

Auch Oberschwester Martha ist durchaus ungewöhnlich. Nachdem bereits zwei ihrer Kolleginnen ermordet worden sind, würde man nicht nur erwarten, dass sie sehr aufgeregt ist und Angst hat, sondern, dass sie den Inspektor nach Kräften unterstützt. Das Gegenteil ist der Fall: Sie ist völlig ruhig und verteidigt die Patienten (die Mörder). Vielleicht eine Folge ihres Hobbys: „Ich stemme." (Z. 62).

Auffällig ist das Fehlen jedes Mitgefühls der Oberschwester mit dem Inspektor. Sie antwortet meist auf der Sachebene. So sagt sie zum Beispiel schlicht „Nein." auf die rhetorische Frage „Bin ich eigentlich verrückt?"

(Z. 85/86) des Inspektors, der damit eigentlich ausdrücken wollte, dass ihn die Situation überfordert. Durch ihr Verhalten bringt die Oberschwester damit zum Ausdruck, dass sie, im Gegensatz zum Inspektor, die Situation meistern kann.

Insofern ist auch Merles Aussage, die „Figur des Inspektors ist übertrieben dargestellt" durchaus richtig. Denn wenn ein Inspektor in einer Heilanstalt nicht wie gewohnt ermitteln kann, muss er es lassen (zumal der Fall an sich ja klar ist).

Falsch erscheint mir aber Merles zweite Aussage, dass mit der parodistischen Überzeichnung des Inspektors Kriminalbeamte lächerlich gemacht werden. Die Darstellung des Inspektors zeigt vielmehr seine Hilflosigkeit unter den besonderen Umständen. Im Umgang mit den anderen Figuren, z.B. Guhl und dem Gerichtsmediziner, wirkt er dagegen überhaupt nicht hilflos oder lächerlich. Und diese besonderen Umstände bestehen hier darin, dass ein Normaler sich in einer Welt von Verrückten bewegt, und deshalb darin machtlos erscheint.

Aufgabe 3
Individuelle Lösung

Kapitel 7

Aufgabe 1
Du hast den Text genau gelesen. Das heißt, du hast wichtige Textstellen markiert, Randnotizen verfasst, unbekannte Wörter geklärt, …

Aufgabe 2
Beispiellösung: In dem Romanausschnitt „Arthur – Oder: Wie ich lernte, den T-Bird zu fahren" von Sarah N. Harvey geht es um den 16-jährigen Rolly, der sich durch ein Missverständnis mit seiner Lebenssituation auseinanderzusetzen beginnt.

In dem Text hört die Hauptfigur Rolly ein Telefonat mit, das seine Mutter mit ihrer Halbschwester Marta führt. Die Mutter beklagt sich darin über die unangemessenen Verhaltensweisen ihres Vaters. Dies bezieht Rolly allerdings auf sich selbst. Im Laufe des Telefonats wird er deshalb von den Vorschlägen seiner Mutter zunehmend beunruhigter und verunsicherter. Die Vorwürfe seiner Mutter treffen nämlich nicht nur auf die Verhaltensweisen seines Großvaters zu, sondern zum Teil auch auf Rolly. Als die Vorschläge der Mutter, wie man die Situation ändern könnte, für Rolly immer unerträglicher werden, läuft er zu seiner Mutter in die Küche und protestiert. Rolly macht sogar Vorschläge, wie er sein Leben ändern könnte. Am Ende klärt die Mutter die Situation auf und erläutert, dass sich im Telefonat nicht auf

Rolly, sondern seinen Großvater bezogen hat.

Die Mutter beschwert sich bei Marta am Telefon über ihren eigenen Vater, dessen Verhalten sie als „unmöglich" (Z. 1) bezeichnet. Er habe keine Freunde, einen gestörten Tag-Nacht-Rhythmus, sei unhygienisch, ungepflegt und unordentlich (Z. 1–4). Sie wisse nicht mehr weiter: „Ich bin mit meinem Latein am Ende." (Z. 4/5) und ist völlig ratlos: „Ich weiß nicht mehr, was ich tun soll" (Z. 21). Die Mutter erklärt ihrer Schwester, dass sie sich überfordert fühle und dringend eine Entlastung brauche, weil sie sonst einen „Nervenzusammenbruch" (Z. 24) bekäme. Sie müsse einen Platz für ihren Vater finden oder jemanden zu ihrer Entlastung einstellen (Z. 40–42). Der Ich-Erzähler Rolly bezieht die Klagen auf sich selbst, da ein Teil der Beschwerden auch auf ihn zutreffen. Er scheint ein schlechtes Gewissen zu haben und wird durch das Gespräch gezwungen, sich mit seinen Verhaltensweisen auseinanderzusetzen. Die anscheinenden Vorwürfe seiner Mutter weist er entschieden zurück: „Ich bin auf. Ich habe geduscht. Ich bin angezogen" (Z. 7). Er rechtfertigt sich damit, dass er durchaus Maßstäbe habe, die er allerdings selbst als niedrig einstuft (Z. 9/10). Zwar gibt er z.B. zu, dass er sich die Haare seit drei Jahren nicht hat schneiden lassen, aber er wasche sie regelmäßig (Z. 11/12). Während er einen Teil der Vorwürfe zugibt, führt er zugleich Beispiele dafür an, dass es so schlimm doch gar nicht sei. Obwohl die Formulierung seiner Mutter: „Ich muss etwas für ihn finden, einen Platz wo ich ihn hinbringen kann" (Z. 22) sich nicht auf ihn beziehen kann, fühlt er sich weiter angesprochen. Er rechtfertigt sich mit umfangreichen Erklärungen zu seiner Erkrankung und beschönigt, wie er seinen Tag verbringt. Um sich positiv darzustellen, schildert er sich als eine Person, die sich selbst gut versorgen kann: „Meine Fähigkeiten im Umgang mit der Mikrowelle sind auf einem hohen Level" (Z. 45/46). Er versteht deshalb auch nicht, dass seine Mutter ihn los sein möchte, da er sie doch nicht belasten würde. Darin steckt auch ein Vorwurf. Rolly macht sich darüber lustig, dass seine Tante ein Gefängnis vorschlagen könnte. Nur habe er keine Straftat begangen. Er formuliert scherzhaft eine Drohung: „Bis jetzt jedenfalls" (Z. 34/35). Als seine Mutter eine Person zu ihrer Entlastung vorschlägt, denkt Rolly an einen Babysitter und hält seine Mutter jetzt für völlig verwirrt: „Sie muss total von der Rolle sein" (Z. 43). Als die Hilfe beim Duschen angesprochen wird, ist er völlig irritiert und glaubt nicht, was er hört: „Ich traue meinen Ohren nicht" (Z. 47/48). Er stürzt in die Küche und droht damit wegzugehen, wenn die Pläne umgesetzt würden (Z. 55). Rolly erklärt, dass er sich ändern werde: „Ich suche mir einen Job. Ich werde mehr helfen" (Z. 60). Als seine Mutter anfängt zu lachen, ist er verunsichert. Die Mutter klärt Rolly auf.

Rollys Beunruhigung drückt sich sprachlich durch kurze und zum Teil auch unvollständige Sätze aus: „Trinken. Na klar" (Z. 38), „Bloß keinen Babysitter (Z. 60). Auch ist er so verunsichert, dass er das Gehörte erst einmal, meist in Frageform, wiederholt. Mehrfach beginnen Sätze, in denen er etwas zugibt, mit einem Ausruf, mit dem er das Gesagte wohl unterstreichen möchte: „Hey, es ist erst zwei Uhr" (Z. 6/7). Auch schränkt er Aussagen mit einem „aber" ein und zeigt so seine Verunsicherung: „Gut, ich habe mir seit drei Jahren die Haare nicht schneiden lassen, aber ich wasche sie alle paar Tage" (Z. 11/12). Er benutzt Formulierungen wie „Schwachsinn" (Z. 10) oder „total von der Rolle" (Z. 43), die seine Emotionen zeigen. Charlys Aussage kann man auf der einen Seite zustimmen, weil man sich eine solche Reaktion, wie sie der Ich-Erzähler zeigt, in der Realität kaum vorstellen kann. Jeder hätte doch trotz schlechten Gewissens gemerkt, wann er nicht mehr gemeint sein kann. Auf der anderen Seite wird Rolly als jemand dargestellt, der zurzeit kaum Kontakt zu anderen hat und sich in der Regel zurückzieht. „Und ja, ich bin viel allein" (Z. 27) oder „Ich habe keine Freunde." (Z. 38). Deshalb ist die Reaktion Rollys doch nachvollziehbar.

Seite 86–87

Schritt 1: Die Aufgabenstellung erschließen

Aufgabe 1
Analysiere, Verfasse, Schreibe, nennst, Fasse ... zusammen, Stelle dar, Erläutere, Erkläre, Untersuche, Setze ... auseinander, überlege, Begründe, beziehe

Aufgabe 2

a) → **zusammenfassen**, b) → **darstellen**, c) → **analysieren**, d) → **erklären** e) → **untersuchen**, f) → **Stellung nehmen**, g) → **erläutern**

Schritt 2: Den Text inhaltlich erschließen

Aufgabe 1 und Aufgabe 2
Abschnitt 1 (Z. 1–23) Telefonat zwischen Mutter und Marta, Abschnitt 2 (Z. 24–37) Rolly reagiert auf die Klagen, Abschnitt 3 (Z. 38–47) Rolly ist zunehmend beunruhigt, Abschnitt 4 (Z. 48–63) Protest bei der Mutter und Vorschläge sich zu bessern, Abschnitt 5 (Z. 63–78) Reaktion der Mutter und Klärung

Aufgabe 3
Ich Erzähler (Rolly): lebt ohne <u>Vater</u>. <u>Umzug</u> in die Nähe des Großvaters; war über längere Zeit <u>krank</u>; ist <u>16</u> Jahre alt; sein Essen kommt aus der <u>Mikrowelle</u>; isst nie zusammen <u>mit seiner Mutter</u>; sein Zimmer ist im <u>Keller</u>.
Mutter von Rolly: ist <u>wenig</u> zu Hause; reagiert <u>ruhig</u>; mag nicht, wenn Rolly <u>flucht</u>; fragt Rolly nach <u>Problemen</u>; nennt ihren Sohn <u>„mein Schatz"</u>.
weitere Figuren:
Marta: <u>Halbschwester</u> der Mutter; kommt <u>selten</u> zu Besuch.
Großvater: <u>95</u> Jahre alt; wohnt <u>in der Nähe</u>.

Seite 88–89

Aufgabe 4

Klagen der Mutter	Reaktionen von Rolly
„Schläft den ganzen Tag." (Z. 1/2)	„Es ist erst zwei Uhr. Ich bin auf. Ich habe geduscht. Ich bin angezogen." (Z. 6/7)
„Schiebt sein dreckiges Geschirr unters Bett ..." (Z. 5)	„Und schmutziges Zeug – ob Geschirr oder Unterwäsche – stecke ich nie in Schubladen. Ich lasse es auf dem Boden liegen." (Z. 3/4)
„Lässt sich die Haare nicht schneiden." (Z. 2/3)	„Gut, ich habe mir seit drei Jahren die Haare nicht schneiden lassen, aber ich wasche sie alle paar Tage." (Z. 11/12)
„Hat keine Freunde." (Z. 1)	„Dass ich die ganze Zeit zu Hause bin, dafür kann ich nichts." (Z. 24/25)

Aufgabe 5
Beispiellösung: Die Mutter beschwert sich ihrer Schwester über ihren eigenen Vater, dessen Verhalten sie als „unmöglich" (Z. 1) bezeichnet. Er habe keine Freunde, einen gestörten Tag-Nacht-Rhythmus, sei unhygienisch, ungepflegt und unordentlich (Z. 1–5). Die Mutter weiß

deutsch.punkt – Prüfungstraining – Lösungen – 978-3-12-313835-5

nicht mehr weiter: „Ich bin mit meinem Latein am Ende." (Z. 5/6). Sie ist ratlos: „Ich weiß nicht mehr, was ich tun soll" (Z. 22). Die Mutter erklärt, dass sie sich überfordert fühlt und dringend eine Entlastung braucht, weil sie sonst einen „Nervenzusammenbruch" (Z. 24) bekommt. Sie müsse einen Platz für den Vater finden oder jemanden zu ihrer Entlastung einstellen (Z. 41–43).

Aufgabe 6
b) **Begründung:** Rolly scheint ein schlechtes Gewissen zu haben, z. B. hat er sich die Haare seit drei Jahren nicht schneiden lassen, lässt sein Geschirr stehen und seine Unterwäsche liegen oder trink ab und zu ein Bier.

Aufgabe 7
a) der Mutter ist Rolly wichtig, b) sie ist völlig überlastet, c) Rolly hat ein schlechtes Gewissen, d) Rolly glaubt, seine Mutter wolle ihn loswerden, e) er macht Vorschläge, um abzulenken, f) er ist am Schluss sehr erleichtert.

Aufgabe 8
Beispiellösung:
a) „Ich bin auf. Ich habe geduscht. Ich bin angezogen" (Z. 8)
b) „Gut, ich habe mir seit drei Jahren die Haare nicht schneiden lassen, aber ich wasche sie alle paar Tage" (Z. 11/12).

Aufgabe 9
Beispiellösung (Ausschnitt):
[…] Ich bin auf. Ich habe geduscht. Ich bin angezogen. Und schmutziges Zeug – ob Geschirr oder Unterwäsche – stecke ich nie in Schubladen. Ich lasse es auf dem Boden liegen. Und wann warst du überhaupt in meinem Zimmer?" […]
Trinken. Na klar. Ich bin sechzehn. Ich habe keine Freunde. Ich habe kein Geld. Ab und zu ein Bier, okay. Wie sollte ich mich also betrinken? Ich hätte absolut keine Lust dazu. […]
„Aber Mom … Ich suche mir einen Job. Ich werde mehr helfen. Bloß keinen Babysitter."
„Babysitter?"
„Ich habe doch gehört, wie du mit Marta gesprochen hast, mich wegzuschicken. Oder einen Babysitter zu engagieren." […]

Aufgabe 10
b) und d) **Begründung:** a) um den Unterschied zwischen Rolly und seiner Mutter hervorzuheben; b) um die Besonderheit der Situation (Verwirrung, Wut, Erleichterung) herauszuarbeiten

Seite 90–91

Schritt 3: Die Ergebnisse zusammenfassen und deuten

Aufgabe 1
Beispiellösung

Schreibplan für eine Textanalyse		Wo?
Einleitung	• Titel, Autorin und Textsorte	• Am Anfang des Textes auf Seite 82; Textsorte kann ich der Aufgabenstellung entnehmen (Roman)
	• Thema	• Text lesen
Hauptteil	• Inhalt zusammenfassen	• S. 86/87, Aufg. 1–3
	• Situation der Mutter darstellen	• S. 88, Aufg. 5
	• Klagen der Mutter benennen	• S. 88, Aufg. 4
	• Erläutern, warum Rolly die Klagen auf sich bezieht	• S. 88, Aufg. 6
	• Rollys Reaktion erklären	• S. 89, Aufg. 7
	• Rollys Lebenssituation erklären	• S. 87, Aufg. 3
	• sprachliche Besonderheiten untersuchen	• S. 89, Aufg. 9–10
Schluss	• Fazit und Stellungnahme	• S. 93, Aufg. 6–8

Aufgabe 2
Beispiellösung
• Wodurch ist Rollys Mutter stark belastet? – durch ihren Vater, der krank und alt ist: hat keine Freunde, einen gestörten Tag-Nacht-Rhythmus, ist unhygienisch, ungepflegt, unordentlich
• Warum bezieht Rolly die Fragen auf sich? – hört nur Teil des Gesprächs, Vorwürfe treffen z. T. auf Rolly zu
• Wie reagiert Rolly auf die Klagen? – hat schlechtes Gewissen, rechtfertigt sich, ist verwirrt, dann wütend, dann erleichtert
• Was hat Rollys Lebenssituation damit zu tun? – war lange krank, gerade umgezogen, wenig Freunde, viel allein auch ohne Mutter
• Wie zeigt sich Rollys Unsicherheit und Betroffenheit in seiner Sprache? – Sätze beginnen häufig mit „Ich", kurze und unvollständige Sätze, Ausrufewörter, viele Fragesätze
• Wie schätzt du Rolly Reaktion ein? – Verständlich, da er denkt, er ist gemeint

Schritt 4: Die Analyse in Stichpunkten planen

Aufgabe 1
1. → d); 2. → e); 3. → c); 4. → b); 5. → a); 6. → f); 7. → g); 8. → h)

Aufgabe 2

Die Darstellung erfolgt → aus der Perspektive des Jungen. Dadurch ist das Geschehen → sehr intensiv nachvollziehbar.

Die Wahrnehmung des Jungen → ist sehr ich-bezogen. Daher beginnen viele Sätze → mit dem Personalpronomen ich.

Rolly wiederholt das Gehörte, → weil er verunsichert ist. Er will es nicht so recht glauben, → daher wiederholt er es oft als Frage.

Mehrfach schränkt er Sätze → mit einem aber ein.

Mit der Wiederholung von bisschen → beschönigt er sein Handeln.

Durch Wortwahl und Satzbau werden → Rollys Gedanken überzeugend dargestellt.

Schritt 5: Die Analyse schreiben

Aufgabe 1

Beispiellösung: b) **Begründung:** Dies ist das zentrale Thema des Textes. Der Großvater ist nur ein erwähnte Person, die Isolation ist zwar ein Grund für das Missverständnis, ist aber nicht das Hauptthema des Textes.

Aufgabe 2

Beispiellösung: In dem Romanausschnitt „Arthur – Oder: Wie ich lernte, den T-Bird zu fahren" von Sarah N. Harvey geht es um den 16-jährigen Rolly, der sich durch ein Missverständnis mit seiner Lebenssituation auseinanderzusetzen beginnt.

Aufgabe 3

Beispiellösung: In dem Text hört die Hauptfigur Rolly ein Telefonat mit, das seine Mutter mit ihrer Halbschwester Marta führt. Die Mutter beklagt sich darin über die unangemessenen Verhaltensweisen ihres Vaters. Dies bezieht Rolly allerdings auf sich selbst. Im Laufe des Telefonats wird er deshalb von den Vorschlägen seiner Mutter zunehmend beunruhigter. Er reagiert darauf verunsichert. Der Hintergrund dazu ist, dass die Vorwürfe der Mutter zum Teil auf Rolly zutreffen. Als die Vorschläge, wie die Mutter die Situation ändern könnte, sich immer mehr steigern, läuft Rolly zu seiner Mutter in die Küche und protestiert. Er macht sogar Vorschläge, wie er sein Leben ändern könnte. Am Ende klärt die Mutter die Situation auf.

Aufgabe 4

Beispiellösung: Die Klagen, die Robbys Mutter im Telefonat benennt, beziehen sich auf den Großvater. Aber auch Rolly hat Verhaltensweisen, die dazu passen könnten.

Aufgabe 5

Beispiellösung: Die Mutter beschwert sich bei Marta am Telefon über ihren eigenen Vater, dessen Verhalten sie als „unmöglich" (Z. 1) bezeichnet. Er habe keine Freunde, einen gestörten Tag-Nacht-Rhythmus, sei unhygienisch, ungepflegt und unordentlich (Z. 1–4). Sie wisse nicht

mehr weiter: „Ich bin mit meinem Latein am Ende." (Z. 4/5) und ist völlig ratlos: „Ich weiß nicht mehr, was ich tun soll" (Z. 21). Die Mutter erklärt ihrer Schwester, dass sie sich überfordert fühle und dringend eine Entlastung brauche, weil sie sonst einen „Nervenzusammenbruch" (Z. 24) bekäme. Sie müsse einen Platz für ihren Vater finden oder jemanden zu ihrer Entlastung einstellen (Zeilen 40–42).

Der Ich-Erzähler Rolly bezieht die Klagen auf sich selbst, da ein Teil der Beschwerden auch auf ihn zutreffen. Er scheint ein schlechtes Gewissen zu haben und wird durch das Gespräch gezwungen, sich mit seinen Verhaltensweisen auseinanderzusetzen. Die anscheinenden Vorwürfe seiner Mutter weist er entschieden zurück: „Ich bin auf. Ich habe geduscht. Ich bin angezogen" (Z. 7). Er rechtfertigt sich damit, dass er durchaus Maßstäbe habe, die er allerdings selbst als niedrig einstuft (Z. 9/10). Zwar gibt er z. B. zu, dass er sich die Haare seit drei Jahren nicht hat schneiden lassen, aber er wasche sie regelmäßig (Z. 11/12). Während er einen Teil der Vorwürfe zugibt, führt er zugleich Beispiele dafür an, dass es so schlimm doch gar nicht sei. Obwohl die Formulierung seiner Mutter: „Ich muss etwas für ihn finden, einen Platz, wo ich ihn hinbringen kann" (Z. 22) sich nicht auf ihn beziehen kann, fühlt er sich weiter angesprochen. Er rechtfertigt sich mit umfangreichen Erklärungen zu seiner Erkrankung und beschönigt, wie er seinen Tag verbringt. Um sich positiv darzustellen, schildert er sich als eine Person, die sich selbst gut versorgen kann: „Meine Fähigkeiten im Umgang mit der Mikrowelle sind auf einem hohen Level" (Z. 45/46). Er versteht deshalb auch nicht, dass seine Mutter ihn los sein möchte, da er sie doch nicht belasten würde. Darin steckt auch ein Vorwurf. Rolly macht sich darüber lustig, dass seine Tante ein Gefängnis vorschlagen könnte. Nur habe er keine Straftat begangen. Er formuliert scherzhaft eine Drohung: „Bis jetzt jedenfalls" (Z. 34/35). Als seine Mutter eine Person zu ihrer Entlastung vorschlägt, denkt Rolly an einen Babysitter und hält seine Mutter jetzt für völlig verwirrt: „Sie muss total von der Rolle sein" (Z. 43). Als die Hilfe beim Duschen angesprochen wird, ist er völlig irritiert und glaubt nicht, was er hört: „Ich traue meinen Ohren nicht" (Z. 47/48). Er stürzt in die Küche und droht damit wegzugehen, wenn die Pläne umgesetzt würden (Z. 55). Rolly erklärt, dass er sich ändern werde: „Ich suche mir einen Job. Ich werde mehr helfen" (Z. 60). Als seine Mutter anfängt zu lachen, ist er verunsichert. Die Mutter klärt Rolly auf.

Rollys Beunruhigung drückt sich sprachlich durch kurze und zum Teil auch unvollständige Sätze aus: „Trinken. Na klar" (Z. 38), „Bloß keinen Babysitter (Z. 60). Auch ist er so verunsichert, dass er das Gehörte erst einmal, meist in Frageform, wiederholt. Mehrfach beginnen Sätze, in denen er etwas zugibt, mit einem Ausruf, mit dem er das Gesagte wohl unterstreichen möchte: „Hey, es ist erst zwei Uhr" (Z. 6/7). Auch schränkt er Aussagen mit einem „aber" ein und zeigt so seine Verunsicherung: „Gut, ich habe mir seit drei Jahren die Haare nicht schneiden lassen, aber ich wasche sie alle paar Tage" (Z. 11/12). Er

24

benutzt Formulierungen wie „Schwachsinn" (Z. 10) oder „total von der Rolle" (Z. 43), die seine Emotionen zeigen.

Aufgabe 6
Beispiellösung: Charly meint, dass Rolly einfach etwas besser hätte zuhören müssen, dann hätte er schnell gemerkt, dass es bei dem Telefonat nicht um ihn, sondern seinen Großvater geht.

Aufgabe 7
- Ich stimme Charly zu. Die Reaktionen sind so extrem. So etwas kommt in der Wirklichkeit nicht vor. „Wovon spricht sie? Ein Babysitter." Spätestens da wird es irreal.
- Ich kann der Mitschülerin nicht zustimmen. Rolly fehlen soziale Kontakte und er nimmt die Dinge deshalb falsch wahr. Er sagt von sich selbst: „Ja, ich bin viel allein."
- Man kann durchaus über ein Für und Wider nachdenken. Einerseits ist die Situation völlig überzogen, andererseits ist Rolly in einer schwierigen Lage. Er ist neu in dem Ort, zurzeit nicht in der Schule und erklärt selbst: „Ich habe keine Freunde."

Aufgabe 8
Beispiellösung: Charlys Aussage kann man auf der einen Seite zustimmen, weil man sich eine solche Reaktion, wie sie der Ich-Erzähler zeigt, in der Realität kaum vorstellen kann. Jeder hätte doch trotz schlechten Gewissens gemerkt, wann er nicht mehr gemeint sein kann. Auf der anderen Seite wird Rolly als jemand dargestellt, der zurzeit kaum Kontakt zu anderen hat und sich in der Regel zurückzieht. „Und ja, ich bin viel allein" (Z. 27) oder „Ich habe keine Freunde." (Z. 38). Deshalb ist die Reaktion Rollys doch nachvollziehbar.

Seite 94

Schritt 5: Die Romananalyse überarbeiten

Aufgabe 1 und Aufgabe 2
Individuelle Lösung

Seite 95–97

Aufgabe 1
Du hast den Text genau gelesen. Das heißt, du hast wichtige Textstellen markiert, Randnotizen verfasst, unbekannte Wörter geklärt, …

Aufgabe 2
Beispiellösung: Der Textausschnitt aus der Erzählung „Die Affenfrau im Ruhestand" von T. C. Boyle handelt von einer Wissenschaftlerin, die ihre Arbeit mit Schimpansen beendet hat und aus Afrika in ihre Heimat zurückgekehrt ist. Ihre Heimat ist ihr aber fremd geworden. Sie hat vor allem ihre Schimpansen im Sinn, die für die „Affenfrau" anscheinend so etwas wie Heimat sind.

Beatrice Umbo hat ungefähr vierzig Jahre in der Makaoua-Reservation in Afrika verbracht. Dort hat die Wissenschaftlerin wild lebende Schimpansen erforscht. Gerade hat sie sich in ihrer Heimat Connecticut zur Ruhe gesetzt. In „Waldbaums Supermarkt" möchte sie Futter für den Schimpansen besorgen, den sie erwartet. Sie ist in Gedanken noch ganz in Afrika, sodass sie sich für die Jahreszeit völlig falsch gekleidet hat. Sogar den Schnee vor den Fenstern des Supermarktes erkennt sie erst nicht. Sie fühlt sich einsam und hilflos, als sie in der Gemüseabteilung steht. Ein junger Mann namens Howie Kantner spricht sie an, der die berühmte Schimpansenforscherin erkannt hat. Beatrice Umbo ist anfangs sehr zurückhaltend, wird dann aber immer freundlicher, weil der junge Mann sie von Gesicht und Körperbau an den Schimpansen Agassiz erinnert. Sie kommen ins Gespräch. Howie unterstützt sie beim Einkauf. Beatrice Umbo betrachtet ihn schließlich aufgrund seiner Freundlichkeit und der Ähnlichkeit mit dem Schimpansen Agassiz als ihren Freund. In diesem Moment geht es ihr besser. Howie, der Aggazzis ähnelt, bringt sie ihrer eigentlichen Heimat Afrika wieder näher.

Beatrice Umbo kann sich nur wenig an das Leben in ihrer alten Heimat Connecticut erinnern. Mit Shorts und Sandalen trägt sie eine dem Winter völlig unangemessene Kleidung: „Sie trug ihre hellbraunen Safari-Shorts [...] Sandalen aus Nashornleder [...]" (Z. 3/4). Sie wirkt desorientiert, weil sie „irgendwie" und „plötzlich" im Supermarkt vor den Artischocken steht (Z. 1). Sie geht anscheinend nicht gezielt beim Einkaufen vor, sondern spielt mit der Einkaufsliste und den Autoschlüsseln (Z. 8/9). Den Schnee erkennt sie erst einmal nicht und an das Wort dafür erinnert sie sich erst allmählich. „... das Wort schälte sich aus dem hintersten Winkel ihres Gedächtnisses..." (Z. 12/13). Sie sieht Gegenstände, aber die Wörter kommen nur mühsam zurück. Gegenüber Howie Kantner deutet sie an, dass sie Besuch erwarte, „einen Dauergast" und dass dieser „heikel" beim Essen sei (Z. 59/60). Dies sowie die Waren im Einkaufkorb weisen darauf hin, dass sich die „Affenfrau" auf den Besuch eines Schimpansen vorbereitet.

Außer durch die Kleidung, das Obst und die Erinnerung an die verschiedenen tropischen Erkrankungen „Dysenterie, Malaria, Bilharziose und Schlafkrankheit" (Z. 43) und Parasiten „die sich einem unter die Zehennägel bohren, um dort ihre Eier zu legen" (Z. 44/45) wird die Verbindung zu Afrika vor allem durch die Gedanken von Beatrice Umbo an „ihre" Schimpansen dargestellt: „[...] und mit einem Mal war sie wieder in der Blätterwelt [...] hockte mit einem Grüppchen von Schimpansen zusammen" (Z. 35/36). Die Verbindung zu ihrer Heimat Connecticut tritt dem gegenüber in den Hintergrund. Beatrice Umbo nimmt Howie erst nicht wahr und es dauert, bis seine Stimme zu ihr dringt. Er spricht Beatrice Umbo an. Sie beachtet ihn, da er sie als „Affenfrau" erkennt. Howie Kantner zeigt deutlich, dass er sich gern mit ihr unterhalten würde. Sie reagiert darauf erfreut, aber auch zurückhaltend. „Sie sah ihn mit einem matten, zurückhaltenden Lächeln an" (Z. 26/27). Der „Anflug des Lispelns" (Z. 28) könnte Zeichen von Unsicherheit sein. Howie ist sehr höflich. Auf das völlig unverständliche „Schrecklich" geht er deshalb ein. Er erklärt, dass es ihm leid täte, ohne zu wissen, worauf sich das Wort bezieht. Dann sagt er, er habe ein Buch von ihr gelesen und kenne sogar noch den Titel. Beatrice Umbo betrachtet ihn interessiert, da sie die Art seines Lächelns an den Schimpansen Agassiz erinnert. Sie ist fasziniert davon. „Es war sein Lächeln, die Art, wie die Oberlippe zurückwich und sich über den Vorderzähnen kräuselte" (Z. 33/34). Howie Kantners Frage „Fehlt ihnen was?" (Z. 36/37) reißt sie aus ihren Gedanken und lässt sie ärgerlich reagieren. Während sie sich im Spiegel erblickt, mit den gelb gesprenkelten Augen, ihren Haaren, die wie eine „Horrorperücke" aussehen und ihrem Gesicht „zerfurcht und zerknittert wie eine alte Satteltasche" (Z. 41), sieht sie, dass die Frage nicht unberechtigt ist und ist gleich wieder freundlich. Sie klärt auf, dass sie mit dem „Schrecklich" das Obst gemeint habe. Die beiden unterhalten sich interessiert über die verschiedenen Obstsorten und Beatrice Umbo „musterte ihn anerkennend." Sie wird aufgeschlossener und netter: „Sie sind sehr freundlich" und deutet sogar an, dass sie einen Schimpansen erwarte (Z. 58–60). Howie bietet Beatrice Umbo seine Hilfe an. „... ich meine, brauchen sie nicht Hilfe bei diesen vielen Bananen?" (Z. 65/66). Da

sie nicht eindeutig reagiert, weist er auf die Ladenhilfen, die „echt mies" (Z. 68) seien und vorsichtig auch auf ihre Kleidung hin (Z. 68/69). Beatrice Umbo lässt sich auf das Angebot ein und freut sich „riesig" (Z. 71). Howie Kantner spricht in vollständigen, meist langen Sätzen und formuliert sehr freundlich und mitfühlend. Er geht auf seine Gesprächspartnerin ein. Beatrice Umbo hingegen reagiert mit kurzen, zum Teil unverständlichen Formulierungen oder auch gar nicht, weil sie in Gedanken in ihrer Vergangenheit ist. Mit zunehmendem Interesse werden ihre Sätze länger und verständlicher. Am Ende zeigt sie eine völlig übertriebene Freundlichkeit, „[...] sie strahlte ihn an, bis ihr das Zahnfleisch weh tat [...]" (Z. 75).
Leo ist einerseits zuzustimmen, da eine Wissenschaftlerin, die ihr ganzes Leben mit Forschung umging, überlegter handeln müsste. Aber Beatrice Umbo ist in einer Ausnahmesituation. Sie fühlt sich fremd in ihrer alten Heimat und ihre Gedanken gehen immer wieder nach Afrika. Sie ist das Leben in ihrer alten Heimat nicht mehr gewohnt. Es ist ihr sogar völlig fremd geworden. Des Weiteren ist sie noch tief mit Afrika verwurzelt. Vor diesem Hintergrund erscheinen ihre Reaktionen verständlich.

Aufgabe 3
Individuelle Lösung

Kapitel 8

Aufgabe 1
Du hast den Text genau gelesen. Das heißt, du hast wichtige Textstellen markiert, Randnotizen verfasst, unbekannte Wörter geklärt, ...

Aufgabe 2
Beispiellösung
Innerer Monolog zu Malin Schwerdtfeger: Mein erster Achttausender
Jetzt sitze ich doch wirklich hier neben Mama. Wie oft hab ich mir das vorgestellt. Zehnmal? Zwanzigmal? Heute hab ich's einfach gemacht ... Hab gar nicht genauer drüber nachgedacht ... Was dann und so! Einfach weg! – Alles in den Rucksack gestopft. Schneebrille. Skioverall. Vielleicht probier ich's ja wirklich mit einem Berg? Trotz Herzrasen in den Trainingsanzug gesprungen und rausgerannt. Obwohl Papa mich noch nach dem Rucksack gefragt hat. – Und jetzt im Jeep mit Mama und diesem blöden Arne.
Will ich wirklich mit Mama mit? Kenn ich sie überhaupt so richtig? Und da gibt's ja noch Lopsang! – Noch kann ich den Jeep anhalten lassen ... Zu Fuß zurück zu Papa. Kommt der ohne mich zurecht? – Papa! Da steht er doch wirklich am Fenster! Ist aufgestanden! Ich glaub's nicht ... – Eigentlich ein großer, starker Mann. Warum hast du dich in deinem Bett verkrochen und klein und schwach

gemacht? Wie es dazu kam? Mama immer unterwegs, Papa protestiert im Bett. Ich glaub, er war ihr egal. Es gab bestimmt viele Lopsangs. Hat Papa sie noch immer geliebt? – Keine Ahnung. Mama war nicht mehr zu halten. Tibet. Nepal. Die höchsten Berge. Höher und höher. Braucht sie das? Muss sie zeigen, dass sie eine starke Frau ist? Vielleicht ist sie einfach so? Papa, du bist schon ein ganz Lieber, aber ein ziemliches Weichei! Warum hast du nicht um deine Frau gekämpft? Ich hätt' schon gern eine richtige Familie gehabt.
Mama auf Abenteuerreisen, Papa im Bett! Ja, das sind meine Supereltern. Papa immer fetter. Wund gelegen. Hackt aus Wut auf den Laptop ein. Ist doch so kein Leben ... Frühstück ans Bett, Thrombosespritze, Zinksalbe, Einschlafmilch, die perfekte Krankenschwester. Schätzchen, mach dies, mach das. Hab's noch unterstützt! Hätte NEIN sagen sollen! Mama! Sitzt einfach nur da und schaut auf die Straße. Warum nimmt sie mich nicht in den Arm ... redet mit mir? Sie ist durchtrainiert, schlank und muskulös ... und sie weiß, was sie will. Ja, ein Stück möcht' ich schon so sein. Vielleicht bringt sie mir das bei. Aber alles möchte ich nicht von ihr. Sie ist stur ... spricht nicht mit Papa ... redet nur von sich ... hört nicht zu ... wusste noch nicht mal, dass ich Ferien hab. Dass sie sich nicht manchmal vor sich selbst ekelt? Matschverkrustete Klamotten, stinkend. Und die Haare! Eine ganze Flasche von meiner Pflegespülung! Wie immer! Ja, sie stinkt, schlurft ihren Tee und matscht mit

der ekligen Yakbutter rum … Und ich Idiotin? Räum ihr alles hinterher. Auf ein Danke wart' ich noch heute. Da muss ich ihr wohl was beibringen! – Warum hat sie nicht gesagt, dass sie wegfährt? Sie kommt und geht, wann sie will. Aber jetzt muss sie mich in ihre Welt mitnehmen! Ja, Papa, jetzt musst du allein klarkommen! Werd wieder erwachsen! Ich hab mich entschieden. Ich steig' nicht mehr aus. Bin auf dem Weg zu meinem ersten Achttausender! Papa, du wirst es schaffen! Aufgestanden bist du ja schon. Gut so. Ist ein Anfang. Ich bin jetzt bei Mama. Aufregend der Gedanke, aber irgendwie auch schön. Ich will's einfach probieren. Mama etwas besser kennenlernen … und ihr ein paar Ekelsachen abgewöhnen … Und ihr was von mir erzählen … Und vielleicht steig' ich ja wirklich mit auf den Berg.

Aufgabe 3
Beispiellösung
Reflexion des inneren Monologs
In meinem inneren Monolog geht es um ein Mädchen, deren Eltern kaum Verantwortung für ihr Kind übernehmen. Es wird dargestellt, dass sich die Rollen zwischen Eltern und der Ich-Erzählerin ins Gegenteil verkehrt haben. Für die Mutter sind ihre abenteuerlichen Reisen das Wichtigste in ihrem Leben. Bei ihren seltenen Aufenthalten zu Hause wird sie von ihrer Tochter umsorgt. Der Vater reagiert auf die Reisetätigkeit seiner Frau mit Rückzug und Krankheit. Die Ich-Erzählerin wird aus ihrem Alltag, in dem sie ihren bettlägerigen Vater betreut, durch die kurzen „Zwischenstopps" ihrer Mutter herausgerissen. Bei dem letzten Aufenthalt entschließt sich das Mädchen spontan, aus dem Alltag ausbrechen und mit ihrer Mutter zu fahren.
In der Erzählung äußert sich die Ich-Erzählerin zu ihrem Alltag mit dem Vater und dazu, wie die Kurzaufenthalte ihrer Mutter ablaufen. Dies wird in meinem inneren Monolog dadurch deutlich, dass sich die Ich-Erzählerin an ihre Rolle als „Krankenschwester" des Vaters und als „Betreuerin" der Mutter erinnert. Sie denkt sowohl über die Verhaltensweisen der Eltern als auch über die Motive von Vater und Mutter nach. Dabei gehen ihr verschiedene Situationen durch den Kopf. Die Ich-Erzählerin erkennt nach ihrer anfänglichen Unsicherheit und durch den am Fenster erscheinenden Vater, dass nur sie selbst die Situation ändern kann und dass für alle eine Chance darin liegt.
In meinem inneren Monolog denkt die Ich-Erzählerin, dass sie bei ihrem Aufbruch spontan und ohne großes Nachdenken gehandelt hat. Sie ist unsicher, ob sie den Vater wirklich allein lassen kann und ob sie zurückkehren sollte. Aber als sie sieht, dass der Vater am Fenster steht, steht sie zu ihrer Reise. Sie sieht, dass sie ihren Vater nicht hilflos zurücklässt, sondern dass sie ihn sogar dazu gebracht hat, das Bett wieder zu verlassen.
Der Sprachstil der Erzählung kann als einfach und gut verständlich bezeichnet werden. Im inneren Monolog habe ich daher ebenso eine einfache, gut verständliche Sprache mit einfachen Hauptsätzen verwendet. Die Unsicherheit des Mädchens habe ich durch Fragen und

unvollständige Sätze ausgedrückt.
Eine Schwierigkeit beim Schreiben bestand darin, dass ich die Entwicklung von der spontanen Reise, den Zweifeln daran bis hin zu einer bewussten Entscheidung deutlich machen wollte. Vielleicht hätte man die Phase des Zweifelns noch ausweiten können, indem man den Egoismus der Mutter, deren Liebhaber oder die körperlichen Fähigkeiten der Ich-Erzählerin thematisiert. Insgesamt lässt sich sagen, dass die Figur des Mädchens gut wiederzuerkennen ist, ihre Gefühle und Gedanken sowie die Entscheidungsfindung werden verdeutlicht und wichtige Textstellen der Erzählung werden im inneren Monolog aufgegriffen.

Seite 102–103

Schritt 1: Den Text und die Aufgaben verstehen

Aufgabe 1
Individuelle Lösung

Aufgabe 2
Beispiellösung: Hauptaufgabe: einen inneren Monolog zu dem Text auf Seite 96 bis 99 schreiben.
Unteraufgaben:
• Den inneren Monolog schreiben.
• Am Ende der Erzählung fährt die Tochter mit ihrer Mutter mit, an dieser Stelle beginnt der innere Monolog. Auf das Geschehen der Erzählung und das, was dann passieren könnte, eingehen.
• Darauf achten, dass der Inhalt der Erzählung aufgegriffen wird.
• Einen Schreibplan anlegen, in dem Stichpunkte zum Hauptgedankengang, zu Einleitung, Hauptteil und Schluss genannt werden.
• in 1. Person Sigular und Präsens schreiben, einfache Sprache von Jugendlicher Erzählerin verwenden

Aufgabe 3
Wiederholungen, Gedanken kommen mehrfach auf ein Problem zurück/rhetorische Fragen, Fragen an die eigene Person/Gedankensprünge, abbrechen von Gedanken/unvollständige Sätze/Ich-Form und im Präsens/kurzer, reihender Satzbau/(möglich) viele Fremdwörter

Aufgabe 4
Beispiellösung: 1. Mutter kommt nachts von Asienreise zurück; 2. Tochter räumt Sachen weg und versorgt Mutter; 3. Tochter legt beim Telefonat mit Arne einfach auf; 4. Tochter versorgt den Vater und spricht mit ihm über die Mutter; 5. Tochter erfährt in der Dunkelkammer von Lopsang; 6. Tochter beobachtet ihre Mutter im Bad und erfährt von den Reiseplänen; 7. Mutter ist fertig zur Abreise; 8. Tochter packt und versorgt noch Vater; 9. Tochter fährt mit Mutter, Vater steht am Fenster

Aufgabe 5
Beispiellösung (hier Stichpunkte)
<u>Mutter:</u> Schätzchen, Zeit für die Schule? matschverkrustete Goretex-Klamotten, Alutöpfe mit angetrockneten Gerstenbreiresten, stinkende Bergschuhe, Yakbutter in einer schmierigen Plastiktüte, schläft viel, Dunkelkammer, Arne, Das ist Lopsang. telefonierend in der Badewanne, Lopsang auf den Everest Eispickel schleifen
<u>Vater:</u> Telearbeit, brauchte nie aufzustehen, Es stinkt nach ranzigem Fett. Arne … am meisten hassten, hackte wie verrückt auf seinen Laptop ein, Milch, Schlafanzug war falsch zugeknöpft, Papa war aufgestanden
<u>Tochter:</u> Mama nachts zurück, küsste zwischen die Augen, schlecht von Geruch, Tibet oder Nepal, ihre, Läuse, Krätze, Ruhr, Dengue-Fieber, eine ganze Flasche Pfirsichöl-Pflegespülung, verfilzte Matte, Kaffee für Papa, Thrombosespritze, Papas Bauchfett, suchte ich Mama, Dunkelkammer … Badewanne … Papa im Bett, Zinksalbe, Papas offene Stellen, Einschlafmilch, holte meinen Rucksack, Skioverall, Schneebrille, Trainingsanzug, „Meinen ersten Achttausender besteigen." die Straße hinunterfuhren

Aufgabe 6
Beispiellösung
• Wie ist die Beziehung der Eltern? – Vater und Mutter haben keine Beziehung mehr zueinander, Ich-Erzählerin ist einzige Verbindung, keine Kommunikation, Mutter ignoriert Vater, Vater reagiert aggressiv
• Wie ist das Verhältnis zwischen Vater und Tochter? – hat seine Tochter in die Rolle einer Krankenschwester gedrängt, behandelt sie freundlich, hat aber immer Aufträge für sie, verhält sich nicht wie Vater, nimmt seine Tochter aber wahr und stellt daher Frage nach Rucksack
• Wie ist das Verhältnis zwischen Mutter und Tochter? – Mutter achtet nur auf Reisetätigkeit, nutzt Wohnung nur als Zwischenstopp und Versorgungsstelle, wiederholt nächtliche Ankunft und Ablauf des nächsten Tages, ist zwar nett zu ihrer Tochter und wünscht sich den Kontakt mit ihr, kennt aber nichts von deren Leben und ist nicht wirklich daran interessiert
• Welche Bedeutung hat die Reisetätigkeit für die Mutter? – Leidenschaft gilt dem Abenteuer, schließt passenden Liebhaber mit ein
• Wie lebt der Vater? – Vater hat sich zurückgezogen, lebt und arbeitet im Bett
• Was führt zur Entscheidung der Tochter, mit der Mutter mitzufahren? Was könnte dies für den Vater bedeuten? – Entscheidung der Tochter, Vater zu verlassen, ist spontan, wirkt aber so, als hätte sie keine Lust mehr auf den Alltag, Abreise der Mutter bietet Chance, aus dem Leben auszubrechen, auch Wunsch, abenteuerlustige Mutter besser kennenzulernen, Entscheidung bringt Vater dazu, sein Bett zu verlassen und sein Leben evtl. wieder selbst in die Hand zu nehmen.

Schritt 2: Den inneren Monolog planen

Aufgabe 1
Beispiellösung
Schreibplan für den inneren Monolog
1. Hauptgedankengang
Situation: Die Ich-Erzählerin entscheidet sich spontan, ihr Leben zu ändern und reflektiert diese Entscheidung anschließend. Sie sieht sie als Chance für den Vater und als mögliche Annäherung an die Mutter.
Gefühle und Gedanken: Dabei gehen ihre Gedanken wiederholt auf den Vater zurück. Dem Leser wird eine erst aufgeregte und verunsicherte Ich-Erzählerin dargestellt, die nach und nach zu ihrer Entscheidung steht und weiß, dass sie den richtigen Weg gewählt hat.
2. Situation zu Beginn
• Warum verlässt die Ich-Erzählerin den Vater?
• Warum fährt sie mit der Mutter?
Situation: Die Ich-Erzählerin sitzt im Jeep neben ihrer Mutter, sie ist aufgeregt und selbst von ihrem Verhalten überrascht, sie blickt zurück und sieht den Schatten des Vaters.
Gefühle und Gedanken: Sie fühlt sich sehr unsicher, aber zugleich hat sie auch eine Entscheidung getroffen. Ihre Gedanken springen zwischen der aktiven Mutter und dem kranken Vater.
3. Situation im Mittelteil
• Welche Vorkommnisse in der Vergangenheit beeinflussen Denken und Handeln der Ich-Erzählerin?
Situation: Die Ich-Erzählerin denkt an die Vorkommnisse der Vergangenheit. und wie sich die Reisetätigkeit ihrer Mutter entwickelt hat. Sie bezieht das Verhalten des Vaters in ihre Überlegungen ein. Sie fragt sich, welche Motive ihre Mutter für die Reisen hat, und denkt darüber nach, dass sie auf diese kurzfristigen Aufenthalte keine Lust mehr hat.
Gefühle und Gedanken: Ihre Gedanken sind widersprüchlich, weil sie zwischen ihrem Vater und ihrer Mutter hin und her gerissen ist. Sie bewundert ihre Mutter, denkt aber immer wieder an ihren Vater und ob er es alleine schaffen kann. Sie denkt über ihren Alltag nach und möchte diesen nicht mehr haben.
4. Situation am Ende
• Wie sieht die Ich-Erzählerin die Zukunft ihres Vaters?
• Wie sieht sie ihre eigene Zukunft?
Situation: Die Ich-Erzählerin steht zu ihrer Entscheidung, denn so kann es mit ihrem Vater nicht weitergehen. Sie überlegt, wie sie mit ihrer Mutter und deren Verhaltensweisen zurechtkommen wird und wie sich ihr Verhältnis ändern könnte. Sie blickt in die Zukunft und ist erleichtert, dass sie die Entscheidung getroffen hat, mit der Mutter zu fahren. *Gefühle und Gedanken:* Sie denkt, dass es so nicht weitergehen konnte und hofft, dass es in Zukunft besser wird. Sie freut sich darüber, dass der Vater aufgestanden ist, sie sieht darin einen Neuanfang für ihren Vater und dass er es schaffen wird.

Schritt 3: Den inneren Monolog schreiben

Aufgabe 1
Beispiellösung siehe Seite 26/27 (Lösung von Seite 98–101, Aufgabe 2)

Aufgabe 2
Individuelle Lösung

Seite 106–107

Schritt 4: Den inneren Monolog reflektieren

Aufgabe 1
Individuelle Lösung

Aufgabe 2
Beispiellösung siehe Seite 27 (Lösung S. 98–101, Aufg. 3)

Schritt 5: Das eigene Schreibprodukt überarbeiten

Aufgabe 1 und Aufgabe 2
Individuelle Lösung

Seite 108–111

Aufgabe 1
Du hast den Text genau gelesen. Das heißt, du hast wichtige Textstellen markiert, Randnotizen verfasst, unbekannte Wörter geklärt, …

Aufgabe 2
Beispiellösung
Innerer Monolog zu Renate Welsh: Einhundertsiebenundachtzig Stufen
Geschafft! Die Treppe hab ich mal wieder bezwungen. Bin ziemlich fertig. Die Treppe! Mein Feind? Nee, eher Trainingspartner. Heute fünf Minuten schneller als gestern. Ich fühl ich mich gut. So viel Positives auf einmal. War schon lange nicht mehr. Der blaue Schmetterling. Seine Fühler! Ganz deutlich! – Okay, gleich wieder dieses negative Denken. Du hast ihn gar nicht gesehen, dein Gehirn hat ihn dir nur gezeigt. Ich glaub einfach daran, hab ihn wirklich gesehen: intensives Blau, vier Flügel, zitternde Fühler. – Stimmt, meine Augen sind ziemlich hinüber. Unten am Hügel. Gelbe, graue und grüne Flecken. Andere sehen Häuser und Bäume. Kann ich aber mit leben. Warum? Kann mich dran erinnern. Hab eine Vorstellung davon. Weiß, wie es aussieht. Blick vom Hügel hinunter: gespeichert. Gut, dass unsere Wohnung immer oben lag, dass wir nicht umgezogen sind. Die Treppe und meine Kindheitserinnerungen! Großvater! Ich, ein kleines Kind. Er hält meine Hand. Wir steigen die Treppe hinauf. Großvater, immer geduldig, immer motivierend. Die Treppe: mein Spielplatz. Ja, mein Freund Hannes. Schade, dass er weggezogen ist. Ich werde vielleicht seine Adresse rausfinden, ihm schreiben. Gut, in meinen Riesenbuchstaben. Vielleicht erfahre ich seine

Telefonnummer. – Ich glaub, ich habe wieder einen Freund – Konrad. „Sei nicht so blöd", hat er gesagt. Hey, der behandelt mich ja wie jeden anderen! Kein Mitleid, kein heimliches Beobachten. „Sei nicht so blöd." Das hat er auch zu einem anderen gesagt. Dann fühl ich mich nicht krank. – Auch wenn ich krank bin. Ich sehe wenig. Mein linkes Bein macht schnell schlapp. Schwitzen bei der geringsten Anstrengung. Vielleicht wird es noch schlimmer. – Aber ich will ein möglichst normales Leben führen. Trotz aller Hindernisse. Der Direktor mit seiner blöden Vorstellung. Ich soll die Stunden nicht aufnehmen. Ich kann doch nicht alles im Kopf behalten. Mama hat vielleicht Recht. Ich sollte doch noch Braille lernen. Nicht immer das Schlimmste annehmen. Meine Fingerspitzen bleiben hoffentlich intakt. Mama ist schon toll, mein Arzt auch. Haben sich der Realität gestellt, haben mich nicht belogen, haben mich verstanden – auch als ich mir die Pulsadern aufritzte. Manchmal zieht's einen halt richtig runter.
Eigentlich will ich am Leben bleiben. Will das volle Leben. Und vielleicht klappt es mal mit einer Freundin. – Das Mädchen eben auf der Treppe, der Sandelholzduft. Gerüche sind so intensiv. Hab mir alles genau vorgestellt. Wo sie ging, wie sie ging, was sie anhatte. Meine Ohren sind meine Augen. Kann richtig gut im Kopf sehen! – Vielleicht treffe ich mal auf eine, eine ohne Mitleid, eine, die neugierig auf mich ist. Ich muss positiv denken. Mehr beachten, was gut ist. Die letzten Schritte gingen ganz leicht … Dazu der Duft der gemähten Wiesen … Es gibt so viel Schönes! Heute ist ein richtig guter Tag! Muss mir dieses Gute-Tage-Gefühl merken. Das hilft mir. Vielleicht kann ich mein gutes Gehör beruflich nutzen? Studieren? WG mit Konrad? Träume? Irgendwie werde ich mir eine Zukunft bauen!

Aufgabe 3
Beispiellösung
Reflexion des inneren Monologs
In meinem inneren Monolog geht es um einen Jungen, der an einer Krankheit leidet, die anscheinend noch fortschreiten könnte und die ihm die Kraft in seinem linken Bein sowie einen großen Teil seines Sehvermögens genommen hat.
In der Erzählung schildert der Er-Erzähler, wie er nach seinem Schulschluss über eine Treppe einen Hügel hoch zur Wohnung der Familie bewältigt. Dabei werden seine Wahrnehmungen und Gedanken benannt. Es wird dargestellt, dass die Erinnerungen an die Kindheit, das hilfreiche Verhalten der Mutter in schwierigen Situationen und der Kontakt zu Konrad, der ihn nicht wie einen Behinderten behandelt, für den Jungen sehr wichtig sind. Ihm hilft ebenso, dass sein Gehör zum Teil seine Augen ersetzt und er sich so das meiste vorstellen und in Sprache fassen kann. Dem stehen aber auch negative Erfahrungen gegenüber, z. B. Selbstmordversuch, die Angst vor dem Fortschreiten der Krankheit, das von ihm gehasste Mitleid der anderen, die Schwierigkeiten beim Lernen und die geringen Chancen ein Mädchen kennenzulernen.

In der Erzählung werden sowohl negative als auch positive Erfahrungen der Hauptfigur geschildert. Dies wird in meinem Text dadurch deutlich, dass ich mithilfe der Kindheitserinnerungen, der Entwicklung der Krankheit, der Schulsituation, des Verhaltens der Mitmenschen sowie der Beziehung zu ihnen thematisiere.

In meinem inneren Monolog denkt die Hauptfigur, dass dieser Tag ein guter Tag sei. Der Junge hat die Treppe schneller als am Vortag geschafft, den blauen Schmetterling deutlich gesehen, ein Mädchen intensiv wahrgenommen und ist von seinem Freund wie jeder andere behandelt worden. Dabei wechseln sich positive und negative Gedanken ab. Der Erzähler stellt infrage, den Schmetterling wirklich gesehen zu haben. Auch äußert er sich dazu, die Häuser und Bäume nur als Flecken wahrzunehmen, betont aber zugleich, dass er eine genaue Erinnerung daran habe. Seine positiven Kindheitserfahrungen sind eng mit dem Großvater und der Treppe verbunden. Daher stellt die tägliche Anstrengung mit der Treppe nicht nur eine negative Erfahrung dar. Über den Gedanken, dass er Mitleid hasst, kommt er zu seinem Freund Konrad, der ihn normal behandelt.

Die Wahrnehmung des Mädchens lässt ihn daran denken, dass er vielleicht auch einmal auf die „Richtige" treffen könnte.

Der Sprachstil der Erzählung kann als gut verständlich bezeichnet werden. Dabei wechseln sich Satzreihen und Satzgefüge ab. Im inneren Monolog habe ich eine einfache Sprache mit umgangssprachlichen Elementen, die dem Alter des Jungen entsprechen, verwendet. Der einfache Satzbau und unvollständige Sätze entsprechen der Form von inneren Monologen.

Eine Schwierigkeit beim Schreiben bestand darin, den negativen Gedanken glaubwürdige positive gegenüberzustellen, um zu einem positiven Schluss zu gelangen. Vielleicht hätte ich den Gedanken, wie der Erzähler sein Leben im „Wassertropfen" sieht, ausführen sollen. Insgesamt lässt sich sagen, dass die Figur des Jungen, seine Gedanken und Gefühle entsprechend der Erzählung dargestellt sind. Auf die wesentlichen Textstellen wurde Bezug genommen.

Aufgabe 4
Individuelle Lösung

Kapitel 9

Korrekturzeichen richtig verwenden

Aufgabe 1

Du ...	Korrekturkürzel
formulierst die Sätze richtig und verständlich.	A, Sb, St
drückst dich präzise und abwechslungsreich aus.	A, W
schreibst sprachlich richtig.	Z, Gr, R, T

Aufgabe 2

Schon <u>seid</u> einiger Zeit wird an Schulen über die Einführung einer Kleiderordnung gesprochen. Dabei <u>spricht</u> man nicht mehr über die klassische Schuluniform, *die durch die Schulwelt „geisterte" noch vor Jahren*. Vielmehr <u>ging</u> es um Kleiderregeln wie das Verbot von Jogginghosen oder Bauchnabelfreien Oberteilen. Viele wünschen sich das die Schülerinnen und Schüler <u>picobello</u> gekleidet zur Schule kommen. <u>Doch andere</u>, dass jeder frei entscheiden kann, was man trägt.	R W St St, T R Z, Gr A Sb

Aufgabe 3
Schon <u>seit</u> einiger Zeit wird an Schulen über die Einführung einer Kleiderordnung gesprochen. Dabei *diskutiert* man nicht mehr über die klassische Schuluniform, <u>die noch vor Jahren durch die Schulwelt „geisterte"</u>. Vielmehr <u>geht</u> es um Kleiderregeln wie das Verbot von Jogginghosen oder <u>bauchnabelfreien</u> Oberteilen. Viele wünschen sich, <u>dass</u> die Schülerinnen und Schüler <u>anständig</u> gekleidet zur Schule kommen. <u>Doch andere sind der Ansicht,</u> dass jeder frei entscheiden kann, was man trägt.

Einen Text sprachlich und stilistisch überarbeiten

Aufgabe 1
Individuelle Lösung

Aufgabe 2

Fehlerhafter Satz	ESAU	Korrektur
Die Hauptfigur des Romans ist <u>absolute Bombe</u>.	A	*Die Hauptfigur des Romans ist sehr sympathisch.*
<u>Dieses Argument wird von Experten der Universität Trier, die mit tausend Personen eine Umfrage durchführten, maßgeblich</u>.	E	*Dieses Argument wird von Experten der Universität Trier, die mit tausend Personen eine Umfrage durchführten, maßgeblich unterstützt.*

Fehlerhafter Satz	ESAU	Korrektur
Dürfen Schülerinnen und Schüler ihr Handy im Rahmen des Unterrichtes benutzen, lernen sie einen Umgang mit den neuen Medien <u>sinnvoll</u>.	U	*Dürfen Schülerinnen und Schüler ihr Handy im Rahmen des Unterrichtes benutzen, lernen sie einen sinnvollen Umgang mit den neuen Medien.*
Das Beispiel unterstreicht das Argument und veranschaulicht <u>das Argument</u>.	S	*Das Beispiel unterstreicht und veranschaulicht das Argument.*

Sätze richtig und verständlich formulieren

Aufgabe 1
Beispiellösung, individuelle Unterschiede möglich
Bei einer Untersuchung 12- bis 19-Jähriger zum Medienverhalten fragte nach ihren Lieblingssendungen man 1204 weibliche und männliche Jugendliche (***St*** → Umstellen).
Bei einer Untersuchung zum Medienverhalten 12 bis 19-Jähriger fragte man 1204 weibliche und männliche Jugendliche nach ihren Lieblingssendungen.
Die Befragten durften dabei drei Angaben <u>machen</u> (***W*** → Streichen) aus vorgegebenen Sendeformaten machen.
Die Befragten durften dabei drei Angaben aus vorgegebenen Sendeformaten machen.
<u>Vorgegebene Sendeformate</u> (***W, SB*** → Austauschen, Ergänzen) z.B. Comics/Zeichentrick, Krimis, Daily Soaps usw., eigene konnten die Teilnehmer der Studie nicht <u>machen</u> (***W*** → Austauschen).
Das waren z.B. Comics/Zeichentrick, Krimis, Daily Soaps usw., eigene konnten die Teilnehmer der Studie nicht angeben.
Die am meistgenannten Sendeformate waren Comics/Zeichentrickserien, Krimis/Mystery, Daily Soaps, Info/Nachrichten, Sitcom/Comedy und Serien, ~~waren die, die am meisten genannt wurden~~ (***W*** → Streichen, Austauschen).
Am meisten genannt wurden von den Jugendlichen Comics/Zeichentrickserien, Krimis/Mystery, Daily Soaps, Info/Nachrichten, Sitcom/Comedy und Serien.
Das Ergebnis zeigte große Unterschiede in den geschlechterspezifischen Fernsehgewohnheiten, 63 % der männlichen Befragten gaben an, am liebsten Comics/Zeichentrickserien zu schauen, Rang zwei in der Lieblingsskala nahmen Sitcoms und Comedys ein, während die weiblichen Fernsehschauer das Gerät eher einschalten, um Daily Soaps (64 %) zu schauen oder auch Krimis und Mystery (41 %) (***Sb*** [zu lang] → Austauschen, Umstellen.
Das Ergebnis zeigte große Unterschiede in den geschlechterspezifischen Fernsehgewohnheiten.
63 % der männlichen Befragten gaben an, am liebsten Comics/Zeichentrickserien zu schauen, Rang zwei in der Lieblingsskala nahmen Sitcoms und Comedys ein. Hinge-
gen schalten die weiblichen Fernsehzuschauer das Gerät eher ein, um Daily Soaps (64 %) oder auch Krimis und Mystery (41 %) zu gucken.
<u>Einig waren die Jugendlichen</u> (***W*** → Austauschen) eher bei wenig genannten Sendeformaten.
Einig waren sich die Jugendlichen eher bei wenig genannten Sendeformaten.
So sehen sich 9 % der <u>Jugendlichen</u> (***Sb*** → Ergänzen) gerne Spielfilme und 7 % Ärzte- und Krankenhausserien an.
So sehen sich 9 % der Befragten gerne Spielfilme und 7 % Ärzte- und Krankenhausserien an.

Seite 116–117

Sich präzise und abwechslungsreich ausdrücken

Aufgabe 1
Beispiellösung, individuelle Unterschiede möglich
Die Kurzgeschichte „Der Ernst des Lebens" von Peter Weiss thematisiert einen alltäglichen Konflikt zwischen einem Jugendlichen und seinen Eltern.
Die Kurzgeschichte „Der Ernst des Lebens" von Peter Weiss thematisiert einen alltäglichen Konflikt zwischen einem Jugendlichen und seinen Eltern.
<u>Die Eltern nerven</u> (***W, A*** → Austauschen) ihren Sohn nahezu täglich mit den Forderungen nach mehr Einsatz in der Schule und konkreten Plänen für seine berufliche Zukunft.
Diese begegnen ihrem Sohn nahezu täglich mit den Forderungen nach mehr Einsatz in der Schule und konkreten Plänen für seine berufliche Zukunft.
Doch sie erreichen das genaue Gegenteil, <u>denn der Jugendliche reagiert genervt</u>.
Doch sie erreichen das genaue Gegenteil, denn der Jugendliche reagiert mit Unmut.
<u>Die Wünsche des Jungen kennen die Eltern nicht, denn er wird nicht gefragt.</u> (***A/W*** → Austauschen; ***Sb*** (nicht abwechslungsreich) → Umstellen, Austauschen)
Nach seinen Wünschen wird der Jugendliche nicht gefragt, deshalb sind sie den Eltern auch nicht bekannt.

Sprachlich richtig schreiben

Aufgabe 1
Die Termine für Abschlussprüfungen stehen schon sehr früh fest und man kann sich langfristig (R) darauf vorbereiten. Genug Zeit zum <u>L</u>ernen (R) ist also vorhanden. Um diese gut zu nutze<u>n</u>, (Z) ist es empfehlenswert, (Z) sich einen Lernplan zu machen. Die <u>P</u>rüfung (R) für das Fach <u>Deutsch ist durchstrukturiert</u> (R), (Z) denn für jeden Prüfungsteil<u>g</u>ibt es genaue Minutenvorgaben. Schreibe Probearbeiten und überprüfe, ob die zur <u>V</u>erfügung (R) stehenden Zeiten ausreichen. Denke daran, da<u>ss</u> (Gr) du dir ausreichend Zeit lässt, um deinen Text zu überarbeiten! Entscheide (R), wo du Zeit einsparen (R) mus<u>t</u>, (Z) damit dein Zeitmanagement in der Abschlussprüfung passt. Wenn man gut vorbereitet ist, ist das <u>W</u>ichtigste

(R), da<u>ss</u> (R) man die Ruhe bewahrt. Im Fach Deutsch, da<u>s</u> (Gr) meist als erstes geprüft wird<u>,</u> (Z) wird dir so nichts passieren<u>.</u> (Z)

Seite 118–119

Individuelle Fehlerarten erkennen

Aufgabe 1
Individuelle Lösung

Die Korrekturschritte anwenden

Aufgabe 1
Korrigierter Text
Liebe Mitschülerinnen und Mitschüler,
an unserer Schule sind Handys verboten, so steht es in unserer Schulordnung. Es war für viele nicht einfach das hinzunehmen und oftmals wurde die Benutzung von Handys zum Streitpunkt zwischen der Schüler- und Lehrerschaft. Jetzt aber wird eben diese Schulordnung überarbeitet und damit ein Anlass geboten, über das strikte Handy-Verbot an unserer Schule nochmals nachzudenken.

Ich bin der Ansicht, dass das generelle Verbot der Handynutzung auf dem ganzen Schulgelände so nicht durchzuhalten ist. Stattdessen sollte man über eine praktikablere und modernere Regelung nachdenken.

Eine eingeschränkte Nutzung des Handys hätte den Vorteil, dass es diesbezüglich zu weniger Problemen zwischen Schülern und Lehrern kommen würde, da der Reiz des Verbotenen wegfiele. Wer von uns freut sich nicht, wenn es ihm wieder einmal gelungen ist, das Handy so gut zu verstecken und zu bedienen, dass es der jeweilige Lehrer nicht mitbekommt. Was verboten ist, möchte man ja häufig ausprobieren. Wenn es nicht so etwas Besonderes wäre, müsste man es ja nicht verbieten. Liegt das Handy offen auf dem Tisch, geht der Reiz verloren. Private Kommunikation sollte im laufenden Unterricht aber natürlich verboten bleiben.

deutsch.punkt – Prüfungstraining – Lösungen – 978-3-12-313835-5

Personalprono-men, das	persönliches Fürwort	ich, du, er, sie, es, wir, ihr, sie
Plural, der	Mehrzahl	die schönen Häuser
Plusquamperfekt, das	Zeitform des Verbs zum Ausdrücken der Vergangenheit; vollendete Vergangenheit, Vorvergangenheit	Nachdem ich meine Hausaufga-ben *gemacht hatte* (Plusquam-perfekt), schaltete (Präteritum) ich den Fernseher an.
Positiv, der	Grundform des Adjektivs	schön
Possessivprono-men, das	besitzanzeigendes Fürwort	mein, deine, sein, euer, unser, ihr
Prädikat, das	zentraler Teil des Satzes; Satzaussage; kann ein- oder mehrteilig sein; antwortet auf die Frage „Was wird ausgesagt?"	Es *regnete* ununterbrochen.
Präfix, das	Vorsilbe, steht vor dem Wortstamm	er**raten**, **ver**hexen, **unter**schreiben
Präposition, die	Verhältniswort	für, mit, hinter, neben, bei
Präsens, das	Zeitform des Verbs zum Ausdrücken der Gegenwart	Ich *sehe* dich. Du liest ein Buch.
Präteritum, das	Zeitform des Verbs zum Ausdrücken der Vergangenheit	Ich *sang*. Du *kamst*.
Pronomen, das	Fürwort, vgl. Personalpronomen, Possessivpro-nomen	ich , du , er, sie, …; mein, dein, sein …
Protagonist, der	Hauptfigur z. B. im Drama	der Held
Redebegleitsatz, der	weist auf die wörtliche Rede hin, kann vor-, nach- oder innerhalb der wörtlichen Rede stehen	Paul sagt: „Die Suppe ist lecker." „Die Suppe ist lecker", sagt Paul. „Die Suppe", sagt Paul, „ist lecker."
Reinschema, das	Anordnung des Reims im Gedicht	Paarreim, Kreuzreim, Umarmen-der Reim
Relativpronomen, das	bezügliches Fürwort	der, die, das; welcher, welche, welches
Satzgefüge, das	Verbindung aus *Haupt-* und Nebensatz (Neben-sätzen)	*Ich esse die Suppe*, die ich ge-kocht habe. *Ich wünsche mir*, dass Paul mich heute abholt.
Satzglied, das	Teil des Satzes, der innerhalb des Satzes verschiebbar ist (Umstellprobe) und beim Um-stellen zusammenbleibt; vgl. Subjekt, Prädikat, Objekt, *Adverbialbestimmung*	Ich gebe dir *morgen früh* Be-scheid. *Morgen früh* gebe ich dir Be-scheid.
Satzreihe, die	Verbindung aus Hauptsätzen	Paul liegt auf der Wiese und Lisa schwimmt im See.
Singular, der	Einzahl	das Haus, ein Haus
Subjekt, das	Satzglied, antwortet auf die Frage „Wer oder was?", Satzgegenstand, vgl. Nominativ	*Sie* traf Paul. (Wer oder was traf Paul? – *Sie*.)
Suffix, das	Nachsilbe, steht nach dem Wortstamm	Zufrieden**heit**, heil**bar**, häus**lich**
Superlativ, der	Höchststufe des Adjektivs	am schönsten
Verb, das	Tätigkeitswort, Zeitwort, Tunwort	gehen, singen, spielen, …
W-Frage, die	Fragesatz mit einem Fragefürwort (Wer? Was? Wessen? Wem? Wen? Welcher?)	*Woher* kommst du? An *wen* denkst du?
Wortfamilie, die	alle Wörter mit demselben Wortstamm/Grund-baustein	Wortfamilie „fahr": *fahr*en, *Fahr*bahn, Ge*fähr*t
Wortfeld, das	Bedeutungsfeld: alle Wörter mit ähnlicher Bedeutung	sagen, sprechen, rufen, nuscheln, …
Zeitdehnung, die	Erzählzeit ist länger als erzählte Zeit	Sie sah mich misstrauisch und durchdringend an, sodass mir ein Schauer über den Rücken lief.
Zeitraffung, die	Erzählzeit ist kürzer als erzählte Zeit	Viele Jahre vergingen, bis wir uns wiedersahen.

127

Bildquellen

Umschlag (Y) Avenue Images GmbH (Christopher Grey), Hamburg; **(E)** Alamy Images (VPC Photo), Abingdon, Oxon; **(S)** Alamy Images (graficart.net), Abingdon, Oxon; **(re.)** Alamy Images (Vladimir Wrangel), Abingdon, Oxon; **S. 12** Picture-Alliance (dpa-Fotoreport), Frankfurt; **S.41** Picture-Alliance (dpa / Jörg Carstensen), Frankfurt; **S. 42** Verlag Beltz & Gelberg, Weinheim; **S. 53 re.** © SAT.1 / Frank Dicks; **S. 53 li.** Desperate Housewifes, USA 2005 © Alamy Images (Photos 12 / Archives du 7eme Art), Abingdon

Textquellen

S. 12/13 Alexandra Reinsberg. In: Frankfurter Rundschau, 13.02.2013. Unter: http://www.fr-online.de/medien/krisenberichterstattung-quelle--internet,1473342,21743308.html [13.02.2014]; **S. 13–16** In: Ministerium für Schule und Weiterbildung des Landes Nordrhein-Westfalen, Düsseldorf 2015, S. 3–6; **S. 15/18/20** Alexandra Reinsberg. Quelle: Internet. In: Frankfurter Rundschau, 13.02.2013. Unter: http://www.fr-online.de/medien/krisenberichterstattung-quelle--internet,1473342,21743308.html [13.02.2014]; **S. 23/24** Michael Köhlmeier: Madalyn. München: Hanser 2010. S.45-47; **S. 26** Diagramm: Teenager nutzen Handy als Multimedia-Zentrale. Unter: http://telekom.mobilfunk-tarif-angebote.de/jugendliche-nutzen-handy-smartphone-als-multimedia-zentrale [13.05.2016]; **S. 28–30** Barbara Wege: Der Neue im Klassenzimmer. Unter: http://www.zeit.de/2013/30/digitaler-unterricht-tablet-pcs/komplettansicht?print [07.01.2016]; **S. 37–39** Heike Klovert und Arne Ulbricht: Handys an Schulen – verbieten oder nutzen? Unter: http://www.spiegel.de/schulspiegel/handys-an-schulen-verbieten-oder-nutzen-a-1052554.html [03.02.2016]; **S. 40** In: Ministerium für Schule und Weiterbildung des Landes Nordrhein-Westfalen, Düsseldorf 2013, S. 11; **S. 40 Text A:** Eckdaten Klaus Kordon. Zusammenstellung aus folgenden Internetquellen: http://www.stiftung-aufarbeitung.de/uploads/pdf-2009/arbeitsblaetter_l.pdf, http://www.kordon.eu/ [10.10.2016]; **S. 41 Text B:** Geschichte von unten. Klaus Kordon wird 65. Unter: http://www.n-tv.de/leute/Klaus-Kordon-wird-65-article24546.html [10.10.2016]; **S. 42 Text C:** Interview mit dem Schriftsteller Klaus Kordon zu seinem Buch „Krokodil im Nacken". Unter: http://www.gs-bergedorf.de/archive/pdf/webreporter1_interview_kordon.pdf [13.10.2016], Text D: Veränderungen der Kinder- und Jugendliteratur seit den 1970er-Jahren. Aus: Gerhard Henke-Bockschatz: Zeitgeschichtliche Kinder- und Jugendliteratur als Medium historischen Lernens. In: Gabriele von Glasenapp/Hans-Heino Ewers (Hrsg.): Kriegs- und Nachkriegskindheiten. Studien zur literarischen Erinnerungskultur für junge Leser. Frankfurt am Main 2008. S.197–198; **S. 43 Text E:** Leserbriefe. Barbara Gelberg (Hrsg.): Werkstattbuch Klaus Kordon, Weinheim/Basel: Beltz & Gelberg 2003 (Gulliver Taschenbuch 590). S. 61f.; **Text F:** Der Zeitzeuge. Unter: Der Zeitzeuge. Der 13-jährige Maximilian Heufelder im Gespräch mit seinem Lieblingsautor, Klaus Kordon. In: Bulletin Jugend & Literatur, 31 (2000) 7. S. 6–7; **S. 48 Zitat aus Text C:** Unter: http://www.gs-bergedorf.de/pdf/2011/webreporter_interview_kordon.pdf [10.10.2016]; **S. 49 Zitat aus Text B:** Unter: http://www.n-tv.de/leute/Klaus-Kordon-wird-65-article24546.html [10.10.2016]; **S. 51/52** Text B Wichtigste Merkmale erfolgreicher Serien. Unter: http://www.quotenmeter.de/n/59641/die-5-wichtigsten-merkmale-erfolgreicher-serien [10.10.2016]; **S. 52 Text C:** Geschichte der Fernsehserien. Unter: http://www.welt.de/fernsehen/article2448082/Die-Geschichte-der-Fernsehserie-in-den-USA.html [10.10.2016]; **S. 54 Text E:** Unter: http://www.amazon.de/forum/dvd?cdForum=Fx385C2NBODXBPJ&cdMessage=Mx2ONZ8QFDPR2QM&cdSort=newest&cdThread=TxL0PPWU402WO3 [10.10.2016]; **S. 56** Theodor Storm: Meeresstrand. In: Hans-Dieter Gelfert: Wie interpretiert man ein Gedicht? Für die Sekundarstufe. Reclam, Stuttgart 1990, S. 127; **S. 58** Zitate aus Gedicht. In: Hans-Dieter Gelfert: Wie interpretiert man ein Gedicht? Für die Sekundarstufe. Reclam, Stuttgart 1990, S. 127;]; **S. 68** Richard Dehmel: Manche Nacht. In: Hans-Dieter Gelfert: Wie interpretiert man ein Gedicht? Für die Sekundarstufe. Reclam, Stuttgart 1990, S. 41; **S. 70–72** Friedrich Schiller: Wilhelm Tell. Stuttgart: Reclam 2000, S. 7–12; **S. 81/82** Friedrich Dürrenmatt: Die Physiker. Komödie. Zürich: Diogenes 1980. S.11–17; **S. 84** In: Ministerium für Schule und Weiterbildung des Landes Nordrhein-Westfalen, Düsseldorf 2015, S. 8; **S. 84/85** Sarah N. Harvey: Arthur – oder: Wie ich lernte, den T-Bird zu fahren. Übers. v. Herbert Günther/Ulli Günther. München: Deutscher Taschenbuchverlag 2013, S. 7–14; **S. 91** Sarah N. Harvey: Arthur – oder: Wie ich lernte, den T-Bird zu fahren. Übers. v. Herbert Günther/Ulli Günther. München: Deutscher Taschenbuchverlag 2013, S. 7–14; **S. 95/96** T.C. Boyle: Die Affenfrau im Ruhestand. In: T. C. Boyle: Wenn der Fluss voll Whisky wär. Übers. v. Werner Richter. Deutscher Taschenbuchverlag 1994, S. 119–122; **S. 98–101** Malin Schwerdtfeger: Mein erster Achttausender. In: Malin Schwerdtfeger: Leichte Mädchen – Köln: Kiepenheuer & Witsch 2001, Seite 9–16; **S. 106–111** Renate Welsh: Einhundertsiebenundachtzig Stufen. In: Jo Pestum (Hrsg.): Einsamkeit hat viele Namen. 18 Autoren erzählen vom Alleinsein, von der Hoffnung und der Überwindung der Angst. Würzburg: Arena-Verlag 1978, S. 96–100.